W. Ascher

Die Wirtschaftlichkeitsprüfung
mit Richtgrößenprüfung

Regressen und Kürzungen
erfolgreich begegnen

3., aktualisierte und erweiterte Auflage

Redaktioneller Stand: 1.8.2004

D1726763

W. Ascher

Die Wirtschaftlichkeitsprüfung

mit Richtgrößenprüfung

Regressen und Kürzungen erfolgreich begegnen

3., aktualisierte und erweiterte Auflage

MEDIZIN

Hinweis

Die Wiedergabe von Gebrauchsnamen, Handelsnamen, Warenbezeichnungen usw. in diesem Werk berechtigt auch ohne besondere Kennzeichnung nicht zu der Annahme, dass solche Namen im Sinne der Warenzeichen- und Markenschutzgesetzgebung als frei zu betrachten wären und daher von jedermann benutzt werden dürften.

In diesem Werk werden Rechtsvorschriften mitgeteilt. Der Leser darf darauf vertrauen, dass Autor und Verlag größte Mühe darauf verwandt haben, diese Angaben bei Fertigstellung des Werkes bzw. der Ergänzungslieferung genau dem Wissensstand entsprechend zu bearbeiten; dennoch sind Fehler nicht vollständig auszuschließen. Aus diesem Grund können Autor und Verlag keine Gewähr für die Richtigkeit der mitgeteilten Daten und Angaben übernehmen; eine Verpflichtung oder Haftung kann aus ihnen nicht herbeigeführt werden.

Mit freundlicher Empfehlung   Autor und Verlag

Bibliographische Information der Der Deutschen Bibliothek

Die Deutsche Bibliothek verzeichnet diese Publikation in der Deutschen Nationalbibliographie; detaillierte bibliographische Daten sind im Internet über <http://dnb.ddb.de> abrufbar

W. Ascher: Die Wirtschaftlichkeitsprüfung, 3., aktualisierte und erweiterte Auflage

©2005 ecomed Medizin, Verlagsgruppe Hüthig Jehle Rehm GmbH

Justus-von-Liebig-Straße 1, 86899 Landsberg/Lech, Telefon 08191/125-0, Telefax 08191/125-292, Internet: http://www.ecomed-medizin.de
Satz: preXtension, 82284 Grafrath
Druck: Himmer GmbH, 86167 Augsburg
ISBN: 3-609-51362-4

Vorwort
des Autors zur 3. Auflage

Das vorliegende Buch zum Thema „Wirtschaftlichkeitsprüfung" soll dem Interessierten, vor allem dem Arzt, einen Einblick in die Funktionsweise der Wirtschaftlichkeitsprüfung geben und hierdurch Möglichkeiten eröffnen, Honorarkürzungen und vor allem Verordnungsregresse zu vermeiden oder erfolgreich anzugreifen.

In diesem Bereich geht es – leider – vor allen Dingen um juristische und weniger um medizinische Probleme, daher wurde bewusst ein Aufbau unter diesem Blickwinkel vorgenommen. Zu allen wichtigen Punkten werden die Fundstellen der höchstrichterlichen Rechtsprechung benannt, um die notwendige Argumentationshilfe zu geben.

Meine mehr als 18-jährige Erfahrung als Geschäftsführer in Kassenärztlichen Vereinigungen und in einem ärztlichen Berufsverband belegen, dass sich die Prüfgremien nicht selten weder an die Vorgaben der Prüfvereinbarung noch an die sozialgerichtliche Rechtsprechung zum Thema „Wirtschaftlichkeitsprüfung" halten. Unter rein statistischen Gesichtspunkten scheinen sie damit Erfolg zu haben, weil viele der betroffenen Ärzte sich nicht gegen solche Bescheide wehren – nicht wehren, weil sie die kritischen Punkte nicht kennen.

Mit diesem Buch möchte ich Ihnen die Möglichkeiten zeigen, wunde Punkte zu finden, um im „Kampf" mit den Prüfgremien besser zu bestehen.

Im Bereich der Arzneimittelverordnungen hat sich die Situation gegenüber den bisherigen – ungeliebten – Arzneimittelbudgets auch durch die Abschaffung des Kollektivbudgets zum 1. Januar 2002 nicht verbessert. Im Gegenteil, die Regressgefahr für den einzelnen Arzt ist sogar gestiegen, da die „Schutzwirkung" des kollektiven Arzneimittelbudgets nunmehr entfällt!

Hinzu kommt, dass infolge der Einführung der so genannten „Zielvereinbarungen" auf Landesebene quasi durch die Hintertür ein vertragliches Arzneimittelbudget zu vereinbaren ist.

Das Buch berücksichtigt in der vorliegenden Auflage alle relevanten Änderungen, die sich aus dem zum 01.01.2004 in Kraft getretenen GKV-Modernisierungsgesetz (GMG) und der Wirtschaftlichkeitsprüfungs-Verordnung (WiPrüfVO) vom 05.01.2004 ergeben.

Abschließend darf ich darauf hinweisen, dass der Begriff „Arzt" als Oberbegriff sowohl für männliche als auch für weibliche Angehörige dieser Berufsgruppe verwendet wird. Für Wirtschaftlichkeitsprüfungen bis einschließlich des 4. Quartals 2001 gelten DM-Beträge; ab 1/2002 wird in Euro gerechnet.

Bergheim, im Dezember 2004

Wolfgang Ascher
Rechtsanwalt

Inhaltsverzeichnis

Einführung

Das Wirtschaftlichkeitsgebot

Das Gebot der Wirtschaftlichkeit in der vertragsärztlichen Versorgung durchzieht das gesamte Fünfte Sozialgesetzbuch (SGB V). Es richtet sich an alle in der Gesetzlichen Krankenversicherung Beteiligten:

- Vertragsärzte (= „Leistungserbringer"); §§ 70 und 12 SGB V
- Versicherte (Patienten), § 12 SGB V
- Krankenkassen, §§ 12 und 72 SGB V
- Einrichtungen der Selbstverwaltung (Kassenärztliche Vereinigungen, Bundesausschüsse), § 72 SGB V.

Die **Zentralnorm** für die eigentliche Wirtschaftlichkeitsprüfung in der ambulanten vertragsärztlichen Versorgung ist § **106 SGB V.** Hierauf gehen wir gleich ein.

Zuvor ist darauf hinzuweisen, dass es noch **andere** Maßnahmen gibt, z. B. § 106a SGB V, die sich zwar auch auf das Honorar auswirken, mit der Wirtschaftlichkeitsprüfung im Sinne des § 106 SGB V aber ganz und gar nichts zu tun haben (siehe Abb. 1):

- Bei der **sachlich-rechnerischen Richtigstellung** § 106a Abs. 2 SGB V werden die Anspruchsvoraussetzungen für die nach dem Einheitlichen Bewertungsmaßstab (EBM) abgerechneten Leistungen geprüft (tatsächliche Erbringung, Einhaltung der Leistungsbeschreibung und Beachtung der Fachgebietsgrenzen, Einhaltung der individuellen Budgets, künftig auch auf Einhaltung der arztindividuellen Regelleistungsvolumina sowie Streichung bei Überschreitung des Labor-OI-III-Individual-Budgets).
  Zuständig in diesem Bereich ist die Kassenärztliche Vereinigung und nicht der Prüfungsausschuss (BayLSG Urteil vom 29.02.1988 – L 12 Ka 99/86, SG Stuttgart Urteil vom 25.03.1992 – S 15 Ka 3065/90).
- Gleiches gilt für die neue Prüfung der Abrechnungen auf **Plausibilität** (§ 106a SGB V). Hier sind Kassenärztliche Vereinigungen und Krankenkassen gleichermaßen zur Prüfung aufgerufen.
- Bei Überschreitung von **Höchstpunktzahlen-Grenzwerten** nach dem Honorarverteilungsmaßstab werden darüber hinaus angeforderte Punkte nicht vergütet. Hier werden für jede Arztgruppe

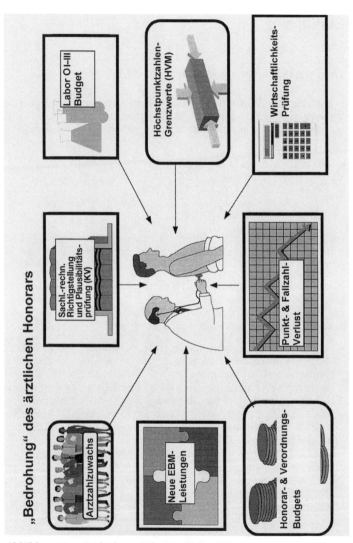

Abbildung 1: „Bedrohung" des ärztlichen Honorars

Höchstwerte für die abrechnungsfähige Gesamtpunktzahl ermittelt, die in der Regel das Doppelte des Fachgruppendurchschnittes beträgt. Derartige Maßnahmen sind nach der Rechtsprechung zulässig, weil § 85 Abs. 4 SGB V eine „Begrenzung wegen übermäßiger Ausdehnung der vertragsärztlichen Tätigkeit" im HVM vorsieht.

- Zu den Zeiten der Geltung von strengen **Budgets** im Honorar-, Arzneimittel- und Heilmittelsektor haftete die Vertragsärzteschaft ebenfalls (§ 85 Abs. 3a, § 84 SGB V).
- Die Einhaltung des kollektiven Verordnungsvolumens durch alle Ärzte eines KV-Bereiches (**Arzneimittelvereinbarung**) gemäß § 84 Abs. 1 Nr. 1 SGB V. Eine Überschreitung dieses vereinbarten Arzneimittelausgabenvolumens berechtigt die Kassen zum (Kollektiv-)Abzug des Überschreitungsbetrages mit der (Honorar-)Gesamtvergütung (§ 84 Abs. 3 SGB V).

Bei allen derartigen Maßnahmen kann der betroffene Arzt nur gegen den **Honorarbescheid** vorgehen (Widerspruch, Klage); im Rahmen eines entsprechenden Verfahrens würde dann inzident die Rechtmäßigkeit dieser Regelungen überprüft.

§ 106 SGB V

Die eigentliche Wirtschaftlichkeitsprüfung sieht grundsätzlich **drei Prüfungsarten** vor:

- die **Auffälligkeitsprüfung** bei der Richtgrößenprüfung für Verordnungen (§ 106 Abs. 2 Nr. 1 SGB V),
- die **Zufälligkeitsprüfung** (§ 106 Abs. 2 Nr. 2 SGB V) bei ärztlichen und verordneten Leistungen
- **weitere, auf Landesebene vereinbarte arztbezogene Prüfungsarten** (§ 106 Abs. 2 Satz 3 SGB V).
- Die Prüfung ärztlicher sowie ärztlich verordneter Leistungen nach Durchschnittswerten ist ab 01.01.2004 nur noch dann möglich, wenn dies ausdrücklich zwischen Kassen und KV auf Landesebene vereinbart ist (vgl. § 106 Abs. 2 Satz 3 SGB V).

Das Bundesverfassungsgericht hat die Prüfung der Wirtschaftlichkeit der ärztlichen Behandlungs- und Verordnungsweise als mit dem Grundgesetz vereinbar anerkannt (BVerfG Urteil vom 29.05.1978 – 1 BvR 951/77).

Die Einzelheiten, wie die Prüfung durchzuführen ist, welche Prüfinstanzen es gibt und wie diese besetzt sind, ergibt sich aus § 106 SGB V, der Wirtschaftlichkeitsprüfungsverordnung sowie der Prüfvereinbarung.

Prüfvereinbarung

Während es bis zum Gesundheitsstrukturgesetz (GSG 1993) für den Bereich der Primärkassen jeweils auf Landesebene eine und für den Ersatzkassensektor eine bundesweit gültige Prüfvereinbarung gab, gilt seit 1. Januar 1995 für die Primär- und Ersatzkassen in jedem Bundesland **eine einheitliche** Prüfvereinbarung.

Mit In-Kraft-Treten des GSG zum 1. Januar 1993 wurde die bisherige Trennung in Prüfungsausschüsse (Primärkassen) und Prüfungskommissionen (Ersatzkassen) aufgegeben. Seit diesem Zeitpunkt gibt es nur noch **einen gemeinsamen Prüfungsausschuss**; das Gleiche gilt für die sog. Widerspruchsinstanz, den **Beschwerdeausschuss**, der über Widersprüche gegen Prüfbescheide des Prüfungsausschusses (1. Verwaltungsinstanz) entscheidet.

Mit dem In-Kraft-Treten des GKV-Modernisierungsgesetzes (**GMG**) zum 01.01.2004 wurden die Prüfgremien neben der paritätischen Besetzung von Ärzte- und Kassenvertretern durch einen zusätzlichen unparteiischen Vorsitzenden (in der Regel ist dies ein Jurist), dessen Stimme bei Abstimmungen den Ausschlag gibt, erweitert (§ 106 Abs. 4 SGB V i. v. m. § 1 Abs. 1 WiPrüfVO).

Die als Rechtsverordnung erlassene „**Wirtschaftlichkeitsprüfungsverordnung**" (WiPrüfVO) vom 05.01.2004 gibt den zahlenmäßigen Rahmen vor. Danach können die Prüfgremien – neben dem unparteiischen Vorsitzenden – mit drei bis maximal sechs Vertretern auf Ärzte- bzw. Kassenseite besetzt werden.

In **Abstimmungen** müssen neben dem Unparteiischen mindestens je zwei ärztliche bzw. Kassenvertreter anwesend sein (§ 1 Abs. 4 WiPrüfVO). Hinsichtlich der Beschlussfähigkeit der sog. „Kammern" kann hiervon abgewichen werden (§ 1 Abs. 4 Satz 2 WiPrüfVO).

Neben den ordentlichen Vertretern und dem Unparteiischen im Prüfungs- bzw. Beschwerdeausschuss müssen eine ausreichende Zahl an Vertretern bestellt werden (§ 1 Abs. 1 WiPrüfVO). Die Prüfgremien können für die Prüfung in Kammern gegliedert werden (§ 1 Abs. 2 WiPrüfVO).

Die Vertragspartner können mit Zustimmung der zuständigen Aufsichtsbehörde die gemeinsame Bildung von Prüfungs- und Beschwerdeausschüssen über den Bereich eines Landes oder einer KV hinaus vereinbaren (§ 106 Abs. 4c SGB V).

Prüfungs- und Beschwerdeausschuss sind mit der gleichen Anzahl an Ärzte- und Kassenvertretern zu besetzen. Die genaue Anzahl ergibt sich aus der jeweiligen (Landes-)Prüfvereinbarung. Der **Vorsitz** in den Prüfgremien wechselt nicht wie bisher jährlich, sondern erst nach Ablauf der 2-jährigen Amtsperiode!

Im Prüfbescheid müssen die Namen der Vertreter der Ärzte- und Kassenseite sowie des Vorsitzenden vermerkt sein, die an der Entscheidung mitgewirkt haben. Nur so könnte man ggf. feststellen, ob ein Mitglied des Prüfgremiums z. B. wegen der Besorgnis der Befangenheit ausgeschlossen wäre. Außerdem darf ein Vertreter, der im Prüfungsausschuss mitentschieden hat, im Beschwerdeausschuss nicht mitwirken! Hierzu könnte es z. B. kommen, wenn ein Vertreter im Beschwerdeausschuss zugleich ordentliches Mitglied im Prüfungsausschuss wäre.

Lesen Sie bitte den Musterprüfbescheid auf dem Faltblatt am Ende des Buches.

Alle wichtigen Themen finden Sie im Musterprüfbescheid, dort sind die entsprechenden **Stichworte fett gedruckt!**

Erster Prüfungszug:
Das Verfahren vor dem Prüfungsausschuss

Im Honorarsektor erstellen die KVen Gesamtübersichten sowie **Frequenz-**(Häufigkeits-)**Statistiken** über die abgerechneten Gebührennummern nach dem EBM.

Im Verordnungssektor sind dies (Arznei-)**Kostenstatistiken** bzw. arztpraxisindividuelle Richtgrößengesamtsummen, bei deren Überschreitung Regresse drohen.

Aus der Frequenzstatistik geht hervor, wie oft eine bestimmte Gebührenordnungsnummer vom Arzt und seiner Vergleichsgruppe abgerechnet wurde; außerdem erfährt er, inwieweit er mit dem Ansatz dieser Nummer die Vergleichsgruppe über- oder unterschreitet.

Mit den Honorarabrechnungen ab dem 01.01.2005 sind die bundesweit gültigen Zeitprofile für die Plausibilitätsprüfung verbunden. Diese **Plausibilitätsprüfung** wird aber seitens der KVen bzw. Kassen durchgeführt (§ 106a SGB V) und hat daher mit der eigentlichen Wirtschaftlichkeitsprüfung **nichts** zu tun.

In den Gesamtübersichten werden Leistungen nach Gruppen zusammengefasst (z. B. Beratungs- und Betreuungsgrundleistungen, Visiten, Besuche, eingehende Untersuchungen, allgemeine und Sonderleistungen usw.). Diese Übersichten zeigen auch, wie hoch der Anteil an Not- und Vertreterscheinen, Überweisungen, Vorsorgeuntersuchungen sowie Mitglieder-, Familienversicherten- und Rentnerfällen ist. Auch hier werden die jeweiligen Über- und Unterschreitungswerte zur Vergleichsgruppe ausgewiesen.

Mit Einführung des neuen EBM 2000plus erfolgen die Prüfungen der ärztlichen Behandlungsweise im Wesentlichen im jeweiligen Fach-(arzt)-Kapitel.

Praxistipp

Diese Informationen sind wichtig sowohl im Hinblick auf die Vermeidung von Kürzungen und Regressen als auch im späteren Prüfverfahren!

*Unter*schreitungen bieten Handlungsspielraum, *Über*schreitungen engen ein, sofern sie nicht durch Praxisbesonderheiten gerechtfertigt sind!

Die statistischen Unterlagen dienen als Grundlage für die Entscheidung darüber, ob ein Prüfverfahren eingeleitet wird oder nicht.

Die Prüfung von Amts wegen

Gemäß § 106 Abs. 4a SGB V bereitet die Geschäftsstelle (siehe Seite 60) von Amts wegen alle Unterlagen verbunden mit einem **Vorschlag** über die festzusetzenden Maßnahmen vor. Hieraus und mangels einer ausdrücklichen Regelung über ein Antragserfordernis ergibt sich, dass es **keines formellen Prüfantrags** bedarf. Für die Prüfung auf der Grundlage von **Richtgrößen** ergibt sich dies ohnehin (siehe dort).

Sofern in der jeweiligen Prüfvereinbarung von der gesetzlichen Möglichkeit Gebrauch gemacht wird, Einzelfallprüfungen durchzuführen, können diese nur **auf Antrag** durchgeführt werden. (§ 106 Abs. 3 Satz 3 SGB V).

Art und Umfang der für die Prüfungen maßgeblichen Daten ergeben sich aus den Daten, die den Geschäftsstellen gemäß § 106 Abs. 2c i. V. zu § 296 Abs. 1, 2 und 4 sowie § 297 Abs. 1 bis 3 SGB V übermittelt werden.

Praxistipp

Ein Novum ist die in § 106 Abs. 2c Satz 2 SGB V enthaltene Regelung. Danach ist der Prüfungsausschuss – ab 01.01.2004 – verpflichtet, hinreichend begründeten **Zweifeln an der Datenvalidität** nachzugehen, wenn der Arzt diese Zweifel an der Richtigkeit der Daten geltend macht.

Dabei kann die Richtigkeit anhand einer **Stichprobe** aus den **Originalbelegen** (z. B. Rezepte und Krankenscheine) oder **Kopien** dieser Belege vom Arzt erschüttert werden.

Hier ist darauf hinzuweisen, dass zwar sog. Images (= elektronisches Foto) genügen, **nicht** aber bloße **Ausdrucke** der ggf. durch KV- oder Kassenmitarbeiter manuell eingetippten **Inhalte** von Belegen.

Wenn nämlich zwischen Original und Ausdruck des Inhalts desselben noch ein weiterer, z. B. manueller Zwischenschritt erfolgt, können von Dritten „Fehler" gemacht werden, die dann dem Arzt zugerechnet werden.

Solche **Fehler** können erfahrungsgemäß sein:
- Zuordnung von Rezepten von **zwei** oder mehr Ärzten in die Statistik **eines** Arztes,
- Zuordnung von Hilfsmittel-Rezepten in die Statistik der Arzneimittelverordnung eines Arztes,
- Zuordnung von Heilmittel-Verordnung in die Arznei-Statistik,
- Zuordnung von Verordnungen aus vorherigen Quartalen (sog. Meldung von Nachzüglern).

Praxistipp

Aus der Stichproben-Regelung des § 106 Abs. 2c Satz 2 SGB V kann nicht geschlossen werden, dass generell der Grundsatz gilt, die Prüfgremien müssten nur stichprobenartig Arzneimittel-Rezepte im Original bzw. Images vorlegen. Der Arzt kann im Zweifelsfall **alle** Originalbelege bzw. Images verlangen, um den Nachweis der Wirtschaftlichkeit führen zu können, z. B. um besonders kostenintensive Fälle (HIV, Schwerstkranke etc.) aus seinen Verordnungskosten herausrechnen zu können.

Mit anderen Worten: nur hinsichtlich des Nachweises der „berechtigten Zweifel" an der Validität des Datenmaterials genügt die Stichprobe aus den Unterlagen.

„Verjährung" und Verwirkung des Prüfanspruchs

Das Bundessozialgericht hat in einer Grundsatzentscheidung (Urteil vom 16.06.1993 – Az 14a/6 Rka 37/91) klargelegt, dass der Anspruch auf Durchführung eines Prüfverfahrens mit Honorarkürzung bzw. Verordnungsregress an sich nicht der Verjährung im engeren Sinne unterliegt, weil „es bei der Wirtschaftlichkeitsprüfung nicht nur um die Feststellung des rechtmäßigen Honorars, sondern um die Aufrechterhaltung von Funktionstüchtigkeit und Leistungsfähigkeit des Systems der gesetzlichen Krankenversicherung" geht (so BVerfG in SozR 220 § 368n Nr. 29). „Der Arzt werde geprüft, ob er sich im Rahmen der Wirtschaftlichkeit gehalten hat. Insoweit, als er verpflichtet sei, bei seinen Behandlungen und Verordnungen das Wirtschaftlichkeitsgebot zu beachten." Das BSG führt aber ferner aus: „Greifen die Verjährungsvorschriften nicht ein, so muss der Gefahr eines ,**ewigen Prüfungsverfahrens**' auf andere Weise Rechnung getragen werden."

„Das rechtsstaatliche Gebot der **Rechtssicherheit** (Art. 20 Abs. 3 GG) erfordert die Notwendigkeit einer (zusätzlichen) zeitlichen Begrenzung des Prüfverfahrens, die auch die Zeit nach Bekanntgabe des Prüfungsantrags umfasst ... Zwar stehen die von der KV erteilten Honorarbescheide unter dem **Vorbehalt späterer Überprüfung** der Wirtschaftlichkeit der Leistungserbringung, der Arzt muss nach dem Erhalt des Honorars noch mit einer Kürzung rechnen. Hieraus kann jedoch nicht abgeleitet werden, dass er einem fortwährenden, zeitlich nicht begrenzten Prüfverfahren ausgesetzt ist. Der mit der Honorarabrechnung verbundene Vorbehalt späterer Überprüfung lässt ein Prüfverfahren nur in einem zeitlichen Rahmen zu, der mit dem Anspruch des Kassenarztes auf Rechtssicherheit vereinbar ist."

„Im Bereich der Verjährungsfristen im Sozialrecht hat der Gesetzgeber deutlich gemacht, dass er eine **Frist von vier Jahren** im Regelfall als angemessen ansieht."

„Es erscheint sachgerecht, diese für die Verjährung einheitlich festgesetzte Frist im Sinne einer zeitlichen Höchstgrenze als **Ausschlussfrist** auch auf das Verfahren zur endgültigen Festsetzung der kassenärztlichen Honorare zu übertragen."

„**Der die Wirtschaftlichkeitsprüfung abschließende Bescheid über Honorarkürzungen muss danach spätestens vier Jahre nach der vorläufigen Honorarabrechnung (Quartalsende) durch die KV dem Kassenarzt zugestellt werden.**"

In derselben Entscheidung führt das BSG aus: „**Verwirkung** kann insbesondere eintreten, wenn die Begründung des Prüfantrages längere Zeit verzögert wird und der betroffene Kassenarzt daraus entnehmen kann und entnommen hat, dass die das Prüfungsverfahren betreibenden Hoheitsträger den Antrag nicht weiter verfolgen wollen. Diese aus dem Grundsatz von Treu und Glauben abgeleitete und auch im öffentlichen Recht durchgreifende Rechtsfolge setzt jedoch voraus, dass durch ein **Verhalten** der am Prüfverfahren Beteiligten auf Seiten des Kassenarztes ein Vertrauenstatbestand geschaffen worden ist, der eine spätere Weiterverfolgung eines längere Zeit nicht betriebenen Prüfungsverfahrens als treuwidrig erscheinen lässt."

Die Sitzung vor dem Prüfungsausschuss

Sobald alle Abrechnungs- und/oder Verordnungsdaten des Arztes bei der Geschäftsstelle des Prüfungsausschusses vorliegen (bei der KV, aber **keine** Einrichtung der KV bzw. Kasse!), wird der „Fall" verwaltungsmäßig vorbereitet; d. h. alle Unterlagen und Statistiken sowie ggf. die zugehörigen **Rezepte** werden für die Sitzung zusammengestellt.

In einer Reihe von KVen gibt es eine **Vorprüfung** durch einen **Prüfarzt**. Er kann quasi als „Mitarbeiter" der Geschäftsstelle den in § 106 Abs. 4a SGB V angesprochenen Beschlussvorschlag machen.

Der zu prüfende Arzt kann zwar nicht verlangen, dass ein Arzt seines Faches bei der Prüfung hinzugezogen wird (BSG Urteil vom 22.05.1984 – 6 RKa 21/82 und vom 08.05.1985 – 6 RKa 24/83), sind die Prüfgremien aber mit einer Behandlungsmethode nicht vertraut oder bedarf es der Klärung einer Sachfrage, sind (ggf. ärztliche) **Gutachter** beizuziehen (LSG Rheinl.-Pfalz Urteil vom 29.06.1990 – L 5 Ka 49/89).

Über den zu prüfenden Fall muss in einer (ggf. mehreren) **Sitzung** des Prüfungsausschusses beraten und entschieden werden.

Ob der betroffene Arzt zu dieser Sitzung geladen wird, hängt von den Bestimmungen der (Landes-)Prüfvereinbarung ab.

Praxistipp

Ein klagbarer Anspruch auf rechtliches Gehör vor dem Prüfungsausschuss (1. Instanz) besteht in der Regel nicht!

Dieser Anspruch ist nur gegeben, wenn er in der entsprechenden Prüfvereinbarung vorgesehen ist!

Andernfalls ist der geprüfte Arzt auch nicht rechtlos, weil er **spätestens** in der **2. Verwaltungsinstanz** vor dem **Beschwerdeausschuss** rechtlich gehört werden muss!

Praxistipp

Wichtig ist aber, dass alle Argumente spätestens bis zum Abschluss des Verfahrens vor dem Beschwerdeausschuss vorgetragen werden!

Die Vergleichsgruppe

Im Rahmen der Wirtschaftlichkeitsprüfung stellt sich zunächst die Frage, mit welcher Minimalanzahl an Ärzten der zu prüfende Arzt verglichen werden muss, welche Fachgruppe hierfür grundsätzlich heranzuziehen ist und ob die Bildung einer **engeren Vergleichsgruppe** möglich oder sogar zwingend ist.

Bei der Auswahl der in die Vergleichsprüfung einbezogenen Ärzte kommt es darauf an, mit **wieviel Ärzten** der zu prüfende Arzt verglichen wird (**Minimalanzahl**).

Die Rechtsprechung hat sich nicht auf eine bestimmte Zahl fixiert:

- Umfasst die Vergleichsgruppe lediglich zwei Fachkollegen, genügt eine statistische Prüfung nicht; hier müsste zwingend eine Einzelfallprüfung vorgenommen werden (LSG Saarland Urteil vom 06.12.1989 – L 2/1 Ka 10/86).
- Der Vergleich mit neun Fachkollegen ist hinreichend (BSG Urteil vom 27.11.1959 – 6 RKa 4/58).
- Ein Vergleich mit einer kleinen und inhomogenen Gruppe (hier: 15) ist nicht ausreichend (so BSG Urteil vom 16.07.2003 – B 6 KA 14/02 R und 44/02).
- 20, 21 bzw. 27, 28 Fachkollegen genügen (LSG Rheinl.-Pfalz Urteil vom 16.05.1991 – L 5 Ka 13/89 bzw. vom 29.06.1990 – L 5 Ka 49/89).
- Der Vergleich mit einem Kollektiv von 500 Ärzten des gleichen Fachgebietes ist derart groß, dass die Größe der Gruppe Zufälle weitgehend ausschließt (BSG Urteil vom 16.07.2003 – B 6 KA 45/02 R).
- Zulässig ist auch ein Vergleich mit Ärzten aus dem **gesamten Bundesgebiet**, soweit die Behandlung nicht durch besondere Gegebenheiten im Bereich der einzelnen KVen bestimmt wird (BSG Urteil vom 19.11.1985 – 6 RKa 13/84 und vom 01.10.1990 – 6 RKa 32/89).

Sofern keine engere Vergleichsgruppe gebildet wird (siehe nachfolgend), wird der Arzt **grundsätzlich** mit den Ärzten seines **Fachgebietes** verglichen (BSG Beschlüsse vom 05.03.1981 – 6 BKa 16/80 und vom 19.07.1983 – 6 BKa 7/83 sowie BSG Urteil vom 22.05.1984 – 6 RKa 21/82).

Bei **Allgemein- und praktischen Ärzten** besteht kein Anspruch auf Bildung einer jeweils eigenen Vergleichsgruppe, d. h. diese Ärzte bilden zusammen **eine** Vergleichsgruppe (BSG Beschluss vom 20.09.1988 – 6 BKa 12/88).

Bei Ärzten in einer **Gemeinschaftspraxis** wird die Wirtschaftlichkeit der Behandlungs- und Verordnungsweise auf die Gemeinschaftspraxis als Ganzes bezogen und nicht auf den einzelnen Arzt (BSG Urteil vom 19.08.1992 – 6 RKa 35/90).

Mit Einführung des neuen EBM 2000plus wird aber erstmals bundesweit die vom Bundessozialgericht mit Urteilen vom 22.04.1983 (Az 6 RKA 2/82 und 7/81) geforderte **Kennzeichnungspflicht** bei fachübergreifenden Praxen sowie bei Leistungen umgesetzt, für die ggf. nur **ein** Praxispartner eine Genehmigung besitzt. Damit wird eine individuelle Leistungszuordnung möglich.

Grundsätzlich hat der Arzt keinen klagbaren Anspruch darauf, mit einer **engeren Vergleichsgruppe** verglichen zu werden (BSG Urteil vom 15.04.1980 – 6 RKa 5/79).

Die Bildung einer engeren Vergleichsgruppe kann aber zweckmäßig sein, wenn sie eine hinreichend große Anzahl an Ärzten umfasst, die sich durch eine wissenschaftlich anerkannte Behandlungsmethode in erheblicher Weise von Ärzten mit anderen Behandlungsarten unterscheidet. Dies ist z. B. bei Tätigkeiten der Fall, die sich im Bereich einer nach der Weiterbildungsordnung erworbenen **Teilgebiets- oder Zusatzbezeichnung** bewegen (BSG Urteil vom 15.04.1980 – 6 RKa 5/79 und vom 08.04.1992 – 6 RKa 34/90).

Die Bildung einer engeren Vergleichsgruppe bezogen auf die Gruppe der Rentner ist zulässig, aber nicht zwingend (BSG Urteil vom 27.01.1987 – 6 RKa 16/86).

Wenn das Prüfgremium eine engere Vergleichsgruppe heranzieht, genügen bereits **geringere Überschreitungswerte** für die Annahme eines offensichtlichen Missverhältnisses und damit von Unwirtschaftlichkeit (BSG Urteil vom 22.05.1984 – 6 RKa 16/83).

Wenn eine Besonderheit der Praxis nicht zur Bildung einer engeren Vergleichsgruppe führt, ist dies ggf. als **Praxisbesonderheit** (siehe dort) anzuerkennen (BSG Urteil vom 15.04.1980 – 6 RKa 5/79).

Die Prüfungsarten

Die Auffälligkeitsprüfung bei Überschreitung der Richtgrößenvolumina

Im Rahmen der Auffälligkeitsprüfung nach § 106 Abs. 2 Nr. 1 SGB V werden ärztlich verordnete Leistungen bei Überschreitung vereinbarter Richtgrößen (§ 84 SGB V) geprüft.

Die Prüfung nach Durchschnittswerten

Für die Zeit bis einschließlich 31.12.2003 war die Prüfung nach Durchschnittswerten sowohl im Honorar- wie im Verordnungsbereich im Gesetz vorgesehen (§ 106 Abs. 2 Nr. 1 alt SGB V). Mit In-Kraft-Treten des neuen § 106 Abs. 2 Satz 4 SGB V ist diese Prüfart nur noch dann möglich, wenn sie ausdrücklich in der jeweiligen Prüfvereinbarung vereinbart ist.

Für die Jahre 2002 und 2003 wurde mit Gesetz vom 19.12.2001 eine Übergangsregelung getroffen. Danach mussten im Jahr 2002 Durchschnittsprüfungen im Verordnungsbereich durchgeführt werden, sofern keine Prüfung nach Richtgrößen erfolgte. Darüber hinaus konnten bis 31.12.2003 Prüfungen der Verordnungen sowohl nach Richtgrößen als auch zusätzlich nach Durchschnitten (unter Verrechnung der Regressbeträge) erfolgen.[1]

---

[1] Beachte hierzu folgende **Übergangsregelung** gem. Art. 3 § 2 G v. 19.12.2001 (BGBl. I S. 3773):
Art. 3
§ 2 Übergangsregelung für die Prüfungen ärztlich verordneter Leistungen nach § 106 Abs. 2 Nr. 1 des Fünften Buches Sozialgesetzbuch in den Jahren 2002 und 2003.
[1]Prüfungen nach Richtgrößen im Jahr 2002 erfolgen entsprechend § 106 Abs. 5a des Fünften Buches Sozialgesetzbuch in der Fassung dieses Gesetzes auf der Grundlage der Richtgrößenvereinbarungen nach § 84 Abs. 3 des Fünften Buches Sozialgesetzbuch in der bis zum In-Kraft-Treten dieses Gesetzes geltenden Fassung. [2]Liegen die erforderlichen Voraussetzungen für die Prüfungen nach Satz 1 nicht vor, sind im Jahr 2002 getrennt Prüfungen ärztlich verordneter Arznei- und Verbandmittel sowie ärztlich verordneter Heilmittel nach Durchschnittswerten gemäß § 106 Abs. 2 des Fünften Buches Sozialgesetzbuch und der dazu getroffenen Vereinbarungen im gebotenen Umfang durchzuführen. [3]Abweichend von § 106 Abs. 2 Satz 6 des Fünften Buches Sozialgesetzbuch können bis zum 31. Dezember 2003 Prüfungen ärztlich verordneter Arznei- und Verbandmittel sowie ärztlich verordneter Heilmittel nach Durchschnittswerten zusätzlich zu Prüfungen nach Richtgrößen durchgeführt werden. [4]Die Klage gegen die Entscheidung des Beschwerdeausschusses hat keine aufschiebende Wirkung. [5]Führen jeweils beide Prüfverfahren zu Erstattungsansprüchen der Krankenkassen, verringert sich der Erstattungsbetrag im Rahmen der Prüfung nach Richtgrößen um den im Rahmen der Prüfung nach Durchschnittswerten festgesetzten Betrag.

Prüfungsgegenstand der Durchschnittsprüfung können sein:

- ärztliche Leistungen nach dem EBM (BMÄ und E-GO)
- Arzneimittelverordnungen (einschl. Verbandmittel)
- Sprechstundenbedarf
- Heilmittelverordnungen
- Hilfsmittelverordnungen
- Überweisungshäufigkeit
- Krankenhauseinweisungen
- Feststellungen der Arbeitsunfähigkeit

Bei der Prüfung ärztlicher Leistungen (**Honorar**) wird in der Regel auf **Leistungsgruppen** (z. B. Besuche, eingehende Untersuchungen, Sonderleistungen etc.) abgestellt (BSG Urteil vom 01.03.1979 – 6 RKa 4/78).

Der bloße Vergleich **einzelner** EBM-Positionen, bei denen eine Fachgruppenüberschreitung vorliegt, ist im Rahmen der Wirtschaftlichkeitsprüfung nicht ausreichend.

Beeinträchtigt würde bei einem solchen Vorgehen im besonderen Maße auch die Therapiefreiheit desjenigen Arztes, der eine besondere Leistungsart bevorzugt, während der Durchschnitt seiner Fachkollegen eine andere verwendet (so: BSG Urteil vom 31.07.1991 – 6 RKa 12/89).

Wenn der Arzt in seinem gesamten Leistungsspektrum unwirtschaftlich behandelt hat, darf das Prüfgremium auch im **Gesamtfallwert** kürzen (BSG Urteil vom 08.05.1985 – 6 RKa 24/83).

Ausgangspunkt und Rechtfertigung der Wirtschaftlichkeitsprüfung sind die **Mehrkosten pro Fall** und nicht die – freilich damit verbundene – relative Abrechnungshäufigkeit; daher müssen Prüfbescheide die **Fallkosten** und die Fallkostendifferenz ausweisen (BSG Urteil vom 31.07.1991 – 6 RKa 12/89).

Eine Prüfung der Wirtschaftlichkeit nach **Rentnerfallkosten** (Gesamtleistungen, Sonder- oder Laborleistungen für Rentner) ist zulässig (BSG Urteil vom 20.09.1988 – 6 RKa 22/87).

Im Honorarsektor dürfte die Wirtschaftlichkeitsprüfung infolge des neuen EBM 2000plus zukünftig stark an Bedeutung verlieren. Zum einen erfolgt die Honorierung ärztlicher Leistungen weitgehend komplexiert bzw. pauschaliert. Zum anderen sorgen die arztgruppenspezifischen Regelleistungsvolumina für ein arztgruppenhomogenes Abrechnungsverhalten. Auf Grund nur noch wenig verbleibender „Einzelleistungen" wird der Nachweis der statistischen Unwirtschaftlichkeit nahezu unmöglich. In diesem Bereich dürfte die zeitbezogene Plausibilitätsprüfung (außerhalb der Wirtschaftlichkeitsprüfung) an Bedeutung gewinnen.

Bei der Prüfung von **Sprechstundenbedarf** sind die Fallwerte des Sprechstundenbedarfs **gesondert** zu prüfen (BSG Urteil vom 08.05.1985 – 6 RKa 4/84).

Die **Prüfungsmethode** richtet sich grundsätzlich nach der Höhe der Überschreitungswerte; es kann eine

- **Einzelfallprüfung,**
- **Prüfung anhand beispielhafter Einzelfälle** oder
- **rein statistische Vergleichsprüfung**

vorgenommen werden.

Dabei gibt es die Prüfung nach der **arithmetischen Methode** oder nach der Gauß'schen Verteilung.

Die Rechtsprechung lässt grundsätzlich beide mathematischen Methoden zu (BSG Urteil vom 08.05.1985 – 6 RKa 24/83 und vom 22.05.1984 – 6 RKa 21/82).

Die Prüfgremien wählen im Rahmen ihres Ermessens die mathematische Prüfmethode frei aus (BSG Urteil vom 20.09.1988 – 6 RKa 22/ 87).

Der Arzt kann nicht verlangen, nach der arithmetischen oder der Gauß'schen Methode geprüft zu werden (BSG Urteil vom 20.09.1988 – 6 RKa 22/87 und SG Mainz Urteil vom 29.07.1992 – S 1 b Ka 169/90).

Die Zulässigkeit des statistischen Vergleichs in der Wirtschaftlichkeitsprüfung beruht auf der Annahme, dass alle Ärzte innerhalb derselben Fachgruppe – und damit auch der geprüfte Arzt selbst – es im Wesentlichen mit dem gleichen Spektrum an Krankheiten zu tun haben und im Durchschnitt daher die Behandlungs- und Verordnungskosten gleich sind (BSG Urteil vom 08.04.1992 – 6 RKa 34/90).

Relevant hinsichtlich der Prüfmethode sind drei **Überschreitungswerte:**

- bis ca. 20 % über der Fachgruppe (**= allg. Streubreite**); hier erfolgt in aller Regel keine Prüfmaßnahme.
- ab 20 bis ca. 50 % (**Übergangs- oder Proportionalzone**); hier muss anhand einer repräsentativen Anzahl an Beispielsfällen geprüft werden.

- ab ca. 50 % (**offensichtliches Missverhältnis**), d. h. rein statistischer Vergleich; (widerlegbare) Vermutung der Unwirtschaftlichkeit mit Umkehr der Beweislast zu Lasten des Arztes (d. h. der Arzt muss den vollen Gegenbeweis für seine Wirtschaftlichkeit führen, Zweifel gehen zu seinen Lasten).

Im Bereich der **Übergangszone** (20 bis ca. 50 % arithmetische Überschreitung) müssen die Prüfgremien **mindestens 20 % der abgerechneten Fälle und wenigstens 100 Fälle heranziehen,** damit von einer repräsentativen Fallprüfung gesprochen werden kann (BSG Urteil vom 08.04.1992 – 6 RKa 27/90).

Die Grenze zum **offensichtlichen Missverhältnis** (ca. 50 %) ist **keine starre Grenze!**

Das Bundessozialgericht hat einen Bereich von ca. **40 bis 60 %** angenommen (BSG Urteil vom 20.09.1988 – 6 RKa 22/87).

Die Grenze von ca. 50 % kann sowohl niedriger als auch höher angesetzt werden:

- niedriger, wenn der Arzt mit Kollegen einer engeren Vergleichsgruppe verglichen wird (BSG Urteil vom 22.05.1984 – 6 RKa 16/83),
- höher, wenn das Patientengut des geprüften Arztes inhomogener ist als bei anderen Fachärzten. Zum Beispiel weisen Allgemein- und praktische Ärzte ein breiteres Leistungsspektrum auf als andere Fachärzte (BSG Urteil vom 02.06.1987 – 6 RKa 23/86).

Nach Auffassung des ehemaligen BSG-Richters Dr. Baader soll der Grundsatz gelten:

Wortlaut

Je näher die Überschreitungszahl am normalen Streubereich liegt, desto größer muss der zusätzliche Beweiswert der konkreten Einzelbeispiele sein, um den Schluss auf die Unwirtschaftlichkeit zu ermöglichen.

Was die zu Grunde zu legende Fall-(Schein-)Zahl anbelangt, bei welcher noch ein statistischer Vergleich zulässig ist und eine Einzelfallprüfung noch nicht zwingend vorgeschrieben ist, kann von ca. 50 eingereichten Behandlungsausweisen ausgegangen werden (SG München Urteil vom 26.05.1987 – S 31 Ka 300/87).

Praxistipp

Wenn das Prüfgremium ausgehend von einer Überschreitung im offensichtlichen Missverhältnis (ab ca. 50 %) eine Kürzung oder einen Regress ausspricht, der so hoch ist, dass die Restüberschreitung (nach Kürzung/Regress) in der Übergangszone liegt, so genügt die rein statistische Betrachtung nicht; hier muss vielmehr (nachträglich) die repräsentative Einzelfallprüfung durchgeführt werden, sonst ist der Prüfbescheid fehlerhaft.

Zur Zulässigkeit einer mit der Durchschnittsprüfung zugleich durchgeführten Richtgrößenprüfung siehe Fußnote zu § 106 SGB V (Übergangsregelungen für die Jahre 2002 und 2003).

Unabhängig von der zum 1. Januar 2002 beschlossenen **Abschaffung des Arzneimittelbudgets** und damit des so genannten **Kollektivregresses** muss sich jeder Niedergelassene mit den Richtgrößen und den ggf. durch sie drohenden Prüfungen und Regressen auseinandersetzen. Denn spätestens ab diesem Zeitpunkt endet die „Schutzwirkung" des Arzneimittelbudgets, welches in einigen KVen eingehalten oder sogar unterschritten werden konnte. Dann treten individuelle Richtgrößenprüfungen in den Vordergrund.

Die Richtgrößenwerte für Arzneimittel und Verbandmittel einerseits sowie für Heilmittel andererseits sind letztendlich nichts anderes als auf den einzelnen Arzt heruntergerechnete **Verordnungsdurchschnitte** seiner **Fachgruppe.** Dabei werden diese Werte getrennt ermittelt für Mitglieder/Familienangehörige (**M/F**) sowie Rentner (**R**).

In den Richtgrößenwerten sind je nach Prüf-/Richtgrößenvereinbarung enthalten bzw. **nicht** enthalten bei den Arzneimitteln und Verbandmitteln der **Sprechstundenbedarf** einschließlich der **Impfstoffe** sowie bei den Heilmitteln die **Logopädie** und **Ergotherapie.**

Die Richtgrößen sind (**Brutto-**)Euro-Beträge, die die **Zuzahlungen** der Patienten und den **Apothekenrabatt** für die Kassen zunächst noch enthalten.

Bei der Festsetzung eines eventuellen **Regresses** werden beide Summen später herausgerechnet (**Nettoprinzip**).

Für die Zeit ab 01.01.2000 galten infolge des Gesundheitsstrukturgesetzes niedrigere Werte, nämlich 5 % statt 15 % und 15 % statt 20 %. Seit 01.01.2002 gelten wieder die „alten" Werte (15 und

25 %), sofern die jeweiligen Richtgrößenvereinbarungen keine anderen Werte vorsehen.

Wie fallen die Regresse bei Überschreitungen aus?

Die einzelnen Grenzwerte (A bzw. B) variieren ja nach Verordnungsjahr

Jahr	Aufgreif-Grenze A	Regress-Grenze B
bis 31.12.1999	15 %	25 %
ab 01.01.2000	5 %	15 %
seit 01.01.2002	15 %	25 %

Für die Richtgrößenprüfung wird das zulässige **Gesamt**verordnungsvolumen eines Jahres arztindividuell auf Grund der tatsächlichen Fallzahlen für Mitglieder/Familienangehörige sowie Rentner der Praxis ermittelt.

Es trifft also nicht zu, dass dem Arzt im **Einzel**fall nur der Richtgrößenwert seiner Fachgruppe in Euro zusteht. Die Richtgrößen stellen vielmehr zunächst reine Berechnungsparameter zur Ermittlung der Arznei- bzw. Heilmittel-Richtgrößen**gesamt**summe dar.

Beispiel: Ein Allgemeinarzt hat in einer KV 2.500 Fälle im Jahr 2002, davon 2.000 M/F und 500 R. Für ihn ergeben sich folgende (angenommenen) Richtgrößensummen im Arzneimittel- bzw. Heilmittel-

27

*sektor; dabei sind die mit * gekennzeichneten Werte in Euro, die in einer KV vereinbarten Richtgößen(werte):*

Arznei-/Verbandmittel		Heilmittel	
M/F	R	M/F	R
2.000 x 33,12 €*	500 x 125,54 €*	2.000 x 4,13 €*	500 x 7,81 €*
66.240,- €	**62.770,- €**	**8.260,- €**	**3.905,- €**

4 Richtgrößensummen!

Hieraus ergibt sich eine **Arzneimittel**-Richtgrößengesamtsumme in Höhe von: **129.010,- €**	Hieraus ergibt sich eine **Heilmittel**-Richtgrößengesamtsumme in Höhe von: **12.165,- €**

Für die Durchführung der Richtgrößenprüfung kommt es ausschließlich auf die Überschreitung der Richtgrößengesamtsumme an! Im Beispiel müsste also die Arzneimittelsumme von **129.010,- €** *um mehr als 15 % bzw. 25 % überschritten werden. Gleiches gilt für die Heilmittelgesamtsumme, wobei in einigen KVen eine Überschreitung der Arzneimittelgesamtsumme mit einer Unterschreitung der Heilmittelgesamtsumme rechnerisch kompensiert werden kann.*

Praxisbesonderheiten

Sofern man oberhalb der praxisindividuellen Richtgrößengesamtsumme verordnet, sind nur dann keine Prüfmaßnahmen zu befürchten, wenn Besonderheiten belegt werden können.

Zwei Dinge sind hier wichtig:

- Als Praxisbesonderheit wird nur berücksichtigt, was über dem jeweiligen Fachgruppendurchschnitt liegt.
- Liegen bei einem Patienten mehrere Praxisbesonderheiten vor, so müssen diese auch angeführt werden.

Praxisbesonderheiten ergeben sich:

- aus der Richtgrößenvereinbarung (z. B. Anlage 2 der KBV-Empfehlung zu Richtgrößen entsprechend) – sog. **Wirkstoffliste,**
- aus der Richtgrößenvereinbarung (z. B. Anlage 3 der KBV-Empfehlung zu Richtgrößen entsprechend) – sog. **Indikationsgebiete** zur Berücksichtigung als Praxisbesonderheit,
- aus den **Einzelfall-Entscheidungen** der Sozialgerichte (SG, LSG, BSG).

Um Praxisbesonderheiten möglichst einfach bei der Abrechnung geltend zu machen, können Ärzte in einigen KVen Kennziffern angeben. Damit ist es dann möglich, EDV-gestützt den Umfang der Praxisbesonderheiten eines Arztes oder Psychotherapeuten im Falle einer Richtgrößenprüfung sichtbar zu machen.

Beispiel:

Praxisbesonderheit gemäß Anlage zur Richtgrößenvereinbarung	Kennziffer je nach KV
Methadonsubstitution nach NUB-Richtlinien bei Opiatabhängigen	
Immunsuppressiva nach Organtransplantation	
Immunsuppressive Behandlung bei Kollagenosen, entzündlichen Nierenerkrankungen und Autoimmunerkrankungen aus dem rheumatischen Formenkreis sowie entzündlichen Lungenerkrankungen	
Insulin-Therapie bei insulinpflichtigem Diabetes mellitus	
Substitution von Plasmafaktoren bei Faktormangelkrankheiten	
Therapie mit Virustatika bei behandlungsbedürftigen HIV-Infektionen	
Orale und parenterale Chemotherapie bei Tumorpatienten einschließlich der für diese Indikationen zugelassenen Hormonanaloga und Zytokine	
Therapie des Morbus Gaucher mit Alglucerase/Imiglucerase	
Hormonelle Behandlung und In-vitro-Fertilisation bei Sterilität	
Interferon-Therapie bei schubförmig verlaufender Multipler Sklerose mit für diese Indikation zugelassenen Präparaten	
Interferon-Therapie bei Hepatitis B und Hepatitis C mit für diese Indikationen zugelassenen Präparaten	

Praxisbesonderheit gemäß Anlage zur Richtgrößen-vereinbarung	Kennziffer je nach KV
Arzneimitteltherapie der Mukoviszidose	
Arzneimitteltherapie der Terminalen Niereninsuffizienz	
Substitutionsbehandlung Opiatabhängiger nach NUB-Richtlinien mit für die Substitution verord-nungsfähigen Arzneimitteln einschließlich entspre-chender Rezepturzubereitungen	
Wachstumshormon-Behandlung bei Kindern mit nachgewiesenem hypophysärem Minderwuchs	
Parenterale Chemotherapie bei Tumorpatienten als Rezepturzubereitung sowie parenterale Chemothera-pie mit für diese Indikation zugelassenen Interferonen	
Therapie behandlungsbedürftiger Begleiterkrankun-gen bei HIV-Infektionen	
Schmerztherapie für berechtigte Ärzte nach der Schmerztherapievereinbarung	
Medikamentöse Therapie des Glaukoms (Augen-tropfen mit den Wirkstoffen aus den Gruppen Car-boanhydrasehemmer, Alpha-2-Sympathicomimetica, Prostaglandinantagonisten)	
Behandlung der Schizophrenie mit atypischen Neu-roleptika	

Ärzte, bei denen Praxisbesonderheiten vorliegen, für die keine Kenn-ziffer gilt, müssen diese Praxisbesonderheit nach wie vor als schriftli-che Mitteilung gegenüber der KV anzeigen.

Darüber hinaus hat die Kassenärztliche Bundesvereinigung in einer Empfehlungsvereinbarung vom 21.02.2000 den Kassenärztlichen Vereinigungen der Länder anheim gestellt, weitere Praxisbesonderhei-ten aufzunehmen.

Dabei ist es für die juristische Argumentation unbedeutend, dass die KBV-Empfehlungsvereinbarung zwischenzeitlich **gekündigt** wurde. Es dürfte den Prüfgremien nämlich spätestens vor dem Sozialgericht schwerfallen, die **medizinische** Begründung dafür abzugeben, warum die KBV-Empfehlungen gekündigt wurden und die dort als Praxisbesonderheit anerkannten Fälle „plötzlich" keine Besonderheit mehr darstellen sollen. In der Regel wurden nämlich im Zuge der Kündigung der Vereinbarung die Richtgrößenwerte **nicht** angehoben. Damit könnte also nicht argumentiert werden, die „Praxisbesonderheiten" der ehemals gültigen und nunmehr gekündigten Wirkstoffliste seien betragsmäßig in den jetzt höheren Richtgrößenwerten enthalten.

Nachfolgend geben wir Ihnen daher die sog. Wirkstoffliste (Anlage 2) zur Kenntnis:

Wirkstoffliste nach Anlage 2 der Empfehlung zu Richtgrößen

(in der Fassung vom 21.02.2000 mit Ergänzungen Stand 08.12.2000 und Stand 25.09.2001)

1.	Zytostatika und Metastasenhemmer		
1 a)	Alkaloide		
	Vinblastin	Vindesin	
	Vincristin	Vinorelbin	
1 b)	Alkylanzien		
	Bendamustin	Estramustin	Temozolomid
	Busulfan	Ifosfamid	Thiotepa
	Carmustin	Lomustin	Treosulfan
	Chlorambucil	Melphalan	Trofosfamid
	Cyclophospha-mid	Nimustin	
1 c)	Antibiotika		
	Aclarubicin	Daunorubicin	Idarubicin
	Bleomycin	Doxorubicin	Mitomycin
	Dactinomycin	Epirubicin	
1 d)	Antimetabolite		
	Capecitabin (Stand: 25.09.01)	Fludarabin	Mercaptopurin

	Cladribin	Fluorouracil	Methotrexat
	Cytarabin	Gemcitabin	Thioguanin
1 e)	Platin-Verbindungen		
	Carboplatin	Oxaliplatin	
	Cisplatin		
1 f)	Biphosphonate		
	Clodronsäure	Pamidronsäure	
	Ibandronsäure		
1 g)	Andere Stoffe		
	All-trans-Retin-säure	Etoposid	Pegaspargase (Stand: 25.09.01)
	Altretamin	Hydroxycarba-mid	Porfimer
	Amifostin	Irinotecan	Procarbazin
	Amsacrin	Mesna	Teniposid
	Asparaginase	Miltefosin	Topotecan (Stand 08.12.00)
	Bacillus Cal-mette-Guérin (BCG), nur zur intravesikalen Instillation	Mitoxantron	Tretinoin, syste-misch
	Dacarbazin	Paclitaxel	
	Docetaxel	Pentostatin	
2.	Immuntherapeutika und Zytokine		
2 a)	Immunsuppressiva		
	Azathioprin	Daclizumab (Stand: 08.12.00)	
	Basiliximab (Stand: 08.12.00)	Mycophenolat-mofetil	
	Ciclosporin	Tacrolimus	

2 b)	Organpräparate		
	Anti-Human-T-Lymphozyten-Immunglobuline	Monoklonale Antikörper (Mab 17-1A)	Rituximab
	Lymphozyten-Globuline	Muromonab-CD 3	Trastuzumab (Stand: 25.09.01)
2 c)	Zytokine		
	Aldesleukin	Lenograstim	
	Filgrastim (G-CSF)	Molgramostim (rhuGM-CSF)	
3.	Hypophysen-, Hypothalamushormone und Hemmstoffe		
3 a)	Hypophysenhinterlappenhormone, Einzelwirkstoffe		
	Argipressin, parenteral	Lypressin, parenteral	Terlipressin, parenteral
	Desmopressin, parenteral	Ornipressin, parenteral	Vasopressin, parenteral
3 b)	Hypophysenhinterlappenhormone, Kombinationen		
	Oxytocin + Methylergometrin		
3 c)	Hypophysenvorderlappenhormone		
	ACTH		
3 d)	Hypothalamushormone		
	Buserelin, nur als Diagnostikum	Goserelin, nur als Diagnostikum	Somatorelin, nur als Diagnostikum
	Corticorelin, nur als Diagnostikum	Leuprorelin, nur als Diagnostikum	Triptorelin, nur als Diagnostikum
	Gonadorelin (LHRH), nur nasale Anwendung bei Kindern		

3 e)	Andere regulatorische Peptide		
	Octreotid		
4.	Sexualhormone und ihre Hemmstoffe		
4 a)	Antiandrogene		
	Bicalutamid	Flutamid	
4 b)	Antiöstrogene		
	Aminoglutethimid	Formestan	Tamoxifen
	Anastrozol	Letrozol	Toremifen
4 c)	Gestagene, Einzelstoffe		
	Gestonoron	Medroxyprogesteron ≥ 100 mg	
	Medrogeston ≥ 25 mg	Megestrol	
4 d)	Östrogene, Einzelstoffe		
	Chlorotrianisen	Fosfestrol	
	Ethinylestradiol (Stand: 08.12.00)	Polyestradiol	
4 e)	Androgene		
	Testolacton		
5.	Analgetika		
	Alfentanyl, parenteral	Hydromorphon	Piritramid
	Buprenorphin	Isofluran	Remifentanil (Stand: 25.09.01)
	Desfluran	Morphin	Sevofluran (Stand: 25.09.01)
	Enfluran	Oxycodon	Sufentanil
	Fentanyl, parenteral, Pflaster	Pethidin	

6.	Antiallergika		
	Bienengift	Wespengift	
7.	Virustatika		
	Abacavir	Ganciclovir	Ritonavir
	Cidofovir	Indinavir	Saquinavir
	Didanosin	Lamivudin	Stavudin
	Efavirenz	Lopinavir (Stand: 25.09.01)	Zidovudin
	Fomivirsen	Nelfinavir	Zalcitabin
	Foscarnet	Nevirapin	
8.	Besondere antibiotische Chemotherapeutika		
	Atovaquon	Pentamidin	Rifampicin
	Dapson	Protionamid	Streptomycin
	Ethambutol	Pyrazinamid	Terizidon
	Imiquimod (Stand: 25.09.01)	Pyrimethamin	
	Isoniazid	Rifabutin	
9.	Antiepileptika		
	Barbexaclon	Levetiracetam (Stand: 25.09.01)	Tiagabin
	Clonazepam	Mesuximid	Topiramat
	Ethosuximid	Oxcarbazepin (Stand: 25.09.01)	Trimethadion
	Felbamat	Phenobarbital	Valproinsäure
	Gabapentin	Phenytoin	Vigabatrin
	Kaliumbromid, ≥ 850 mg	Primidon	
	Lamotrigin	Sultiam	

10.	Antihypoglykämika		
	Diazoxid	Glucagon	
11.	Antifibrinolytika		
	4-Aminomethyl-benzoesäure	Tranexamsäure	
12.	Orale Antikoagulanzien		
	Phenprocoumon	Warfarin	
13.	Corticoide, hochdosiert, zur intravenösen Anwendung		
	Hydrocortison $\geq$ 500 mg	Prednisolon $\geq$ 250 mg	
	Methylpredniso-lon $\geq$ 250 mg	Triamcinolon $\geq$ 40 mg	
14.	Diuretika		
	Furosemid $\geq$ 250 mg	Torasemid $\geq$ 200 mg	
15.	Enzyminhibitoren		
	Antithrombin		
16.	Fibrinolytika		
	Alteplase	Reteplase	Urokinase
	Anistreplase	Streptokinase	
17.	Gynäkologika		
	Fenoterol	Ritodrin	
18.	Hämostyptika, Antihämorrhagika		
	Blutgerinnungs-faktoren I, II, VII, VIII, IX, X, XIII	Blutgerinnungs-faktoren bei Hemmkörper-hämophilie (FEIBA)	
19.	Nebenschilddrüsenhormone, Regulatoren des CA-Stoffwechsels		
	Dihydrotachysterol		

20.	Parkinsonmittel		
20 a)	Anticholinergika		
	Benzatropin	Bromocriptin, nur Indikation Morbus Parkinson	Pridinol
	Biperiden	Lisurid, nur Indikation Morbus Parkinson	Procyclidin
	Bomaprin	Metixen	Trihexyphenidyl
20 b)	Dopaminerge Antiparkinsonmittel		
	Amantadin, nur Indikation Morbus Parkinson (Stand: 08.12.00)	Alpha-Dihydroergocryptin	Pramipexol
	Cabergolin, nur Indikation Morbus Parkinson	Levodopa	Ropinirol
		Pergolid	
20 c)	Kombinationen		
	Levodopa + Benserazid	Levodopa + Carbidopa	
20 d)	COMT-Hemmer		
	Entacapon		
20 e)	Antihyperkinetika		
	Tiaprid		
20 f)	MAO-Hemmer		
	Selegilin		
20 g)	Sonstige Antiparkinsonmittel		
	Budipin		

21.	Sera, Immunglobuline, Impfstoffe		
	Immunglobuline vom Menschen mit Antikörper gegen		
	- CMV	- Masern	- Tetanus
	- Hepatitis A	- Rhesus (D)	- Tollwut
	- Hepatitis B	- Röteln	- Varizellen
22.	Schilddrüsentherapeutika, chemisch definierte Thyreostatika		
	Carbimazol	Propylthiouracil	Perchlorat
	Methylthiouracil	Thiamazol	
23.	Myotonolytika		
	Baclofen nur intrathekal		
24.	Weitere Wirkstoffe		
	Mercaptamin (Stand: 25.09.01)		

Was ist zum Regressschutz erforderlich?

Da die Richtgrößenregresse durchaus Existenz bedrohend sein können, sind nachfolgende Punkte zur Vermeidung eines Regresses unbedingt zu beachten:

- Gute Dokumentation der Verordnungen bezüglich zu Grunde liegender Diagnosen/Krankheitsbilder.

- Beachtung der so genannten Mengenkomponente, d. h. auf die Nachverordnungsintervalle achten.

- Wenn möglich, über Praxis-PC eine eigene Verordnungsstatistik führen.

- Therapeutischen Fortschritt berücksichtigen/umsetzen, aber teure „me too" Präparate vermeiden.

- Generica verordnen, wo dies ohne Qualitätsverlust möglich ist, auch hier aber die zum Teil großen Preisunterschiede beachten.

- Keine Kassenrezepte für Bagatellarzneimittel.

- Keine Wunschverordnungen.

- Strikte Beachtung der Negativliste.

- Strikte Beachtung der Arzneimittelrichtlinien.

- Hilfsmittel und Impfstoffe auf Kassenrezept entsprechend markieren, da sie nicht ins Budget gehören.

- Sorgfältige Verordnung von Heilmitteln.

- Verordnungen aus dem stationären Bereich (im Allgemeinen hochpreisige Originalpräparate) nicht unkritisch übernehmen.

- Verordnungen anderer Fachrichtungen auf die erforderliche Weiter-/Nachverordnung hinterfragen.

- Unbedingt „besondere Krankheitsbilder", von den Richtgrößen ausgenommene Medikamente und besonders teure bzw. aufwändige Fälle vorsorglich der KV melden.

Die Zufälligkeits-(Stichproben-)Prüfung

Gegenstand dieser Prüfung nach § 106 Abs. 2 Nr. 2 SGB V (alt und neu) sind:

- ärztliche Leistungen nach dem EBM (BMÄ, E-GO)
- Arzneimittelverordnungen
- Heilmittelverordnungen
- Hilfsmittelverordnungen
- Überweisungsfälle
- Krankenhauseinweisungen
- Feststellungen der Arbeitsunfähigkeit

Prüfungsauswahl:

Je Quartal werden mindestens 2 % der Ärzte von der Stichprobenprüfung erfasst. Dabei ist es auch zulässig, dass die Anzahl der Ärzte in Höhe von 2 % ausgelost wird (Zufallsgenerator).

Prüfungszeitraum:

Der Prüfungszeitraum beträgt mindestens ein Jahr, er kann auch länger sein, wenn die Prüfvereinbarung dies vorsieht (§ 106 Abs. 2, letzter Satz SGB V).

Prüfungsmethode:

Die Stichprobenprüfung kann unabhängig von der Überschreitung von Durchschnittswerten oder Richtgrößen erfolgen. Sie ist eine reine Einzelfallprüfung.

Die Stichprobenprüfung verfolgt Unwirtschaftlichkeiten, die nicht bei der Überschreitung der Durchschnittswerte oder der Richtgrößen auffallen. Es könnten z. B. Ärzte durch kollektiv abgestimmtes Verhalten von einem auf das nächste Quartal ihre Abrechnungsfrequenzen erhöhen und damit die Durchschnittswerte als Basis der Wirtschaftlichkeitsprüfung verbessern.

Gegenstand der Beurteilung der Stichprobenprüfungen (§ 106a Abs. 2a SGB V) sind, soweit dafür Veranlassung besteht,

1. die medizinische Notwendigkeit der Leistungen (**Indikation**),
2. die Eignung der Leistungen zur Erreichung des therapeutischen oder diagnostischen Ziels (**Effektivität**),
3. die Übereinstimmung der Leistungen mit den anerkannten Kriterien für ihre fachgerechte Erbringung (**Qualität**), insbesondere mit den in den Richtlinien des Gemeinsamen Bundesausschusses enthaltenen Vorgaben,
4. die **Angemessenheit der** durch die Leistungen verursachten **Kosten** im Hinblick auf das Behandlungsziel.

Die Kassenärztliche Bundesvereinigung und die Spitzenverbände der Krankenkassen gemeinsam und einheitlich vereinbaren **Richtlinien** zum Inhalt und zur Durchführung der Stichprobenprüfungen, insbesondere zu den Beurteilungsgegenständen nach Nr. 1 bis 4, zur Bestimmung und zum Umfang der Stichproben sowie zur Auswahl von Leistungsmerkmalen, erstmalig bis zum 31. Dezember 2004.

In den Prüfvereinbarungen ist insbesondere das Verfahren der Bestimmung der Stichprobenprüfungen festzulegen; dabei kann die Bildung von **Stichprobengruppen** abweichend von den **Fachgebieten** nach ausgewählten Leistungsmerkmalen vorgesehen werden.

Die Landes-KV und -Kassen vereinbaren die Verfahren zu Inhalt und Durchführung der Beratung und der Prüfung der Wirtschaftlichkeit nach Richtgrößen bzw. Durchschnittswerten gemeinsam und einheitlich; die Richtlinien zu den Stichprobenprüfungen sind Inhalt der Prüfvereinbarungen.

Weitere Prüfungsarten

§ 106 Abs. 2 Satz 4 SGB V sieht die Möglichkeit vor, dass die Vertragspartner auf Landesebene in den Prüfvereinbarungen weitere Prüfarten vorsehen können, die über die vorgenannten hinausgehen.

Plausibilitätsprüfung

Seit 01.01.1996 wurde in den einzelnen KVen hiervon Gebrauch gemacht, mit zum Teil unterschiedlichen Zeitannahmen für die einzelnen EBM-Leistungen.

Für die Zeit ab Geltung des neuen EBM 2000plus gibt es in einer Anlage zum EBM **bundesweit einheitliche** Zeitbewertungen ärztlicher Leistungen im Hinblick auf die Plausibilitätsprüfung. Diese Prüfart ist aber **nicht** Bestandteil der Prüfvereinbarung im Rahmen der Wirtschaftlichkeitsprüfung!

Vertikal-(oder Eigen-)Vergleich

Das Bundessozialgericht hat in seinen Urteilen vom 30.11.1994 (6 RKa 13/93 und 14/93) ausgeführt, dass die Prüfgremien auch neue Prüfungsarten anwenden dürfen, sofern weder die gesetzlich noch die in der jeweiligen Prüfvereinbarung vorgesehenen Arten zur Durchführung einer zielgerechten Wirtschaftlichkeitsprüfung geeignet sind.

Wenn zum Beispiel eine ganze Arztgruppe geschlossen von einem auf das nächste Quartal ihre Abrechnungshäufigkeiten erhöhen würde, käme eine statistische Durchschnittsprüfung zu keinem brauchbaren Ergebnis, weil die neue (höhere) Basis nunmehr Ausgangspunkt für die Prüfung der Überschreitungswerte eines Arztes wäre. Hier gesteht das BSG den Prüfinstanzen die Methode des Eigenvergleiches (auch „Vertikalprüfung" genannt) zu; d. h. der Arzt wird in seinem Abrechnungsverhalten mit eigenen früheren Quartalen verglichen. Bei Abweichungen darf dann auf Unwirtschaftlichkeit geschlossen werden.

Ein Vertikalvergleich steht aber unter folgenden Bedingungen:

- Es müssen mindestens vier aufeinander folgende Vergleichsquartale im Durchschnitt herangezogen werden, die dem zu prüfenden Quartal vorangehen.
- Die Behandlungsstruktur und das Patientenklientel dürfen sich zwischen den vier Vorquartalen und dem Vergleichsquartal nicht wesentlich verändert haben.
- Das zu prüfende Quartal darf kein „Spitzenquartal" (sog. „Ausreißer") sein.
- Außerdem – dies hat das BSG zwar nicht expressis verbis entschieden – müssen die zu vergleichenden Abrechnungsnummern vergleichbar sein; d. h. ein Vertikalvergleich zum Beispiel der Quartale 1 bis 4/95 mit den Quartalen ab 01.01.1996 wäre nicht ohne weiteres zulässig, weil 1995 der EBM '87 und 1996 der EBM '96

41

mit zum Teil vollständig geänderten EBM-Positionen galt. Das Gleiche gilt im Hinblick auf den neuen EBM 2000plus.

Weitere Zuständigkeiten

Die Prüfgremien sind auch für Regresse auf Grund der **Arzneimittel-Richtlinien** zuständig, weil diese Richtlinien kein striktes Verordnungsverbot aussprechen, sondern das Wirtschaftlichkeitsgebot inhaltlich konkretisieren sollen (§ 106 Abs. 5b SGB V).

Deshalb ist auch nicht die Kassenärztliche Vereinigung im Wege der sachlich-rechnerischen Richtigstellung, sondern der Prüfungsausschuss zuständig (LSG Baden-Württemberg Urteil vom 08.05.1991 – L 1 Ka 2409/89; BSG Urteil vom 31.07.1991 – 6 RKa 20/90).

Die Prüfgremien sind auch zuständig für **Schadensersatzansprüche** von Arbeitgebern bzw. Krankenkassen gegenüber Ärzten, die fahrlässig oder vorsätzlich zu Unrecht **Arbeitsunfähigkeit** bescheinigt haben (§ 106 Abs. 3a SGB V).

Prüfungsmaßnahmen

Folgende Prüfmaßnahmen können in den zuvor genannten Verfahren ausgesprochen werden (§ 106 Abs. 3 und Abs. 5b SGB V):

- Als **Regelfall** gilt die **Beratung** (§ 1 Abs. 5 WiPrüfVO). Dies hat zur Folge, dass der Prüfungsausschuss zunächst an diese Maßnahme zu denken hat. Weicht er hiervon ab, muss er dies im Prüfbescheid darlegen (§ 106 Abs. 5 bzw. § 106 Abs. 5a SGB V). Die **Beratung** kann in geeigneten Fällen nach Vorgaben des Prüfungsausschusses von der **Geschäftsstelle** durchgeführt werden. **Qualifizierte Berater** können an der Durchführung der Beratung beteiligt werden.
- Bei Überschreitungen im Honorarbereich kann eine **Kürzung** erfolgen. Die Kürzung kann bei wiederholter Unwirtschaftlichkeit auch pauschal sein (§ 106 Abs. 3 Satz 4 SGB V).
- Im Verordnungssektor wird ein **Regress** auferlegt (§ 106 Abs. 5a SGB V).
- Der Prüfungsausschuss soll vor seinen Entscheidungen und Festsetzungen auf eine Vereinbarung mit dem Arzt hinwirken, die eine Rückzahlung des vom Arzt zu erstattenden Betrages zum Gegenstand hat. Dabei kann die Vereinbarung eine Minderung des Erstattungsbetrages bis zu einem Fünftel vorsehen (§ 106 Abs. 5a Satz 4 SGB V).

- Ein vom Vertragsarzt zu erstattender Mehraufwand kann auch nicht festgesetzt werden, wenn der Prüfungsausschuss mit dem Arzt eine **individuelle Richtgröße** vereinbart, die eine wirtschaftliche Verordnungsweise des Arztes unter Berücksichtigung von Praxisbesonderheiten gewährleistet. In dieser Vereinbarung muss sich der Arzt verpflichten, ab dem Quartal, das auf die Vereinbarung folgt, jeweils den sich aus einer Überschreitung dieser Richtgröße ergebenden **Mehraufwand** den Krankenkassen zu erstatten. Die Richtgröße ist für den Zeitraum von **vier Quartalen** zu vereinbaren und für den folgenden Zeitraum zu überprüfen, soweit hierzu nichts anderes vereinbart ist.

Im Prüfbescheid finden Sie die Prüfmaßnahme im Tenor. Die Maßnahme muss – außer bei der Beratung – in der Höhe konkret beziffert oder zumindest bezifferbar sein.

Praxisbesonderheiten

In allen Fällen der Prüfung auf Wirtschaftlichkeit müssen begründete Abweichungen im Leistungsspektrum des geprüften Arztes als Praxisbesonderheiten berücksichtigt werden. Das bedeutet, dass in diesen Fällen gewisse Überschreitungen der Richtgrößengesamtsumme oder der Durchschnittswerte zugestanden werden müssen (LSG Rheinl.-Pfalz Urteil vom 16.05.1991 – L 5 Ka 13/90).

Dabei müssen die Prüfinstanzen **von Amts wegen** aufklären, ob und inwieweit offenkundig Praxisbesonderheiten vorliegen (BSG Urteil vom 22.05.1984 – 6 Rka 21/82 und vom 08.05.1985 – 6 RKa 4/84).

Den Arzt trifft eine besondere **Mitwirkungspflicht** im Prüfungsverfahren, die Praxisbesonderheiten vorzutragen, sofern sie nicht bereits bekannt sind (BSG Urteil vom 08.05.1985 – 6 RKa 24/83).

Praxistipp

Praxisbesonderheiten ggf. bereits bei der Einreichung der Abrechnung melden!

Praxisbesonderheiten ergeben sich:

- aus der Richtgrößenvereinbarung (z. B. Anlage 2 der KBV-Empfehlung vom 21.02.2000 zu Richtgrößen entsprechend) – sog. **Wirkstoffliste**, siehe Seite 31,
- aus der Richtgrößenvereinbarung (z. B. Anlage 3 der KBV-Empfehlung vom 21.02.2000 zu Richtgrößen entsprechend) – sog. **Indikationsgebiete** zur Berücksichtigung als Praxisbesonderheit, siehe Seite 29,
- aus den **Laborbefreiungsziffern OI bis III** (Nrn. 3480 bis 3499 EBM' 96, die auch nach dem EBM 2000plus weiter gelten), siehe unten,
- aus den **Einzelfall-Entscheidungen** der Sozialgerichte (SG, LSG, BSG), siehe Seite 46.

Indikation Laborbefreiungsziffern	Kennziffer OI/II & OIII
Antivirale Therapie der chronischen Hepatitis B oder C mit Interferon u./o. Nukleosidanaloga	3480
Erkrankungen mit gesetzlicher Meldepflicht (auch Verdacht), sofern mikrobiologische, virologische oder infektionsimmunologische Untersuchungen durchgeführt werden, oder Krankheitsfälle mit meldepflichtigem Nachweis eines Krankheitserregers	3481
Mutterschaftsvorsorgeuntersuchungen oder prä- bzw. perinatale Infektionen	3482
Anfallsleiden unter antiepileptischer Therapie oder Psychosen unter Clozapintherapie	3483
Allergische Erkrankungen bei Kindern bis zum vollendeten 6. Lebensjahr	3484
Therapiepflichtige hämolytische Anämie, Diagnostik und Therapie der hereditären Thrombophilie, des Antiphospholipidsyndroms oder der Hämophilie	3487
Tumorerkrankungen unter parenteraler tumorspezifischer Behandlung oder progrediente Malignome unter Palliativbehandlung	3488

Indikation Laborbefreiungsziffern	Kennziffer OI/II & OIII
Diagnostik und Therapie von Fertilitätsstörungen soweit Laborleistungen nicht Leistungsbestandteil nach den Nrn. 1182 bis 1192 sind	3489
Labordiagnostik vor Beginn der Substitutionsbehandlung Opiatabhängiger gem. den Leitlinien der Bundesärztekammer oder substitutionsgestützte Behandlung Opiatabhängiger gem. den Richtlinien des Bundesausschusses der Ärzte und Krankenkassen	3490
Orale Antikoagulationstherapie	3491
Präoperative Labordiagnostik vor ambulanten oder belegärztlichen Eingriffen in Narkose oder in rückenmarksnaher Anästhesie	3492
Manifeste angeborene Stoffwechsel- und/oder endokrinolog. Erkrankung(en) von Kindern und Jugendlichen bis zum vollendeten 18. Lebensjahr oder Mukoviszidose	3493
Chronische Niereninsuffizienz mit einer endogenen Kreatinin-Clearance < 25 ml/min	3494
Erkrankungen unter systemischer Zytostatika- und/ oder Strahlentherapie	3495
HLA-Diagnostik vor und/oder Nachsorge unter immunsuppressiver Therapie nach allogener Transplantation eines Organs oder hämatopoetischer Stammzellen	3496
Therapiebedürftige HIV-Infektionen	3497
Manifester Diabetes mellitus	3498
Rheumatoide Arthritis (PCP) einschl. Sonderformen und Kollagenosen unter immunsuppressiver oder immunmodulierender Langzeit-Basistherapie	3499

Urteile, nach denen Praxisbesonderheiten anerkannt wurden

- Aknetherapie (SG München Urteil vom 15.04.1986 – S 31 Ka 380/84).
- Allergiker, hoher Anteil (BayLSG Urteil vom 16.08.1989 – L 12 Ka 140/88).
- Allgemeinarzt mit internistischem Schwerpunkt und großem Labor (BSG Urteil vom 22.05.1984 – 6 RKa 21/82).
- Allopathie (LSG Rheinl.-Pfalz Urteil vom 29.06.1990 – L 5 Ka 49/89).
- Ambulantes Operieren (SG Karlsruhe Urteil vom 25.10.1989 – S 8 Ka 2616/86)
- Apparative Ausstattung, sofern das Krankengut diese Ausstattung erfordert; also nicht das bloße Vorhandensein! (LSG NRW Urteil vom 12.12.1973 – L 1 Ka 47/72 und vom 25.03.1981 – L 11 Ka 5/80; LSG Niedersachsen Urteil vom 23.06.1980 – L 5 Ka 3/76).
- Besondere Behandlungsmethode (BSG Urteil vom 22.05.1984 – 6 RKa 21/82).
- Besondere Krankheiten, örtliches Auftreten (BSG Urteil vom 09.11.1982 – 6 RKa 16/82 und 23/82 sowie vom 19.11.1985 – 6 RKa 13/84).
- D-Arzt-Tätigkeit (BSG Urteil vom 08.05.1985 – 6 RKa 4/84).
- Ganzheitsmedizin (BSG Urteil vom 15.04.1980 – 6 RKa 5/79).
- Gemeinschaftspraxis, sofern kein ausschließlicher Vergleich mit Ärzten in Gemeinschaftspraxen angestellt wurde (BSG Urteil vom 26.03.1976 – 6 RKa 11/75).
- Geringe Fallzahlen bei Praxisbeginn (LSG NRW Urteil vom 24.11.1976 – L 1 Ka 35/76).
- Homöopathie (BSG Urteil vom 15.04.1990 – 6 RKa 5/79).
- Kardiologische Ausrichtung der Praxis (BSG Urteil vom 01.08.1975 – 6 RKa 2/74 und vom 01.10.1990 – 6 RKa 32/89).
- Kinderarzt: mehrfach behinderte Kinder, Kinder von außerhalb, Überweisungen ohne Zielauftrag sowie Ausbildung in der Bobath-Methode (BSG Urteil vom 19.11.1985 – 6 RKa 13/84).
- Naturheilverfahren (BSG Beschluss vom 25.02.1987 – 6 BKa 13/87).
- Neubeginn der Praxis, nicht länger als vier Quartale (BSG Urteil vom 26.04.1978 – 6 RKa 14/77 und vom 02.09.1987 – 6 RKa 8/87).
- Patientengut, besonderes (BSG Urteil vom 19.11.1985 – 6 RKa 13/84).
- Phlebographie (BSG Urteil vom 08.05.1985 – 6 RKa 4/84).

- Phlebologische Ausrichtung der Praxis (BSG Urteil vom 22.05.1984 – 6 RKa 16/83).
- Physikalisch-medizinische Leistungen bei Erbringung in der Praxis und Nichtverordnung an Dritte (BSG Urteil vom 08.05.1985 – 6 RKa 24/83).
- Rentneranteil, hoch (BSG Urteil vom 09.11.1982 – 6 RKa 16/82 und 23/82).
- Röntgen in der Praxis (LSG NRW Urteil vom 24.11.1976 – L 1 Ka 35/76).
- Überweisungen an den geprüften Arzt (BSG Urteil vom 09.11.1982 – 6 RKa 16/82 und 23/82).
- Untypische Leistungen für den Praxisort (BSG Urteil vom 22.05.1984 – 6 RKa 21/82).
- Urlaubszeiten, keine z. B. wegen Tätigkeit in einer Gemeinschaftspraxis (BSG Urteil vom 26.03.1976 – 6 RKa 11/75, SG Hannover Urteil vom 05.01.1991 – S 10 Ka 377/89).
- Zusatzbezeichnung, Tätigkeit im Bereich der (BSG Urteil vom 22.05.1984 – 6 RKa 21/82; LSG Rheinl.-Pfalz Urteil vom 29.06.1990 – L 5 Ka 49/89). Hier wäre auch die Bildung einer engeren Vergleichsgruppe möglich.

Urteile, nach denen Praxisbesonderheiten abgelehnt wurden

- Ausländeranteil hoch (BSG Urteil vom 10.05.2000 – B 6 KA 25/ 99 R), SG Frankfurt – S 27/5 KA 1159/97, Hessisches LSG – L 5 KA 458/98 u. a. – B 6 KA 25/99 R).
- Besondere Kenntnisse des Arztes per se (abgelehnt mit BSG Urteil vom 22.04.1983 – 6 RKa 14/80 und vom 18.05.1983 – 6 RKa 18/ 80).
- Besonders schwere Fälle, wenn vom Arzt nachgewiesen (abgelehnt mit BSG Urteil vom 09.11.1982 – 6 RKa 16/82 und 23/82).
- H-Arzt-Tätigkeit (abgelehnt: LSG Celle Urteil vom 05.12.1973 – L 5 Ka 8/70).
- Landarztpraxis (BSG Urteil vom 06.09.2000 – B 6 KA 24/99 R).
- Schwerbehinderung des geprüften Arztes (abgelehnt: LSG Rheinl.-Pfalz Urteil vom 16.05.1991 – L 5 Ka 13/90).
- Sportverein, Tätigkeit im Sportverein per se (abgelehnt: SG Mainz Urteil vom 29.07.1992 – S 1b Ka 169/90).
- Vertretung wegen Urlaub oder Krankheit (abgelehnt: SG Mainz Urteil vom 29.07.1992 – S 1b Ka 169/90).

Wenn zu viele „Praxisbesonderheiten" vorgetragen werden, entspricht die Praxis in der Regel wieder dem Durchschnitt, weil hier kein Schwerpunkt und damit keine Besonderheit gegenüber anderen Praxen besteht (LSG Celle Urteil vom 05.12.1973 – L 5 Ka 8/70).

Praxistipp

Prüfen Sie zuerst, wo im Honorar- bzw. Verordnungssektor die größten Volumina bei der Überschreitung der Vergleichswerte der Fachgruppe liegen; diese müssen mit Praxisbesonderheiten gerechtfertigt werden.

(Auch hohe) Überschreitungen mit geringem (Geld-)Volumen können Sie dann getrost beiseite lassen!

Dokumentationsblatt

über kostenintensive Behandlungs- bzw. Verordnungsmaßnahmen

Daten des Patienten:

Name   Vorname

☐   Mitglied   ☐   Familienversichert   ☐   Rentner

Krankenkasse   **Geburtsdatum**

Diagnose(n):

Kurze Begründung über Notwendigkeit und Umfang von Behandlung/Verordnung:

Abbildung 2: Muster-Dokumentation über Behandlung/Verordnung

Als äußerst hilfreich bei der Argumentation von Praxisbesonderheiten hat es sich erwiesen, wenn man besondere Fälle mit Hilfe eines Dokumentationsblattes festhält, welches man den Prüfgremien vorlegen kann. Sie können ein solches Blatt auf Seite 49 sehen.

Kompensation von Mehr- mit Minderaufwand

Der Anschein der Unwirtschaftlichkeit kann auch widerlegt werden, wenn der Arzt den **vollen Nachweis** darüber führt, dass der Mehraufwand in einem Sektor ursächlich zu Kosteneinsparungen in einem anderen Bereich geführt hat.

Das Fehlen dieses Nachweises geht allerdings zu Lasten des Arztes (BSG Urteil vom 08.05.1985 – 6 RKa 4/84 und 24/83 sowie vom 15.04.1986 – 6 RKa 38/84 und vom 08.04.1992 – 6 RKa 34/90).

Hier wurden z. B. folgende **Fälle** entschieden:

- Feststellung der Arbeitsunfähigkeit kompensiert mit höheren Arzneikosten (BSGE 17, 79; 87).
- AU-Schreibungen durch einen Kinderarzt sind grundsätzlich nicht möglich; steht ein Jugendlicher aber in einem Arbeitsverhältnis, sind AU möglich und damit entsprechende Kompensationen (BayLSG Urteil vom 16.08.1989 – L 12 Ka 140/88).
- Arzneiverordnungen und Injektionen:
  Es ist nicht unwahrscheinlich, wenn ein Ursachenzusammenhang zwischen einem Mehr an Injektionen und einem Weniger an Arzneiverordnungen hergestellt wird (BSG Urteil vom 22.05.1984 – 6 RKa 21/82 und vom 20.09.1988 – 6 RKa 22/87).
- Arzneiverordnungen und Krankenhauseinweisungen (BSGE 17, 79; 87).
- Krankenhauseinweisungen und Besuche/Wegegelder (BSG Urteil vom 09.11.1982 – 6 RKa 23/82 und vom 15.04.1986 – 6 RKa 38/84).
- Sprechstundenbedarf und Einzelverordnung (BSG Urteil vom 08.05.1985 – 6 RKa 4/84).

Gesamttätigkeit des Arztes

Die Prüfinstanzen sind verpflichtet, die Wirtschaftlichkeitsprüfung auf die **gesamte** Behandlungs- und Verordnungstätigkeit zu beziehen.

Dabei ist auf die jeweiligen Fall**kosten** abzustellen und nicht bloß auf die Abrechnungshäufigkeiten (BSG Urteil vom 22.04.1984 – 6 RKa 21/82 und vom 31.07.1991 – 6 RKa 12/89).

Schätzung des unwirtschaftlichen Mehraufwandes

Wenn eine genauere Bezifferung des unwirtschaftlichen Mehraufwandes, von Praxisbesonderheiten und/oder kompensationsfähigen Einsparungen (Mehr-/Minderaufwand) nicht möglich ist oder mit unverhältnismäßigem Aufwand verbunden wäre, ist eine Schätzung zulässig (BSG Urteil vom 22.05.1984 – 6 RKa 16/83, vom 08.05.1985 – 6 RKa 4/84 und vom 01.10.1990 – 6 RKa 32/89).

Die wesentlichen Erwägungen zur Höhe der Schätzung müssen im Prüfbescheid wiedergegeben werden (BSG Urteil vom 22.05.1984 – 6 RKa 21/82).

Die Methode der Schätzung an sich ist verfassungskonform (BVerfG Beschluss vom 29.05.1978 – 1 BvR 951/77).

Hochrechnung

Eine beispielhafte Einzelfallprüfung mit Hochrechnung des unwirtschaftlichen Mehrbetrages ist zulässig, wenn sie sich auf ein ständig wiederkehrendes unwirtschaftliches Verhalten des Arztes bezieht und mindestens 20 % der abgerechneten Fälle, wenigstens 100 Fälle, erfasst. Dann kann hieraus auf alle Fälle hochgerechnet werden. Der so ermittelte Gesamtbetrag darf aber nicht als Kürzungsbetrag ausgewiesen werden, vielmehr ist ein „Sicherheitsabschlag" von 25 % des als unwirtschaftlich ermittelten Gesamtbetrages vorzunehmen (BSG Urteil vom 08.04.1992 – 6 RKa 27/90).

Restüberschreitung

Verbleiben dem geprüften Arzt nach Kürzung bzw. Regress noch Überschreitungswerte im Bereich des offensichtlichen Missverhältnisses (ab ca. 50 % gegenüber der Fachgruppe), ist festgestellten Praxisbesonderheiten u. U. genügend Rechnung getragen (BSG Beschluss vom 25.02.1987 – 6 BKa 13/87, LSG Rheinl.-Pfalz Urteil vom 13.07.1989 – L 5 Ka 33/88).

Nicht ausreichend wäre es aber, wenn das Prüfgremium ohne weitere Darlegungen zum Umfang ausführt, die bekannten Praxisbesonderheiten seien (pauschal) mit der verbleibenden Restüberschreitung ausreichend berücksichtigt (BSG Urteil vom 19.11.1985 – 6 RKa 13/ 84).

Begründung des Prüfbescheides

Der Prüfbescheid ist gemäß § 35 SGB X (s. Anhang) zu begründen. Er muss nachvollziehbare Aussagen zum Umfang (Höhe) der Unwirtschaftlichkeit, zu Praxisbesonderheiten und ihren Auswirkungen sowie zu kausalen Einsparungen enthalten, damit (z. B. im Sozialgerichtsverfahren) festgestellt werden kann, ob ein ausreichend ermittelter und für die Beweisführung geeigneter Sachverhalt zu Grunde liegt (BSG Urteil vom 22.05.1984 – 6 RKa 21/82, vom 08.05.1985 – 6 RKa 4/84, vom 01.10.1990 – 6 RKa 32/89, vom 31.07.1991 – 6 RKa 12/89 und vom 08.04.1992 – 6 RKa 34/90).

Erfahrungsgemäß leiden sehr viele der Prüfbescheide an diesem Begründungsmangel; insbesondere auch deshalb, weil das Prüfgeschäft ein Massengeschäft ist.

Aus diesem Grunde arbeiten viele Prüfgremien mit Standard-Textbausteinen, die aber inhaltlich nicht die Anforderungen der Rechtsprechung erfüllen, weil hierin lediglich in mehr oder minder klaren Worten Teilaussagen der Rechtsprechung wiederholt werden. Nötig ist aber ein Entscheid, der auf die **individuellen** Verhältnisse des einzelnen Prüffalles abstellt.

Lässt sich das von den Prüfgremien gefundene Ergebnis nicht ausreichend nachvollziehen, erweisen sich die Prüfbescheide schon wegen **Begründungsmangels** als **rechtswidrig** und sind daher aufzuheben (SG Stuttgart Urteil vom 25.03.1992 – S 15 Ka 3065/90).

Ausfertigung des Prüfbescheides

Aus einem Beschluss des gemeinsamen Senates der obersten Gerichtshöfe des Bundes (vom 27.04.1993 – GmS-OGB 1/92) ergibt sich, dass zwischen der Sitzung der Prüfgremien und der schriftlichen Abfassung des Prüfbescheides **maximal fünf Monate** liegen dürfen.

Kürzung und Regress

Eine Kürzung oder ein Regress unter die Grenze des offensichtlichen Missverhältnisses (ca. 50 % gegenüber der Fachgruppe bzw. 15 %/ 25 %) bedarf einer ausdrücklichen Begründung; denn für den Teil der Kürzung/Regress, der unter den genannten Grenzwert reicht, gilt der Anscheinsbeweis für die Unwirtschaftlichkeit gerade nicht (BSG Urteil vom 03.06.1987 – 6 RKa 24/86 und SG Stuttgart Urteil vom 25.03.1992 – S 15 Ka 3065/90).

Eine generelle Kürzung/Regress durchwegs auf 30 % über dem Fachgruppendurchschnitt ist nicht nachvollziehbar und daher willkürlich (LSG Rheinl.-Pfalz Urteil vom 16.05.1991 – L 5 13/90).

Zulässig ist hingegen eine pauschale Honorarkürzung, wenn dies die Prüfvereinbarung vorsieht, für den Fall wiederholt festgestellter Unwirtschaftlichkeit (§ 106 Abs. 3 Satz 4 SGB V – siehe Anhang).

Praxistipp

Bei Regressen wegen Überschreitung der Verordnungskosten ist unbedingt darauf zu achten, dass bei der Ermittlung der Überschreitungsbeträge der **Apothekenrabatt** sowie die **Zuzahlungen** der Patienten abgezogen werden. Nach einem Urteil des Bundessozialgerichts vom 29.01.1997 (6 RKa 5/96) ist den Krankenkassen nämlich insoweit kein „Schaden" entstanden. Ein Bescheid, der beide Faktoren nicht berücksichtigt, wäre daher rechtswidrig.

Widerspruch

Der Widerspruch ist der Rechtsbehelf gegen die Entscheidung des Prüfausschusses in der 1. Verwaltungsinstanz (§ 106 Abs. 5 Satz 3 SGB V).

Der Widerspruch ist **binnen eines Monats** (also nicht 4 Wochen!) nach Zugang des Prüfbescheides bei der im Prüfbescheid angegebenen Stelle einzulegen (§ 84 Abs. 1 SGG), d. h. er muss innerhalb dieser Frist dort eingegangen sein.

Der Bescheid ist **zugegangen**, wenn er dem Betroffenen

- in der Verhandlung ausgehändigt wird (praktisch nie der Fall), oder

- in seinen Geschäftsbereich gelangt (Einwurf in den Briefkasten des Empfängers, Zustellung mit Postzustellungsurkunde, mittels Einschreiben oder Einschreiben/Rückschein).

Nicht erforderlich ist hingegen, dass der Empfänger auch tatsächlich vom Inhalt des Schreibens **Kenntnis** nimmt oder genommen hat.

Wer kann Widerspruch einlegen?

Widerspruch erheben können (§ 106 Abs. 5 SGB V):

- der betroffene Arzt oder die ärztlich geleitete Einrichtung,
- die (einzelne) Krankenkasse,
- der Landesverband der Krankenkassen,
- die zuständige Kassenärztliche Vereinigung.

Hieraus ergibt sich, dass der **Beginn für die Widerspruchsfrist** je nach dem Zeitpunkt des Zugangs des Prüfbescheides an die Beteiligten (Arzt, KV, Kassen) unterschiedlich ist. Damit ist das Ende der Widerspruchsfrist u. U. auch verschieden.

Für die Fristwahrung (1 Monat!) genügt die Einlegung des Widerspruchs wie folgt:

„Ich lege hiermit gegen den Bescheid des Prüfungsausschusses vom ...., betreffend das Quartal ..../........... Widerspruch ein. Begründung wird nachgereicht."

Die **Begründung** des Widerspruchs kann also auch **nach Ablauf** der (Einlegungs-)Frist eingereicht werden.

Einige Prüfvereinbarungen sehen eine (z. B. zweimonatige) Begründungsfrist vor. Einen Muster-Widerspruch finden Sie auf Seite 57.

Wenn die Begründung nicht folgt, ist die Widerspruchsinstanz zur Ablehnung des Widerspruches „mangels Begründung" erst befugt, wenn sie dem Widerspruchsführer unter Hinweis auf die Möglichkeit der Abweisung mangels Begründung eine **Nachfrist** für die Begründung eingeräumt hat.

Praxistipp

Den Widerspruch immer mit **Einschreiben/Rückschein** einlegen und den Rückschein aufheben; nur hiermit kann der fristgerechte Zugang des Widerspruches **bewiesen** werden.

Die Einlegung des Widerspruches ist auch per **Telefax** möglich. Die neueste Rechtsprechung hierzu besagt aber, dass das Sendeprotokoll **nicht** geeignet ist, den Zugang des Faxes zu beweisen. Hier könnte aber ein Rückruf bei der Geschäftsstelle des Prüfungsausschusses (= bei der KV) helfen oder ein Rückfax, mit welchem der fehlerfreie Zugang bestätigt wird. Nicht zu empfehlen ist ferner der Versand mittels „Einwurf-Einschreiben".

Wirkung der Widerspruchseinlegung

Der Widerspruch gegen die Entscheidung des Prüfungsausschusses hat **aufschiebende Wirkung**, d. h. sein Inhalt kann nicht vollzogen werden (§ 106 Abs. 5 und 5a SGB V) (siehe Anhang S. 150 f.).

Die aufschiebende Wirkung des Widerspruchs entfällt mit Klageeinlegung beim Sozialgericht wieder. Seit 01.01.2002 hat die Anfechtungsklage aber wieder aufschiebende Wirkung.

Aufschiebende Wirkung bei ...	...Widerspruch	...Klage
Honorarkürzung	hat aufschiebende Wirkung nur bei nachträglich durchgeführter Honorarkürzung (vgl. § 106 Abs. 5 Satz 4 SGB V)	hat keine aufschiebende Wirkung (§ 106 Abs. 5 Satz 7 SGB V)
Richtgrößen-Regress	hat aufschiebende Wirkung (vgl. § 106 Abs. 5 Satz 4 SGB V)	hat keine aufschiebende Wirkung (vgl. § 106 Abs. 5a letzter Satz SGB V)
sonstiger Arzneimittelregress z. B. bei Auffälligkeitsprüfung	hat aufschiebende Wirkung (vgl. § 86a Abs. 1 SGG)	hat aufschiebende Wirkung (vgl. § 106 Abs. 5 Satz 4 SGB V)

Siehe hierzu Beschluss des LSG-NRW vom 15.01.2003 (Az: L10 B 22/02 KAER)

Gemäß § 86b Abs. 1 Nr. 2 SGG kann das Gericht die aufschiebende Wirkung ganz oder teilweise anordnen. Die aufschiebende Wirkung ist anzuordnen, wenn das Interesse des belasteten Arztes überwiegt (so LSG NRW vom 15.01.2003 a. a. O.).

Dies ist z. B. bei der glaubhaft vorgetragenen Existenzgefährdung des Arztes der Fall.

Abhilfebescheid

Nach einem Urteil des Bundessozialgerichts vom 21.04.1993 (14a RKa 11/92) hat der Prüfungsausschuss **nicht** das Recht zur Abhilfe (weil § 85 Abs. 1 SGG gemäß § 106 Abs. 5 SGB V nicht anwendbar ist); d. h. das Beschwerdeverfahren der Wirtschaftlichkeitsprüfung ist gegenüber dem allgemeinen Verwaltungsverfahren (wo die Abhilfe durch die 1. Verwaltungsinstanz möglich ist) eigenständig. Dem folgt § 106 Abs. 5 Satz 3 SGB V.

Diese Rechtsprechung des 14a-Senats ist aber nicht unbestritten; insbesondere BSG-Richter des 6. (= Kassenrechts-)Senats vertreten die Auffassung, das Abhilfeverfahren durch den Prüfungsausschuss sei möglich. In einigen Prüfvereinbarungen ist die Abhilfe durch den Prüfungsausschuss jedenfalls ausdrücklich vorgesehen.

Die Handhabung einiger KVen, der Arzt solle gegen den ablehnenden Abhilfebescheid des Prüfungsausschusses **erneut Widerspruch** einlegen, ist rechtswidrig.

Mit Einlegung des Widerspruchs ist das Verfahren **automatisch** beim Beschwerdeausschuss anhängig; einer erneuten Widerspruchseinlegung bedarf es nicht.

Etwas anderes ist die Anfrage der Geschäftsstelle des Ausschusses (= bei der KV oder Kasse), ob der Widerspruchsführer das Verfahren weiter betreiben möchte; diese Frage ist zulässig. Wenn der Betroffene mit der Entscheidung nicht einverstanden ist, geht die Angelegenheit weiter.

Absender:

_____   den _____

Prüfungsausschuß der Ärzte &
Krankenkassen bei der KV/Kasse

_____   **per Einschreiben/Rückschein**

_____

_____

Prüfbescheid vom _____

Sehr geehrte Damen und Herren,

gegen den Prüfbescheid vom _____, betreffend das/die Quartal(e)

_____ zugegangen am _____, erhebe(n) ich/wir hiermit

Widerspruch

und beantrage(n) die Aufhebung des Bescheides.

Begründung:

*   wird nachgereicht

*   siehe Beiblatt

Mit freundlichen Grüßen

_____
(Unterschrift des Arztes/der Ärzte)

Abbildung 3: Muster-Widerspruch

Zweiter Prüfungszug:
Der Beschwerdeausschuss

Wird nicht oder nicht in vollem Umfang abgeholfen, entscheidet der **Beschwerdeausschuss** als 2. Verwaltungsinstanz über den Widerspruch in Form eines Widerspruchsbescheides. Dieser sieht im Wesentlichen so aus wie der Prüfbescheid.

Der Beschwerdeausschuss muss ebenso wie der Prüfungsausschuss paritätisch besetzt sein. Auch hier gibt es einen neutralen Vorsitzenden, in der Regel ein Jurist.

Der Beschwerdeausschuss besteht aus mindestens je drei und maximal je sechs Vertretern der Ärzte und Krankenkassen. Wer im Verfahren vor dem Prüfungsausschuss mitentschieden hat, ist von der Beschlussfassung vor dem Beschwerdeausschuss ausgeschlossen. Wenn in der entscheidenden Sitzung Disparität zwischen Ärzte- und Kassenvertretern besteht (z. B. 4:3), müssen sich die Ausschussmitglieder ggf. darauf einigen, wer auf die Teilnahme an der Sitzung verzichtet, damit wieder Entscheidungsparität hergestellt ist.

Der Beschwerdeausschuss entscheidet in eigener Zuständigkeit in vollem Umfang über den Widerspruch. Der betroffene Arzt kann bis zur letzten mündlichen Verhandlung vor dem Beschwerdeausschuss auch noch **neue** Tatsachen vortragen, die den Prüfbescheid zu Fall bringen können.

Unzulässigkeit der Verböserung

Nach dem Grundsatz der „reformatio in peius" (Verbot der Verböserung) darf der widersprechende Arzt dann im Verfahren vor dem Beschwerdeausschuss nicht schlechter gestellt werden als im Prüfbescheid, wenn er der Einzige ist, der Widerspruch eingelegt hat. Das Verbot der Verböserung gilt allerdings dann nicht, wenn außer dem Arzt noch andere Beteiligte, z. B. KV und/oder Kasse(n), ebenfalls Widerspruch erhoben haben.

Es kommt darauf an, wann der Prüfbescheid in 1. Instanz den Beteiligten zugegangen ist, da ab Zugang die Einmonatsfrist für die Widerspruchseinlegung läuft. Um nicht zu provozieren, dass außer dem Arzt noch ein Dritter widerspricht, sollte der Arzt erst einige Tage vor Fristablauf Widerspruch einlegen; dann gilt mangels Widerspruchseinlegung Dritter das Verbot der Verböserung, d. h. der Arzt kann sicher sein, dass er infolge seines Widerspruchs nicht schlechter gestellt werden kann als im Prüfbescheid ausgewiesen.

Wenn z. B. im Prüfbescheid eine Kürzung in Höhe von 15 % ausgesprochen wurde, könnte der Arzt – sofern nur er den Widerspruch einlegt! – durch den Beschwerdeausschuss nicht nachfolgend zum Beispiel zu 25 % Kürzung „verurteilt" werden (dies würde dem Verbot der Verböserung = Verschlechterung widersprechen).

Erstattung von Kosten

Kosten, die zur zweckentsprechenden Rechtsverfolgung notwendigerweise entstanden sind, sind dem Arzt zu erstatten, soweit er im Widerspruchsverfahren vor dem Beschwerdeausschuss erfolgreich ist (z. B. Porto- und Telefonkosten).

Wenn die Zuziehung eines Rechtsanwaltes notwendig war, sind auch dessen Kosten (nach dem seit 1. Juli 2004 gültigen Rechtsanwaltsvergütungsgesetz – RVG) zu erstatten. Dies gilt auch dann, wenn die Prüfvereinbarung die Kostenerstattung ausschließt. Ein solcher Passus wäre rechtswidrig (so: BSG Urteil vom 14.05.1997 6 RKa 10/96).

Der Beschwerdeausschuss muss eine Entscheidung über die Notwendigkeit der Zuziehung des Anwaltes treffen.

Gegen den Bescheid des Beschwerdeausschusses (sog. „Widerspruchsbescheid") kann der Widerspruchsführer Klage beim Sozialgericht einlegen.

Praxistipp

Der Arzt und die anderen Widerspruchsführer können in jedem Stadium des Verwaltungsverfahrens den Widerspruch (auch nur teilweise) zurücknehmen!

Geschäftsstelle der Prüfgremien

Der Prüfungs- und der Beschwerdeausschuss werden bei der Wahrnehmung ihrer Aufgaben durch eine **Geschäftsstelle** unterstützt. Die Geschäftsstelle wird bei der Kassenärztlichen Vereinigung oder bei einem der Landesverbände der Kassen oder bei einer bereits bestehenden Arbeitsgemeinschaft im Land **errichtet**. Über die Ausstattung der Geschäftsstelle mit den für die Aufgabenwahrnehmung erforderlichen **Sachmitteln,** die Einstellung des **Personals** und die Inhalte und Abläufe der **Tätigkeit** der Geschäftsstelle entscheiden der Prüfungs- und Beschwerdeausschuss gemeinsam. Die **innere Organisation** ist so zu gestalten, dass sie den besonderen Anforderungen des **Datenschutzes** gerecht wird. Über die zu treffende Entscheidung sollen sich die Kassenärztliche Vereinigung und die Verbände der Krankenkassen einigen. Kommt eine Einigung nicht zu Stande, entscheidet die Aufsichtsbehörde (§ 106 Abs. 4 SGB V).

Die Geschäftsstelle bereitet die für die Prüfungen erforderlichen **Daten und sonstigen Unterlagen** auf, trifft **Feststellungen** zu den für die Beurteilung der Wirtschaftlichkeit wesentlichen Sachverhalten und legt diese dem Prüfungsausschuss verbunden mit einem **Vorschlag zur Festsetzung von Prüfmaßnahmen** zur Entscheidung vor.

Die **Kosten** der Prüfungs- und Beschwerdeausschüsse sowie der Geschäftsstelle tragen die Kassenärztliche Vereinigung und die beteiligten Krankenkassen je zur Hälfte.

Das Bundesministerium für Gesundheit und Soziale Sicherung bestimmt durch **Rechtsverordnung** mit Zustimmung des Bundesrates das Nähere zur **Geschäftsführung der Prüfungs- und Beschwerdeausschüsse** sowie der **Geschäftsstellen** einschließlich der **Entschädigung** der Vorsitzenden der Ausschüsse und zu den **Pflichten** der von KV und Kassen entsandten Vertretern. Die Rechtsverordnung kann auch die Voraussetzungen und das Verfahren zur Verhängung von **Maßnahmen** gegen Mitglieder der Ausschüsse bestimmen, die ihre Pflichten nach diesem Gesetzbuch nicht oder nicht ordnungsgemäß erfüllen.

Die Prüfungs- und Beschwerdeausschüsse können mit Zustimmung der für sie zuständigen Aufsichtsbehörde Prüfaufgaben durch eine in dem Bereich eines **anderen Bundeslandes** oder einer **anderen Kassenärztlichen Vereinigung** errichteten **Geschäftsstelle** wahrnehmen lassen, **wenn dies wirtschaftlich und zweckmäßig ist** (§ 106 Abs. 4c SGB V).

Aufgaben der Geschäftsstelle

Die Geschäftsstelle hat gemäß § 4 Abs. 1 WiPrüfVO insbesondere

1. im Auftrag des Vorsitzenden mit einer Frist von mindestens zwei Wochen zu Ausschusssitzungen zu **laden**, die Entscheidungen **vorzubereiten** und die **Vorlagen** zu übersenden,
2. das **Protokoll** der Sitzungen zu führen,
3. die Entwürfe der Niederschriften und **Entwürfe der Bescheide** zu erstellen,
4. **Stellungnahmen** zu Verfahren, Niederschriften und Bescheiden sowie die Sitzungsprotokolle zu versenden,
5. die **Prüfakten** zu führen,
6. ein laufendes **Verzeichnis** über die eröffneten Prüfungsverfahren, den Verfahrensstand, Widersprüche, Klageverfahren und deren Ergebnisse zu führen,
7. die Einnahmen- und Ausgabenübersicht und den **Rechenschaftsbericht** vorzubereiten,
8. für jedes **Kalenderjahr einen Bericht** über die Anzahl der eröffneten und abgeschlossenen Beratungen, Prüfungen sowie der festgesetzten Maßnahmen zu erstellen. Dieser Bericht ist bis zum **15. Februar** des Folgejahres den Ausschüssen vorzulegen.

Die Vorlagen können entweder in **Papierform** oder im Wege der **elektronischen Datenübertragung** oder maschinell verwertbar auf **Datenträgern** übermittelt werden. Die Vertragspartner (KV/Kassen) erhalten eine Ausfertigung des Berichtes.

Beauftragung Dritter mit der Prüfung

Die Prüfungs- und Beschwerdeausschüsse können mit Zustimmung der für sie zuständigen Aufsichtsbehörde unabhängige Sachverständige oder andere private Dritte mit der Erfüllung der Prüfaufgaben beauftragen, wenn dies wirtschaftlich und zweckmäßig ist (§ 106 Abs. 4d SGB V).

Aufsicht über die Prüfgremien

Die **Aufsicht** über die Prüfungs- und Beschwerdeausschüsse einschließlich der Geschäftsstellen führen die für die **Sozialversicherung** zuständigen obersten Verwaltungsbehörden der Länder (§ 106 Abs. 7 Satz 1 SGB V).

Die **Aufsicht** über die für den Bereich mehrerer Länder fälligen **Geschäftsstellen** führt die für die Sozialversicherung zuständige oberste Verwaltungsbehörde des Landes, in dem die Geschäftsstelle ihren Sitz hat. Die Aufsicht ist im Benehmen mit den zuständigen obersten Verwaltungsbehörden der beteiligten Länder wahrzunehmen.

Berichtspflicht der Prüfgremien

Die Prüfungs- und Beschwerdeausschüsse erstellen **einmal jährlich eine Übersicht** über die Zahl der durchgeführten **Beratungen** und **Prüfungen** sowie die von ihnen festgesetzten **Maßnahmen**. Die Übersicht ist der Aufsichtsbehörde **vorzulegen** (§ 106 Abs. 7 Satz 2 und 3 SGB V).

Haftung für unterlassene bzw. insuffiziente Prüfungen

Werden Wirtschaftlichkeitsprüfungen nicht in dem vorgesehenen Umfang oder nicht entsprechend den für ihre Durchführung geltenden Vorgaben durchgeführt, **haften** die zuständigen **Vorstandsmitglieder** der Krankenkassenverbände und Kassenärztlichen Vereinigungen für eine ordnungsgemäße Umsetzung dieser Regelung (§ 106 Abs. 4b SGB V).

Können Wirtschaftlichkeitsprüfungen nicht in dem vorgesehenen Umfang oder nicht entsprechend den für ihre Durchführung geltenden Vorgaben durchgeführt werden, weil die **erforderlichen Daten** nach §§ 296 und 297 **nicht oder nicht im vorgesehenen Umfang oder nicht fristgerecht übermittelt worden** sind, **haften** die zuständigen **Vorstandsmitglieder** der Krankenkassen oder der Kassenärztlichen Vereinigungen.

Die zuständige **Aufsichtsbehörde** hat nach Anhörung der Vorstandsmitglieder und der jeweils entsandten Vertreter im Ausschuss den Verwaltungsrat oder die Vertreterversammlung zu veranlassen, das Vorstandsmitglied auf **Ersatz** des aus der Pflichtverletzung entstandenen Schadens in Anspruch zu nehmen, falls der Verwaltungsrat oder die Vertreterversammlung das **Regressverfahren** nicht bereits von sich aus eingeleitet haben.

Das Sozialgerichtsverfahren
Die Klage vor dem Sozialgericht (SG)

Sofern der Beschwerdeausschuss dem Widerspruch nicht oder nicht vollständig abhilft und den Erstbescheid des Prüfungsausschusses nicht aufhebt, bleibt der Widerspruchsführer rechtlich beschwert und kann Klage erheben (Rechtsmittel).

Vor dem Sozialgericht kann sich der Arzt selbst vertreten, d. h. er kann die Klage selbst einlegen und rechtsverbindliche Erklärungen abgeben, ohne dass er hierfür einen Rechtsanwalt benötigt (kein **Anwaltszwang vor dem SG**).

Die Klage ist binnen **eines Monats** (also nicht 4 Wochen!) ab Zugang des Widerspruchsbescheides bei dem im Bescheid angegebenen Sozialgericht einzulegen (§ 87 Abs. 1 SGG). Ein Klagemuster sehen Sie auf Seite 66.

Für die Fristwahrung genügt eine Klageeinlegung wie folgt:

„Ich lege hiermit gegen den Bescheid des Prüfungsausschusses vom .... in der Gestalt des Widerspruchsbescheides des Beschwerdeausschusses vom .... Klage ein. Begründung wird nachgereicht."

Die **Begründung** der Klage kann also auch noch **nach Ablauf** der einmonatigen Klage-(Einlegungs-)Frist erfolgen. Gegebenenfalls fordert das Gericht den Kläger zur Begründung auf und weist ihn darauf hin, dass im Falle des Fehlens der Begründung die Klage abgewiesen werden kann.

Praxistipp

Klage mit **Einschreiben/Rückschein** einlegen und den Rückschein gut aufheben, weil nur hiermit der fristgerechte Zugang der Klage **bewiesen** werden kann.

Eine Klageeinreichung per **Telefax oder Telekopie** ist ebenfalls zulässig (Schreiben des Präsidenten des BSG vom 01.11.1991 – Az 620-1-II-391/91); hier gilt das oben Gesagte, d. h. der Sendebericht beweist nicht den Zugang des Telefaxes! Die Einlegung mittels Einwurf-Einschreiben ist ebenfalls nicht zu empfehlen.

Absender:

_____   den _____

┌─────────────────────────────┐
│ Sozialgericht   │
│   │   **per Einschreiben/Rückschein**
│ _____   │
│   │
│ _____   │
│   │
│   │
│ _____   │
│   │
└─────────────────────────────┘

Prüfbescheid vom _____

gegen den Prüfbescheid vom _____, betreffend das/die Quartal(e)

_____ zugegangen am _____, erhebe(n) ich/wir hiermit

Klage

und beantrage(n) die Aufhebung des Bescheides.

Begründung:

*   wird nachgereicht

*   siehe Beiblatt

Mit freundlichen Grüßen

_____
(Unterschrift des Arztes/der Ärzte)

Abbildung 4: Muster-Klage

Verwaltungsverfahrensbeteiligte sind gemäß § 12 SGB X (s. Anlage S. 170):

- Kläger (Arzt, KV, Kasse/n),
- Beklagter Beschwerdeausschuss,
- Beigeladene, d. h. diejenigen, deren rechtliche Interessen durch den Ausgang des Verfahrens berührt werden.

Wirkung der Klage

Die Einlegung der Anfechtungsklage hat seit 01.01.2002 wieder **aufschiebende Wirkung**, d. h. der Prüfbescheid kann in seinem Inhalt nicht sofort vollzogen werden. Dies gilt auch dann, wenn gegen ein Urteil des Sozialgerichtes Berufung zum Landessozialgericht bzw. später Revision zum Bundessozialgericht eingelegt wird. Wenn bereits ein Regress vollzogen wurde, hat der Widerspruch keine aufschiebende Wirkung!

Wenn der Vollzug des Bescheides zu einer konkreten **Existenzbedrohung** führen würde, kann der Arzt einen **Antrag auf Aussetzung der sofortigen Vollziehung** des Prüfbescheides stellen, wenn zudem die Wahrscheinlichkeit besteht, dass der Bescheid im Hauptverfahren aufgehoben wird (BSG Urteil vom 11.06.1989 – 6 RKa 4/85); dieser Fall dürfte allerdings eine Rarität sein.

Im Falle eines Richtgrößenregresses nach § 106 Abs. 5a SGB V kann die KV die Regress-Summe stunden oder erlassen, wenn der Arzt nachweisen kann, dass er hierdurch wirtschaftlich gefährdet ist (§ 106 Abs. 5c Satz 4 SGB V i. V. m. § 76 Abs. 2 Nr. 1 und 3 SGB IV).

Kosten

Für das SG-Verfahren gilt der Grundsatz der Kostenfreiheit seit 01.01.2002 **nicht** mehr! Für den Kläger entstehen also Gerichtskosten und Anwaltskosten, wenn er einen Rechtsanwalt einschaltet (§ 183 SGG, s. Anhang S. 195). Obsiegt der Kläger voll oder teilweise, erhält er die zu seiner Rechtsverfolgung notwendigen Kosten ganz oder teilweise erstattet. Die Umstellung der DM-Beträge auf den Euro erfolgte nach dem 4. Euro-Einführungsgesetz vom 21.12.2000.

Die Kassenärztliche Vereinigung hat als Körperschaft des öffentlichen Rechts Gerichtskosten zu entrichten. Diese betragen für Klagen, die bis zum 31.12.2001 eingegangen sind, nach der „Verordnung der Bundesregierung über die Höhe der von Körperschaften und Anstalten des öffentlichen Rechts gemäß § 184 SGG zu entrichtenden Gebühr" vom 31.03.1955 in der jeweils aktualisierten Fassung für jede Streitsache vor dem SG 150,- €, vor dem LSG 225,- € und vor dem BSG 300,- €. Die Gerichtskosten für Klagen, die ab 01.01.2002 eingegangen sind, bemessen sich gemäß § 197a SGG in Verbindung mit dem Gerichtskostengesetz nach der Tabelle zu § 11 GKG (also keine Pauschbeträge mehr wie bislang!).

Hat ein Verfahrensbeteiligter, dessen Vertreter oder Bevollmächtigter durch Mutwillen, Verschleppung oder Irreführung dem Gericht oder einem Beteiligten Kosten verursacht, so können diese vom Gericht dem Beteiligten im Urteil ganz oder teilweise auferlegt werden (§ 192 SGG).

Die Berufung zum Landessozialgericht (LSG)

Gegen das erstinstanzliche Urteil des SG kann Berufung zum LSG eingelegt werden, wenn der streitige (ggf. Rest-)Kürzungs- oder Regressbetrag **über 500,- €** liegt.

Die Berufung ist auch statthaft, wenn das SG sie im Urteil zugelassen hat; sie ist zuzulassen, wenn die Rechtssache **grundsätzliche Bedeutung** hat oder wenn das SG-Urteil von einer Entscheidung eines LSG oder des BSG oder des Gemeinsamen Senats der Obersten Gerichtshöfe des Bundes abweicht **und** auf dieser Abweichung beruht (§ 150 SGG).

Gegen die **Nichtzulassung** der Berufung durch das SG kann **Beschwerde** beim LSG binnen eines Monats ab Zustellung des SG-Urteils eingelegt werden. Diese Beschwerde ist binnen eines Monats nach Zustellung des SG-Urteils zu **begründen**.

Hinsichtlich der Einlegungsfrist der Berufung (1 Monat), der Wirkung und der Kosten gilt das zum SG-Verfahren Gesagte. Auch vor dem LSG besteht **kein Anwaltszwang**.

Das Urteil eines LSG bindet die Verwaltung nur in dem betreffenden Bundesland. Dies hat zur Folge, dass ein anderes LSG in gleichgelagerten Fällen anders entscheiden kann!

Die Revision zum Bundessozialgericht (BSG)

Binnen eines Monats nach Zustellung des LSG-Urteils kann **Revision** zum BSG eingelegt werden, wenn sie im Urteil zugelassen wurde bzw. bei grundsätzlicher Bedeutung der Rechtssache. Sind Kläger und Beklagter einverstanden, kann ohne Einschaltung der LSG-Instanz sofort **Sprungrevision** eingelegt werden (grundsätzliche Bedeutung der Rechtssache).

Eine **Nichtzulassungsbeschwerde** kann beim BSG binnen eines Monats nach Zustellung des LSG-Urteils eingelegt werden; eine entsprechende Begründung muss binnen zwei Monaten (LSG: ein Monat!) abgegeben werden.

Das Urteil des BSG bindet im Gegensatz zu SG- bzw. LSG-Urteilen die Verwaltungen **aller** Länder der Bundesrepublik und damit auch die Prüfgremien!

Zum Schluss noch einmal ein **Überblick** über den Ablauf des **Verfahrens** in Sachen **Wirtschaftlichkeitsprüfung**:

Ablaufschema Wirtschaftlichkeitsprüfung

Geschäftsstelle beginnt Verfahren von Amts wegen	Ab 5 % bzw. 15 % bei Richtgrößenprüfung *ohne* Antrag
Statistiken gehen zum Prüfungsausschuss	
Geschäftsstelle des Ausschusses informiert Beteiligte (Arzt, KV, Kassen)	
	Aufforderung und Möglichkeit der Stellungnahme
Sitzung des Prüfungsausschusses Entscheidung	hier kein Recht, persönlich vor dem Prüfungsausschuss gehört zu werden
Prüfbescheid geht an Beteiligte	

Ablaufschema Wirtschaftlichkeitsprüfung *(Forts.)*

	Widerspruch (Frist einhalten: 1 Monat ab Zustellung des Prüfbescheides)
Beschwerdeausschuss ist zuständig; Akten gehen an Beschwerdeausschuss	
Geschäftsstelle informiert Beteiligte über Widerspruchseinlegung	
	Aufforderung und Möglichkeit der Stellungnahme
Beschwerdeausschuss entscheidet in Sitzung über den Widerspruch	Recht auf *persönliche* Anhörung in der Sitzung des Beschwerdeausschusses
Widerspruchsbescheid geht an Beteiligte	
	Klage zum Sozialgericht (Frist einhalten: 1 Monat ab Zustellung des Widerspruchsbescheides)

Anhang

- Empfehlung zu Richtgrößen vom 21.02.2000
- Rahmenvorgaben für Arzneimittelvereinbarungen 2002
- Rahmenvorgaben für Richtgrößenvereinbarungen 2002

Auszug der wichtigsten Bestimmungen aus:

- SGB IV
- SGB V
- SGB X
- SGG

Empfehlung zu Richtgrößen (zwischenzeitlich von den Kassen gekündigt!) vom 21.02.2000 (Anlagen 2 und 3 zuletzt geändert am 30.09.2001)

Präambel

(1) Die Kassenärztliche Bundesvereinigung

und

die Spitzenverbände der Krankenkassen

AOK-Bundesverband
Bundesverband der Betriebskrankenkassen
Bundesverband der Innungskrankenkassen
See-Krankenkasse
Bundesverband der landwirtschaftlichen Krankenkassen
Bundesknappschaft
Verband der Angestellten-Krankenkassen e. V.
AEV – Arbeiter-Ersatzkassen-Verband e. V.

empfehlen auf der Grundlage des Gesetzes zur Reform der gesetzlichen Krankenversicherung vom 22.12.1999 (GKV-Gesundheitsreform 2000) den Vertragspartnern auf der Landesebene, bei dem Abschluss von Vereinbarungen über die Prüfung der Wirtschaftlichkeit der vertragsärztlichen Versorgung mit Arzneimitteln und Heilmitteln anhand von Richtgrößen ab dem Jahr 2000 (§ 106 SGB V) die Strukturvorgaben dieser Empfehlung zu beachten.

(2) Insbesondere der hohe zeitliche und organisatorische Aufwand für die Datengewinnung und -zusammenführung bei den Krankenkassen,

ihren Verbänden und den Kassenärztlichen Vereinigungen geben den Partnern dieser Empfehlung Anlass, auf die Bedeutung einheitlicher Strukturvorgaben für die Umsetzbarkeit von Richtgrößenregelungen hinzuweisen.

1. Gesetzliche Vorgaben für Vertragsregelungen

(1) Nach § 84 Absatz 3 SGB V vereinbaren die Vertragspartner auf der Landesebene einheitliche arztgruppenspezifische Richtgrößen für das Volumen der je Arzt verordneten Arznei-, Verband- und Heilmittel zum Zwecke der Wirtschaftlichkeitsprüfung nach Richtgrößen nach § 106 Absatz 2 Satz 1 Nr. 1 SGB V. Die Richtgrößen können für Arznei- und Verbandmittel sowie für Heilmittel auch getrennt festgesetzt werden.

(2) Kommt eine Vereinbarung ganz oder teilweise nicht zustande, hat das Schiedsamt nach § 89 SGB V den Vertragsinhalt festzusetzen. Bestehende Regelungen gelten bis zum In-Kraft-Treten von Folgevereinbarungen oder Schiedsamtsentscheidungen (§ 84 Absatz 4 SGB V).

(3)[1] Eventuelle Ausgleichsverpflichtungen aus Überschreitungen der Arznei-, Verband- und Heilmittelbudgets werden verringert durch Regresse, die auf Grund von Prüfungen der Verordnungen von Arznei-, Verband- und Heilmitteln – unabhängig von der Art der Prüfung – für den Budgetzeitraum festgesetzt (§ 84 Absatz 1 SGB V) und zahlungswirksam geworden sind.

2. Grundsätze zur Bildung von Richtgrößen

(1) Die Partner dieser Empfehlung halten es für sachgerecht, Richtgrößen

- einheitlich für alle Kassenarten sowie für den Geltungsbereich einer Kassenärztlichen Vereinigung,
- für Arznei- und Verbandmittel einerseits sowie für Heilmittel andererseits,
- für vereinbarte Arztgruppen,
- jahresbezogen auf der Basis der Fälle und Brutto-Verordnungskosten eines Kalenderjahres und
- getrennt nach Allgemeinversicherten und Rentnern einschließlich der jeweiligen Familienangehörigen

---

[1] Ziffer 1 Absatz 4 gilt für Ausgleichsverpflichtungen aus dem Budgetjahr 1999 entsprechend.

zu vereinbaren. Weitergehende Differenzierungen können von der Bundesebene datenlogistisch nicht unterstützt werden.

(2) Werden für Arznei- und Verbandmittel einerseits und für Heilmittel andererseits gesonderte Richtgrößen vereinbart, sind diese im Rahmen der Wirtschaftlichkeitsprüfung getrennt anzuwenden. Dabei bleiben die Grundsätze der Wirtschaftlichkeitsprüfung unberührt („kompensationsfähige Einsparungen").

(3) Bei der Bildung von Richtgrößen sind zu jeder vereinbarten Arztgruppe alle mit Ausnahme von Impfstoffen zur Prävention in der vertragsärztlichen Versorgung verordneten Arznei-, Verband- und Heilmittel sowie die nach der Systematik der jeweiligen Arzneikostenstatistik berücksichtigten Behandlungsfälle zu Grunde zu legen. Für die Wirtschaftlichkeitsprüfung nach Richtgrößen sind die Unterlagen auf der Grundlage der Brutto-Verordnungskosten arztbezogen aufzubereiten. Im Falle von Regressverfahren sind die Verordnungskosten auf Nettobasis heranzuziehen.

(4) Die für die Bildung von Richtgrößen zu berücksichtigenden Arztgruppen sind, ausgehend von der Weiterbildungsordnung der Ärzte, von den Vertragspartnern auf der Landesebene zu vereinbaren. Die Partner dieser Empfehlung legen nahe, Richtgrößen für die in Anlage 1 genannten Arztgruppen zu bilden.

(5) Bei der Bildung von Richtgrößen für Arzneimittel können Verordnungen ausgenommen werden, bei denen keine Anhaltspunkte für eine unwirtschaftliche Anwendung, für eine Verordnung außerhalb der zugelassenen Indikation oder für eine Mengenausweitung bestehen. Wirkstoffe, die unter diesen Voraussetzungen von der Richtgrößenfestlegung ausgenommen werden können, haben die Partner dieser Empfehlung in einer Liste nach Anlage 2 zusammengestellt. Eine gemeinsame Arbeitsgruppe der Partner dieser Empfehlung ist beauftragt, die wirkstoffbezogene Liste nach Anlage 2 um die entsprechenden Fertigarzneimittel Pharmazentralnummern-bezogen zu konkretisieren, jährlich zu aktualisieren und die Liste der Fertigarzneimittel jeweils im Voraus bekannt zu geben. Das Verfahren für Erstellung und Fortschreibung der Liste der Fertigarzneimittel sowie die datentechnischen Einzelheiten sind in der Technischen Anlage zu dieser Empfehlung festgelegt (Anhang).

(6) Die Liste nach Anlage 2 soll bundeseinheitlich gelten. Davon abweichende, landesspezifische Festlegungen können ebenfalls auf der Bundesebene datenlogistisch nicht unterstützt werden.

(7) Die besonderen Versorgungsverhältnisse einer Praxis sind im Rahmen der Wirtschaftlichkeitsprüfungen nach Richtgrößen zu berücksichtigen. Indikationsgebiete, bei denen im Hinblick auf Arzneimittel regelmäßig von Praxisbesonderheiten ausgegangen werden kann, sind in der Anlage 3 dieser Empfehlung festgelegt.

3. Ermittlung arztgruppenspezifischer Richtgrößen

(1) Von den Vertragspartnern auf der Landesebene ist ab dem Jahr 2000 jeweils für das folgende Kalenderjahr das Budget für Arznei-, Verband- und Heilmittel gemeinsam und einheitlich zu vereinbaren. Das jährliche Budget ist zugleich die Ausgangsbasis für die Ermittlung von Richtgrößen (Ausgabenvolumen).

(2) Das für eine Kassenärztliche Vereinigung vereinbarte Ausgabenvolumen für die Ermittlung von Richtgrößen ist nach den prozentualen Anteilen der vereinbarten Arztgruppen an den Ergebnissen der arztbezogenen Erfassung nach § 84 SGB V für das vorletzte Kalenderjahr aufzuteilen (arztgruppenbezogene Ausgabenanteile).

(3) Die Richtgrößen ergeben sich jeweils aus der Division der arztgruppenbezogenen Ausgabenanteile durch die Zahl der Behandlungsfälle der jeweiligen Arztgruppe im vorletzten Kalenderjahr (arztgruppenspezifische Richtgrößen).

(4) Bei der Ermittlung der arztgruppenspezifischen Richtgrößen sind, abhängig von den nachstehend genannten Vertragsgestaltungen, folgende Korrekturen zu berücksichtigen:

- Abzug der Brutto-Verordnungskosten vom Ausgabenvolumen nach Absatz 1 für Arztgruppen, die nicht nach Ziffer 2 Absatz 4 dieser Empfehlung berücksichtigt sind und folglich nicht nach Richtgrößen geprüft werden,
- Anpassung um die auf Anlage 2 dieser Empfehlung entfallenden Brutto-Verordnungskosten für Arzneimittel, gemessen am Anteil des Vorjahres, sofern die Vertragspartner auf der Landesebene die Anwendung der Anlage 2 vereinbaren.

4. Information über veranlasste Ausgaben, Datenübermittlung

(1) Für die Information der Vertragsärzte über die von ihnen veranlassten Ausgaben für Arznei-, Verband- und Heilmittel halten die Partner dieser Empfehlung die Verordnungsdaten aus der arztbezogenen Erfassung nach § 84 Absatz 2 SGB V

- getrennt nach Arznei- und Verbandmitteln einerseits sowie Heilmitteln andererseits,
- jeweils mit der Summe der Brutto-Verordnungskosten, der Summe der Zuzahlungen und der Anzahl der Verordnungen,
- für das abgelaufene Quartal

sowie

- die entsprechenden Fallzahlen

für erforderlich. Die Verordnungsdaten werden als Summenwerte je Vertragsarzt bereitgestellt.

(2) Die Verbände der Krankenkassen tragen dafür Sorge, dass die Verordnungsdaten nach Absatz 1 den Kassenärztlichen Vereinigungen zur Verfügung gestellt werden. Die Kassenärztlichen Vereinigungen stellen ihrerseits sicher, dass den Krankenkassenverbänden die entsprechenden Fallzahlen zur Verfügung gestellt werden. Die übermittelten Informationen dienen sowohl der Frühinformation der Vertragsärzte als auch der Wirtschaftlichkeitsprüfung nach Richtgrößen.

(3) Für die Frühinformation der Vertragsärzte werden *ungeprüfte* Verordnungsdaten für Arznei- und Verbandmittel nach der 8. bis spätestens Ende der 12. Woche, für Heilmittel *geprüfte* Verordnungsdaten bis Ende des 6. Monats jeweils nach Quartalsende zur Verfügung gestellt. Die Kassenärztlichen Vereinigungen geben die Informationen nach Absatz 1 insgesamt alsbald in geeigneter Weise ihren Vertragsärzten bekannt. Die Informationen dienen in erster Linie den Vertragsärzten zur Beobachtung ihrer Verordnungstätigkeit. Sie sollen in ihrem Bemühen unterstützt werden, Überschreitungen der Richtgrößen zu vermeiden.

(4) Für die Wirtschaftlichkeitsprüfung nach Richtgrößen übermitteln die Verbände der Krankenkassen die Informationen nach Absatz 1 bis zum 30. Juni des dem Budgetjahr folgenden Jahres als *geprüfte* Verordnungsdaten.

(5) Die Partner dieser Empfehlung halten es für unverzichtbar, die weiteren Einzelheiten der Datenübermittlung zwischen den Vertragspartnern auf der Landesebene gemeinsam zu vereinbaren.

5. Verfahren bei der Überschreitung von Richtgrößen

(1) Wirtschaftlichkeitsprüfungen nach Richtgrößen sind von Amts wegen durchzuführen. Die gesetzlich vorgegebenen Vomhundertsätze nach § 106 Absatz 5a SGB V sind verbindlich. Bei Überschreitung der Richtgrößen um mehr als fünf vom Hundert ist die Prüfung nach Richtgrößen durchzuführen, sofern davon auszugehen ist, dass die Überschreitung nicht durch Praxisbesonderheiten begründet ist. Der gemeinsame Prüfungs- und Beschwerdeausschuss entscheidet über die zu treffenden Maßnahmen. Bei einer Überschreitung der Richtgrößen um mehr als 15 vom Hundert hat der Vertragsarzt den Mehraufwand zu erstatten, der sich aus der Überschreitung der Richtgrößen ergibt und nicht durch Praxisbesonderheiten begründet ist. Sofern die Überschreitung nicht durch bereits bekannte Praxisbesonderheiten erklärbar ist, wird dem Vertragsarzt Gelegenheit gegeben, innerhalb von vier Wochen die von ihm veranlassten Ausgaben der Höhe nach zu begründen.

Anlage 2

Arzneimittel zur Ausnahme von Richtgrößenregelungen[1]

Präambel

Nach Ziffer 2 Absatz 4 dieser Empfehlung können die Vertragspartner auf der Landesebene in regionalen Vereinbarungen vorsehen, die nachstehend aufgeführten Arzneimittel – zugleich im Sinne einer Berücksichtigung von Praxisbesonderheiten – aus der Wirtschaftlichkeitsprüfung nach Richtgrößen auszunehmen.

Die Partner dieser Empfehlung verfolgen gemeinsam das Ziel, auch im Rahmen von Richtgrößenregelungen eine den Versorgungsbedürfnissen entsprechende, qualitativ hochwertige Arzneimittelversorgung zu gewährleisten. Neben Richtgrößenprüfungen stehen den Vertragspartnern auf der Landesebene weitere Wirtschaftlichkeitsprüfungen nach § 106 SGB V zur Verfügung, um bei der Anwendung der Anlage 2 dieser Vereinbarung Anreize zu Verordnungsverschiebungen zu Gunsten von nicht der Richtgrößenprüfung unterliegenden Arzneimitteln zu vermeiden.

Wirkstoffliste siehe Seite 31 ff. (Stand: 25.09.2001)

---

[1] Datentechnische Realisierung zum 1. Juli 2000

Anlage 3

Indikationsgebiete zur Berücksichtigung als Praxisbesonderheit bei Wirtschaftlichkeitsprüfungen

1. Fallbezogene und Indikationsabhängige Berücksichtigung

Bei den nachstehenden Indikationen ergeben sich Praxisbesonderheiten fallbezogen und indikationsabhängig im Hinblick auf Arzneimittel, die nicht in der Wirkstoffliste nach Anlage 2 dieser Empfehlung berücksichtigt sind.

	Indikation	Arzt-gruppe	Fälle pro Quartal
1.1	Therapie des Morbus Gaucher mit Alglucerase/Imiglucerase		
1.2	Hormonelle Behandlung und In-vitro-Fertilisation bei Sterilität		
1.3	Interferon-Therapie bei schubför-mig verlaufender bzw. sekundär progredienter Multipler Sklerose mit für diese Indikation zugelasse-nen Präparaten		
1.4	Interferon-Therapie bei Hepatitis B und Hepatitis C mit für diese Indi-kationen zugelassenen Präparaten, ggf. in Kombination mit anderen dafür zugelassenen antiviralen Mit-teln		
1.5	Arzneimitteltherapie der Mukovis-zidose		
1.6	Arzneimitteltherapie der Termina-len Niereninsuffizienz		
1.7	Substitutionsbehandlung Opiatab-hängiger nach NUB-Richtlinien mit für die Substitution verordnungsfähi-gen Arzneimitteln einschließlich ent-sprechender Rezepturzubereitungen		

	Indikation	Arzt- gruppe	Fälle pro Quartal
1.8	Wachstumshormon-Behandlung bei Kindern mit nachgewiesenem hypophysärem Minderwuchs		
1.9	Parenterale Chemotherapie bei Tumorpatienten als Rezepturzubereitung sowie parenterale Chemotherapie mit für diese Indikation zugelassenen Interferonen		
1.10	Therapie behandlungsbedürftiger Begleiterkrankungen bei HIV-Infektionen		
1.11	Insulintherapie bei insulinpflichtigem Diabetes mellitus		

2. Berücksichtigung bestimmter Heilmitteltherapien

Bei den nachstehenden Indikationen/Therapien zu Heilmitteln werden die besonderen Versorgungsverhältnisse einer ärztlichen Praxis durch die Differenzierung der Richtgrößen nach Indikationsgruppen berücksichtigt. Sobald entsprechend differenzierte Richtgrößen regional vereinbart werden, entfällt jeweils der Aspekt der Praxisbesonderheit insgesamt.

	Indikation/Therapie	Arzt- gruppe	Fälle pro Quartal
2.1	Ergotherapie		
2.2	Logopädie		

Erläuterungen zu Anlage 3

Stellt der Arzt fest, dass für ihn Praxisbesonderheiten im Sinne der Anlage 3 dieser Empfehlung zutreffen, empfehlen die Partner dieser Empfehlung, die Praxisbesonderheiten auf einem Beiblatt zur Abrechnung zu bezeichnen und die jeweils zutreffende Fallzahl anzugeben.

Außer den nach Anlage 3 aufgeführten Praxisbesonderheiten kann der Arzt im Einzelfall weitere Praxisbesonderheiten angeben. Die Therapiehinweise des Bundesausschusses der Ärzte und Krankenkassen nach Ziffer 14 Arzneimittel-Richtlinien, die regelmäßig im „Deutschen Ärzteblatt" veröffentlicht werden, sind wichtige Hilfestellungen bei der wirtschaftlichen Verordnungsweise neuer Therapieprinzipien in der täglichen Praxis.

Anlage 4

Berechnungsschritte zur Prüfung nach Richtgrößen

1. Entscheidung über die Einleitung des Prüfverfahrens

1.1 Ermittlung des Richtgrößenbetrages des Vertragsarztes

Fallzahl(en) multipliziert mit Richtgröße(n) = Richtgrößenbetrag
(Hinweis: bei differenzierten Richtgrößen Mehrfachschritt mit Summierung)

1.2 Feststellung der veranlassten Ausgaben

Brutto-Verordnungskosten
(Hinweis: ermittelt aus der arztbezogenen Erfassung nach § 84 Absatz 2 SGB V)

1.3 Feststellung der gesetzlichen Prüfpflicht

Brutto-Verordnungskosten nach 1.2 im Verhältnis zum Richtgrößenbetrag nach 1.1

ergibt Prüfquote 1 (in %)

> *Prüfquote 1 unter 105 Prozent: keine gesetzliche Prüfpflicht*
> *über 105 Prozent: Prüfung nach § 106 Absatz 5a SGB V*

2. Prüfung nach § 106 Absatz 5a SGB V

2.1 Berücksichtigung von Praxisbesonderheiten

Brutto-Verordnungskosten nach 1.2

abzgl. vom Prüfungsausschuss als therapeutische Praxisbesonderheiten anerkannte Brutto-Verordnungskosten

Bewertung weiterer Praxisbesonderheiten (Abweichung von Fachgruppendurchschnitt)

- ggf. abweichender Anteil zuzahlungsbefreiter Versicherter
- ggf. abweichend Altersstruktur der Versicherten
  (Hinweis: vergleiche Ziffer 5 Abs. 4 Satz 2 der Empfehlung)

ergibt bereinigte Brutto-Verordnungskosten

2.2 Feststellung der gesetzlichen Erstattungspflicht

bereinigte Brutto-Verordnungskosten nach 2.1

im Verhältnis zum Richtgrößenbetrag nach 1.1

ergibt Prüfquote 2 (in %)

> *Prüfquote 2 unter 105 Prozent: keine gesetzliche Prüfpflicht*
> *unter 115 Prozent: vom Prüfungsausschuss festzusetzende Maßnahmen*
> *über 115 Prozent: Feststellung des gesetzlichen Regressbetrages*

3. Festsetzung der gesetzlichen Erstattungspflicht

3.1 Feststellung der arztindividuellen Netto-Verordnungskosten

(Hinweis: ermittelt aus der arztbezogenen Erfassung nach § 84 Absatz 2 SGB V, Rabatt nach § 130 SGB V und Zuzahlungen berücksichtigt)

im Verhältnis zu den Brutto-Verordnungskosten nach 2.1

ergibt arztindividuelle Nettoquote der Verordnungskosten (in %)

3.2 Feststellung des gesetzlichen Regressbetrages

bereinigte Brutto-Verordnungskosten nach 2.1

abzügl. Richtgrößenbetrag nach 2.1

ergibt Brutto-Regressbetrag

Brutto-Regressbetrag umbasiert nach der arztindividuellen Nettoquote nach 3.1

ergibt

> Regressbetrag

Anhang

Technische Anlage zum Verzeichnis der Arzneimittel nach Anlage 2

1. Präambel

(1) Nach Ziffer 2 Absatz 5 dieser Empfehlungen werden Arzneimittel, bei denen eine Ausnahme von der Bildung von Richtgrößen sachgerecht erscheint, in der wirkstoffbezogenen Liste nach Anlage 2 zusammengestellt. Die wirkstoffbezogene Liste soll regelmäßig aktualisiert und um die entsprechenden Fertigarzneimittel konkretisiert werden.

(2) Über die Anwendung der wirkstoffbezogenen Liste nach Anlage 2 entscheiden die Vertragspartner auf der Landesebene in eigener Vertragsverantwortung. Es wird eine bundeseinheitliche Anwendung empfohlen. Davon abweichende, landesspezifische Festlegungen können auf der Bundesebene datenlogistisch nicht unterstützt werden. Dies gilt gleichermaßen für die Anwendung des nachstehend vereinbarten Verzeichnisses der Fertigarzneimittel (Ziffer 3).

2. Fortschreibung der wirkstoffbezogenen Liste nach Anlage 2

Die Partner dieser Empfehlung stimmen Aktualisierungen der wirkstoffbezogenen Liste nach Anlage 2 jeweils bis zum 30. September für das folgende Richtgrößenjahr (Kalenderjahr) im Rahmen einer gemeinsamen Arbeitsgruppe ab. Dabei werden nur Änderungen berücksichtigt, auf die sich die Partner der Empfehlung gemeinsam verständigt haben. Die Information der Vertragspartner auf der Landesebene über die abgestimmten Aktualisierungen obliegt den Partnern dieser Empfehlung jeweils in eigener Verantwortung.

3. Verzeichnis der Fertigarzneimittel zu Anlage 2 (PZN-Richtgrößen-Datei)

(1) In einer Pharmazentralnummern-bezogenen Datei werden die Fertigarzneimittel zusammengestellt, die Wirkstoffe nach Anlage 2 dieser Empfehlung enthalten (PZN-Richtgrößen-Datei). Bei der Zuordnung sind jeweils die Produktstände nach der Großen Deutschen Spezialitätentaxe (Lauer-Taxe) unter Anwendung geeigneter Fehlerkontrollverfahren zu Grunde zu legen. Die PZN-Richtgrößen-Datei ist mit dem Aktualisierungsstand der wirk-

stoffbezogenen Liste nach Ziffer 2 sowie dem Produktstand zu bezeichnen und enthält zu jedem zugeordneten Fertigarzneimittel folgende Angaben:

- Pharmazentralnummer (PZN)
- Handelsname
- chemische Bezeichnung des Wirkstoffs/der Wirkstoffe
- Stärke des Wirkstoffs/der Wirkstoffe
- Packungsgröße
- Darreichungsform.

(2) Die PZN-Richtgrößen-Datei wird jeweils als Gesamtverzeichnis in einem gebräuchlichen linzenzunabhängigen Datenbankformat (z. B. als Textdatei, selbst entpackend) erstellt:

- mit dem Produktstand 1. Januar des Richtgrößenjahres als prospektive Version für Beratungsprüfungen und
- mit dem Produktstand 15. Dezember des Richtgrößenjahres, einschließlich der vorübergehend im Arzneimittelmarkt dieses Jahres verfügbaren Fertigarzneimittel, als retrospektive Version für Regressprüfungen.
- Für die erstmalige Erstellung sind die wirkstoffbezogene Liste nach Anlage 2 in der zu dieser Empfehlung abgestimmten Fassung sowie der Produktstand 1. Januar 2000 (prospektive Version) zu Grunde zu legen.

Zur Übermittlung der PZN-Richtgrößen-Datei an die Partner dieser Empfehlung sind gebräuchliche Datenträger (z. B. Diskette, CD-ROM) zu verwenden, das Nähere stimmen die jeweiligen Kommunikationspartner miteinander ab.

(3) Die Partner dieser Empfehlung haben sich darauf verständigt, die Zuordnung der Fertigarzneimittel nach der wirkstoffbezogenen Liste nach Anlage 2 sowie der Erstellung, Fortschreibung und Übermittlung der PZN-Richtgrößen-Datei bis auf weiteres durch den Bundesverband der Betriebskrankenkassen als eine gemeinsame Selbstverwaltungsaufgabe gegen eine Aufwandspauschale in Höhe von 7.500,- DM für die erste Version und 5.000,- DM für jede weitere Version vornehmen zu lassen. Der Bundesverband der Betriebskrankenkassen kann hierzu eine ihm unmittelbar angegliederte Institution, die ausschließlich in seinem Auftrag tätig ist, in Anspruch nehmen. Die Aufwandspauschale wird je zur Hälfte einerseits von der Kassenärztlichen Bundesvereinigung und andererseits von den Spitzenverbänden der Krankenkassen nach dem für Gemeinschaftsprojekte festgelegten, mitgliederbezogenen

Aufteilungsschlüssel getragen. Mit der Aufwandspauschale sind alle nach Satz 1 genannten Leistungen abgegolten, weitergehende Ansprüche können nicht geltend gemacht werden.

4. Freigabe und Verwendung der PZN-Richtgrößen-Datei

(1) Die Partner der Empfehlung erhalten jährlich bis zum 31. Januar von jeder in Ziffer 3.2 genannten Version eine Ausfertigung der PZN-Richtgrößen-Datei. Die erste Ausfertigung (Ziffer 3.2) soll bis zum 30. Juni 2000 vorgelegt werden. Die vorgelegten Versionen werden umgehend durch die gemeinsame Arbeitsgruppe der Partner dieser Empfehlung inhaltlich geprüft und von diesen zu den nach Ziffer 4.2 genannten Zwecken gemeinsam freigegeben. Sie sind als Arbeitshilfe für die Umsetzung der den Vertragspartnern auf der Landesebene zugewiesenen Aufgaben bestimmt. Eine über die übliche Sorgfalt hinausgehende Gewähr für die Richtigkeit und Vollständigkeit der PZN-Richtgrößen-Datei wird nicht übernommen. Die Versionen der PZN-Richtgrößen-Datei werden mit ihrer Freigabe nach Satz 2 gemeinsames Eigentum der Partner dieser Empfehlung.

(2) Die Partner der Empfehlung erklären, die PZN-Richtgrößen-Datei ausschließlich verwaltungsintern für Zwecke der Bildung von Richtgrößen nach § 84 SGB V sowie im Rahmen von Wirtschaftlichkeitsprüfungen nach § 106 SGB V zu verwenden. Die PZN-Richtgrößen-Datei steht zu den nach Satz 1 genannten Zwecken ferner den Vertragspartnern auf der Landesebene sowie von ihnen gemeinsam beauftragten Stellen zur Verfügung (berechtigte Nutzer), die Verwendung erfolgt in eigener Verantwortung. Die berechtigten Nutzer haben sich schriftlich zur Einhaltung der vorgenannten Nutzungsbeschränkungen zu verpflichten. Jede darüber hinausgehende Verwendung ist unzulässig und kann – auch von einzelnen Partnern dieser Empfehlung – rechtlich verfolgt werden.

5. In-Kraft-Treten, Kündigung

(1) Diese Technische Anlage tritt mit Unterzeichnung der Empfehlung zu Richtgrößen in Kraft.

(2) Die Technische Anlage kann gesondert mit einer Frist von sechs Monaten zum Ende eines Kalenderjahres gekündigt werden. Eine Kündigung seitens der Spitzenverbände der Krankenkassen ist nur

gemeinsam möglich. Im Falle einer Kündigung bleiben die übrigen Regelungen der Empfehlung zu Richtgrößen unberührt.

Rahmenvorgaben gemäß § 84 Abs. 7 SGB V für das Jahr 2002 für die Inhalte der Arzneimittel-Vereinbarungen nach § 84 Abs. 1 SGB V

31. Januar 2002

Vereinbarung zwischen der

Kassenärztliche Bundesvereinigung, K.d.ö.R., Köln
AOK-Bundesverband, K.d.ö.R., Bonn
Bundesverband der Betriebskrankenkassen, K.d.ö.R., Essen
IKK-Bundesverband, K.d.ö.R., Bergisch Gladbach
Bundesverband der landwirtschaftlichen Krankenkassen, K.d.ö.R.,
Kassel
die See-Krankenkasse, K.d.ö.R., Hamburg
die Bundesknappschaft, K.d.ö.R., Bochum
der Verband der Angestellten-Krankenkassen e. V., Siegburg
der AEV-Arbeiter-Ersatzkassen-Verband e. V., Siegburg

Vorbemerkungen

(1) Gemäß § 84 Abs. 7 i. d. F. des Gesetzes zur Ablösung des Arznei- und Heilmittelbudgets (Arzneimittelbudget-Ablösungsgesetz – ABAG) vom 19. Dezember 2001 (BGBl. I 2001, S. 3773 ff.) vereinbaren die Kassenärztliche Bundesvereinigung und die Spitzenverbände der Krankenkassen gemeinsam und einheitlich für das jeweils folgende Kalenderjahr Rahmenvorgaben für die Inhalte der Arzneimittel-Vereinbarungen nach § 84 Abs. 1 SGB V.

(2) Für die erstmalige Vereinbarung von Rahmenvorgaben für die Inhalte der Arzneimittel-Vereinbarungen enthält Art. 3 § 1 Abs. 1 ABAG eine Übergangsregelung. Die Übergangsregelung sieht vor, dass die Vertragspartner auf Landesebene das Ausgabenvolumen für die Arznei- und Verbandmittel für das Jahr 2002 auf der Grundlage der für das Jahr 2001 geltenden Budgetvereinbarung auf die Versorgungsbedingungen in der Kassenärztlichen Vereinigung nach den Anpassungsmaßstäben des § 84 Abs. 2 SGB V auszurichten haben. Die Rahmenvorgaben haben zu diesen Ausgabenvolumina Vorgaben zu enthalten. Für die Festlegung der Rahmenvorgaben für die Ausgabenvolumina 2002 haben sich die Vereinbarungspartner von folgenden Erwägungen leiten lassen:

Angesichts unterschiedlicher Vertragsentwicklungen zu § 84 SGB V (a.F.) auf der Ebene der Kassenärztlichen Vereinigungen in den Jahren 1999 bis 2001 sind nach übereinstimmender Bewertung der Vereinbarungspartner die regionalen Versorgungsbedingungen in den arztbezogen erfassten Ausgaben für das Jahr 2000 berücksichtigt. Sie halten es daher für vertretbar, dieses Ausgabenniveau als Ausgangsbasis für die Ermittlung der Ausgabenvolumina für das Jahr 2002 zugrunde zu legen. Auf diese Ausgangsbasis sind die Anpassungsfaktoren nach § 84 Abs. 2 SGB V in der jeweils geltenden Fassung anzuwenden.

(3) Die nachstehenden Rahmenvorgaben betreffen die Festlegung von Vorgaben für

1. Ausgabenvolumina 2002 für die insgesamt von den Vertragsärzten verordneten Arzneimittel [§ 1],
2. Vorgaben für Versorgungs- und Wirtschaftlichkeitsziele und auf die Umsetzung dieser Ziele ausgerichtete Maßnahmen (Zielvereinbarungen) [§ 2],
3. Vorgaben für Kriterien für Sofortmaßnahmen zur Einhaltung der vereinbarten Ausgabenvolumina, welche ein unterjähriges „Controlling" ermöglichen sollen [§ 3].

(4) Die Vereinbarungspartner nehmen Bezug auf die gemeinsame Bundesempfehlung für das Jahr 2001 (Bundesempfehlung der Kassenärztlichen Bundesvereinigung und der Spitzenverbände der Krankenkassen zur Steuerung der Arznei- und Verbandmittelversorgung im Jahre 2001 vom 13.06.2001). Sie sehen darin für die Zielvereinbarungen eine maßgebliche Grundstruktur. Auch für die Bewertung der Verordnungsweise enthält die Bundesempfehlung Vorgaben.

(5) Die vergleichende Analyse der Arzneimittelverordnungen in den Kassenärztlichen Vereinigungen zeigt Unterschiede in den Verordnungsstrukturen, die nicht allein auf regionale Versorgungsbedingungen zurückzuführen sind. Mit den Rahmenvorgaben sollen Wirtschaftlichkeitspotenziale erschlossen werden.

(6) Dem Auftrag nach § 84 Abs. 7 SGB V zur Bestimmung von Vorgaben für Richtgrößen-Vereinbarungen und -Empfehlungen (vgl. § 84 Abs. 7 Sätze 4 ff. SGB V) sowie zur Vereinbarung von Rahmenvorgaben für die Inhalte der Informationen und Hinweise nach § 73 Abs. 8 SGB V [Informations- und Hinweispflicht der Kassenärztlichen Vereinigungen und der Kassenärztlichen Bundesvereinigung sowie der Krankenkassen und ihrer Verbände] (vgl. § 84 Abs. 7 Satz 1 SGB V) entsprechen die Vereinbarungspartner in jeweils gesonderten Vereinbarungen und Beschlüssen.

Rahmenvorgaben für die Inhalte der Arzneimittel-Vereinbarungen nach § 84 Abs. 1 SGB V

§ 1 Ausgabenvolumina für das Jahr 2002

(1) Die Ausgabenvolumina werden für jede Kassenärztliche Vereinigung entsprechend dem nachfolgenden Berechnungsmodus festgelegt:

1. Berechnungsgrundlage sind die arztbezogen erfassten Ausgaben 2000 je KV-Bereich.
2. Die sich daraus ergebenden Summen werden für das Jahr 2001 und für das Jahr 2002 als Ausgangsbasis für die Berechnung der Ausgabenvolumina wie folgt angepasst:

   – Steigerungsfaktor für das Jahr 2001 ist 2,5 Prozent
   – Steigerungsfaktor für das Jahr 2002 ist 2,0 Prozent

   Die Berechnungsgrundlagen im Einzelnen ergeben sich aus der *Anlage 1*.
   Der mit 4,5 Prozent ermittelte Anpassungsfaktor wird für alle Kassenärztlichen Vereinigungen einheitlich festgelegt.
3. Die sich aus der Berechnungsweise nach Nr. 2 ergebenden Ausgabenvolumina je Kassenärztlicher Vereinigung sind in *Anlage 2* festgelegt.
4. Soweit die regionalen Vertragspartner für das Jahr 2001 ein Arznei-, Verband- und Heilmittelbudget nach § 84 Abs. 1 SGB V in der seinerzeit geltenden Fassung vereinbart und angewendet haben, dessen Ausgabenanteil für Arznei- und Verbandmittel das für diese Kassenärztliche Vereinigung nach Nummern 1 bis 3 ermittelte Ausgabenvolumen 2002 übertrifft, wird der Arzneimittel-Vereinbarung für 2002 das für das Jahr 2001 geltende anteilige Arzneimittelbudget zugrunde gelegt[1]. Dies gilt auch für ein durch Schiedsspruch rückwirkend festgelegtes Budget für das Jahr 2001.

(2) Die Vertragspartner auf Landesebene dürfen einvernehmlich eine von Abs. 1 Nr. 2 abweichende niedrigere Steigerungsrate auf der Grundlage des Ausgabenniveaus des Jahres 2000 vereinbaren. Kommt eine einvernehmliche Vereinbarung nicht zustande, gilt die hier festgelegte Rahmenvorgabe.

---

[1] Grundlage ist der Vertragsstand zum 20.12.2001.

§ 2 Versorgungs- und Wirtschaftlichkeitsziele für das Jahr 2002

(1) Für Struktur und Inhalte der Vereinbarung von Versorgungs- und Wirtschaftlichkeitszielen im Rahmen von Zielvereinbarungen empfehlen die Partner der Vereinbarung dieser Rahmenvorgaben die Anwendung der Abschnitte IV (Zielvereinbarungskonzept) und V (Maßnahmen zur Zielerreichung) der Bundesempfehlung der Kassenärztlichen Bundesvereinigung und der Spitzenverbände der Krankenkassen zur Steuerung der Arznei- und Verbandmittelversorgung im Jahre 2001 (Stand: 13.06.2001) (Auszug: *s. Anlage 3*). Modifikationen zur Schwerpunktbildung bei der Zielerreichung nach regionalen Verhältnissen sind zugelassen. Ungeachtet des Gestaltungsspielraums ist verbindliche Vorgabe, dass gemeinsame Arbeitsgruppen von Kassenärztlichen Vereinigungen und Verbänden der Krankenkassen eingesetzt werden, die die Entwicklung der Arzneimittelversorgung analysieren und begleiten sowie Maßnahmen vorschlagen.

(2) Auf der Grundlage der in § 1 beschriebenen Ausgabenvolumina für das Jahr 2002 vereinbaren die Vertragspartner auf Länderebene darüber hinaus quantifizierte Ziele (Zielvereinbarungsvolumina). Die Zielvereinbarungsvolumina auf dieser Grundlage sind für das Jahr 2002 in *Anlage 4* festgelegt.

(3) Die Vertragspartner vereinbaren in einem gesonderten Datenlieferungsvertrag die arztbezogene monatliche Frühinformation nach § 84 Abs. 5 SGB V an die Kassenärztlichen Vereinigungen ab dem 1. Januar 2003[2].

(4) Die Vereinbarungspartner vereinbaren, dass bei Ermittlung der Einhaltung des Ausgabenvolumens sowie des damit im Zusammenhang stehenden Zielvereinbarungsvolumens die Ergebnisse der Verfahren der Wirtschaftlichkeitsprüfungen nach § 106 Abs. 5a SGB V zu berücksichtigen sind, die in dem für das Ausgabenvolumen geltenden Vereinbarungszeitraum zahlungswirksam geworden sind.

§ 3 Vorgaben für Kriterien für Sofortmaßnahmen

(1) Da nach Feststellung der Vereinbarungspartner dieser Rahmenvorgaben die Ausgabenentwicklung des Jahres 2001 die festgelegten Ausgabenvolumina 2002 in jeder Kassenärztlichen Vereinigung vermutlich überschreiten wird, sollen die Sofortmaßnahmen in den Kas-

---

[2] Beginn der Datenlieferung: 9 Monate nach Vertragsabschluss

senärztlichen Vereinigungen mit der Verabschiedung dieser Rahmenvorgaben sofort eingeleitet werden.

(2) Die Vereinbarungspartner dieser Rahmenvorgaben halten es für unerlässlich, auf Ebene der Kassenärztlichen Vereinigung eine gemeinsame ständige Arbeitsgruppe zur Beobachtung der regionalen Ausgabenentwicklung, zur Bewertung der Verordnungsstrukturen und zur Veranlassung von Maßnahmen zur Einhaltung des vereinbarten Ausgabenvolumens einzurichten. Für die Bewertung stellen die Spitzenverbände der Krankenkassen monatlich regionale Standardberichte auf der Basis der Arzneimittel-Schnellinformationen bereit (GAmSi). Darüber hinaus können auch andere Frühinformationen herangezogen werden.

(3) Die Vereinbarungspartner dieser Rahmenvorgaben erwarten, dass die Arzneimittelausgaben allein durch die gesetzlich festgelegten Festbeträge (FAVO) und den angehobenen Apothekenrabatt nach § 130 SGB V (AABG) unmittelbar um 2,2 Prozent entlastet werden. Sobald konkrete Informationen über eine hiervon abweichende Ausgabenentwicklung vorliegen, wird den regionalen Vertragspartnern dringend empfohlen, über die Information und Beratung einzelner Vertragsärzte mit überdurchschnittlichem Verordnungsprofil hinaus Wirtschaftlichkeitsprüfungen als Sofortmaßnahmen einzuleiten. Nach Artikel 3 § 2 ABAG sind bis zum 31. Dezember 2003 neben Wirtschaftlichkeitsprüfungen nach Richtgrößen auch Prüfungen nach Durchschnittswerten zulässig. Falls bereits in den ersten Monaten des Jahres 2002 erhebliche Fehlentwicklungen eintreten, sollten notwendige Wirtschaftlichkeitsprüfungen auch auf vorangegangene Zeiträume erstreckt werden.

§ 4 Verbindlichkeit und In-Kraft-Treten

(1) Die Rahmenvorgaben sind für die Vertragspartner auf Landesebene verbindlich, soweit nicht regionale Besonderheiten eine Abweichung rechtfertigen oder soweit nicht die Rahmenvorgaben selbst den Vertragspartnern auf Landesebene eine Abänderung gestatten.

(2) Die Rahmenvorgaben treten mit sofortiger Wirkung in Kraft und sind für das Jahr 2002 verbindlich.

Anlagen:

Anlage 1: Berechnungsgrundlage für die Ermittlung des Ausgabenvolumens 2002

Anlage 2: Ausgabenvolumina für Arzneimittel 2002 nach KVen

Anlage 3: Bundesempfehlung vom 13.06.2002, Teil IV. und V.

Anlage 4: Zielvereinbarungsvolumina für Arzneimittel 2002 nach KVen

Kassenärztliche Bundesvereinigung K.d.ö.R.

AOK-Bundesverband, K.d.ö.R.

Bundesverband der Betriebskrankenkassen, K.d.ö.R.

IKK-Bundesverband, K.d.ö.R.

Bundesverband der landwirtschaftlichen Krankenkassen, K.d.ö.R.

die See-Krankenkasse, K.d.ö.R.

die Bundesknappschaft, K.d.ö.R.

der Verband der Angestellten-Krankenkassen e. V.

der AEV-Arbeiter-Ersatzkassen-Verband e. V.

Köln, Bonn, Essen, Bergisch Gladbach, Kassel, Hamburg, Bochum, Siegburg, den 31.01.2002

Anlage 1

Berechnungsgrundlage für die Ermittlung des Ausgabenvolumens 2002

Anpassungsfaktoren für das Jahr 2001

• Zahl und Alter der Versicherten	+ 0,1 %
• Preisentwicklung (GKV-Arzneimittelindex)	+ 0,5 %
• Veränderung der gesetzlichen Leistungspflicht	+ 0,0 %
• Wirtschaftlicher Einsatz innovativer Arzneimittel	+ 1,9 %
	+ 2,5 %

Anpassungsfaktoren für das Jahr 2002

• Zahl und Alter der Versicherten	– 0,1 %
• Preisentwicklung (GKV-Arzneimittelindex)	+ 1,0 %
Festbetragsanpassungsverordnung	– 1,3 %
Apothekenrabatt	– 0,9 %
(Annahme, AABG tritt rückwirkend zum 01.02.2002 in Kraft)	
• Gesetzliche Leistungspflicht	+ 0,0 %
• Richtlinien Bundesausschuss	+ 0,0 %
• Einsatz innovativer Arzneimittel	+ 3,0 %
• Zielvereinbarung, indikationsbezogen	+ 0,0 %
• Verlagerungseffekte ambulant/stationär	+ 0,3 %
	+ 2,0 %
+ 2,5 % + 2,0 % =	**+ 4,5 %**

Nicht berücksichtigte Anpassungsfaktoren 2002

• **Anpassung Festbeträge ACE-Hemmer**	– 0,2 %
• **Negativliste**	– 0,3 %
(Laufzeit ab April 2002, Substitutionseffekte sind zu beachten)	

- **Richtlinien Bundesausschuss**   – 0,7 %
  (auf sechs Monate geschätztes Einsparpotenzial
  Me-too-Präparate)
- **Aut idem** (kalkulierte Laufzeit von sechs Monaten)   – 0,5 %

                                                             – 1,7 %

Anlage 2

	Arzneimittelausgabenvolumina 2002 nach KVen			
Kassenärztliche Vereinigung	Ausgaben 2000 in DM	Steigerungsbetrag (4,5 %) in DM	Arzneimittelausga-benvolumen in DM	Arzneimittelausga-benvolumen in €
Bayern	4 843 150 644	217 941 779	5 061 092 423	2 587 695 466
Berlin	1 716 236 183	77 230 628	1 793 466 811	916 985 020
Brandenburg*			1 241 000 000	634 513 225
Bremen	330 523 441	14 873 555	345 396 996	176 598 680
Hamburg	864 687 792	38 910 951	903 598 743	462 002 701
Hessen	2 460 105 783	110 704 760	2 570 810 543	1 314 434 559
Koblenz	630 408 986	28 368 404	658 777 391	336 827 531
Mecklenburg-Vor-pommern	952 339 641	42 855 284	995 194 924	508 835 085
Niedersachsen	3 317 976 139	149 308 926	3 467 285 066	1 772 794 704
Nordbaden	1 224 411 859	55 098 534	1 279 510 392	654 203 276
Nordrhein	4 365 149 955	196 431 748	4 561 581 703	2 332 299 690

* siehe § 1 Nr. 4

	Arzneimittelausgabenvolumina 2002 nach KVen			
Kassenärztliche Vereinigung	Ausgaben 2000 in DM	Steigerungsbetrag (4,5 %) in DM	Arzneimittelausgabenvolumen in DM	Arzneimittelausgabenvolumen in €
Nord-Württemberg	1 433 095 251	64 489 286	1 497 584 537	765 702 815
Pfalz*			642 693 435	328 603 935
Rheinhessen	254 606 247	11 457 281	266 063 528	136 036 122
Saarland	518 300 919	23 323 541	541 624 461	276 928 189
Sachsen	2 285 523 817	102 848 572	2 388 372 389	1 221 155 412
Sachsen-Anhalt	1 380 151 344	62 106 810	1 442 258 154	737 414 885
Schleswig-Holstein	1 149 708 782	51 736 895	1 201 445 677	614 289 421
Südbaden*			809 801 227	414 044 793
Südwürttemberg	689 446 199	31 025 079	720 471 278	368 371 115
Thüringen	1 278 258 639	57 521 639	1 335 780 278	682 973 611
Trier	224 565 272	10 105 437	234 670 709	119 985 228
Westfalen-Lippe	3 844 819 384	173 016 872	4 017 836 256	2 054 287 058
Gesamtes Bundesgebiet			37 976 316 922	19 416 982 520

* siehe § 1 Nr. 4

Anlage 3

IV. Zielvereinbarungskonzept

1. Die vergleichende Analyse von Arzneimitteldaten im Bereich der verschiedenen Kassenärztlichen Vereinigungen zeigt, dass die Verordnungsstrukturen regional erheblich voneinander abweichen. Die Empfehlungspartner sprechen sich daher dafür aus, das Verordnungsgeschehen auf der Ebene der Kassenärztlichen Vereinigung strukturiert zu bewerten und die ursächlichen Faktoren für unterschiedliches Verordnungsverhalten zu analysieren. Auf dieser Grundlage entwickeln sie in gemeinsamer Verantwortung für die Steuerung einer wirtschaftlichen und qualitativen Arzneimittelversorgung ein Zielvereinbarungskonzept, das messbare Ziele, ein Frühinformationssystem mit zeitnahen Daten sowie konkrete Maßnahmen zur Gewährleistung der Zielerreichung umfasst.

2. Mit einer an Zielen orientierten Steuerung der Arzneimittelversorgung sollen die Vertragspartner auf der Landesebene die Versorgung der Versicherten bedarfsgerecht und wirtschaftlich gestalten und die Ausgaben in vertretbaren Grenzen halten. Dazu sind entsprechende Kennzahlen notwendig, die den Grad der Zielerreichung widerspiegeln können und zugleich Grundlage für die Weiterentwicklung von Zielvereinbarungen sein können.

3. Folgende Abgrenzungen werden berücksichtigt:

   (1) **Zielebene:** KV-Ebene, kassenartenübergreifend
   (2) **Zeitbezug:** 2002[*]
   (3) **Kennzahlen:** Verordnungsanteile und Durchschnittskosten
   (4) **Zielfelder:** – Wirtschaftlichkeitsziele
                        – Versorgungsziele

   (5) **Wirtschaftlichkeitsziele**

   Ziel 1: Anteile der Zweitanmelder am generikafähigen Markt
   Ziel 2: Anteile der Me-too-Präparate
   Ziel 3: Anteile der kontrovers diskutierten Arzneimittelgruppen
   Ziel 4: Anteile der reimportierten Arzneimittel am reimportfähigen Markt

---

[*] Hinsichtlich des Zeitbezugs angepasst an das Jahr 2002.

(6) **Versorgungsziele**

Ziel 5: Anteile der Spezialpräparate unter Berücksichtigung des regionalen Versorgungsbedarfes

Ziel 6: Anteile an Innovationen – soweit gemeinsam bewertet

(7) **Ausgestaltung der Zielvereinbarung:**

a) Für jede KV werden die genannten Wirtschaftlichkeits- und Versorgungsziele vereinbart.

b) Die Empfehlungspartner gehen davon aus, dass auf der jeweiligen KV-Ebene die Ziele mit dem größten Einsparpotenzial vorrangig angegangen werden.

c) Die Festlegungen der Zielwerte orientieren sich an der Verordnungsstruktur des Bundesdurchschnitts und erfolgen nach folgender Regel: Zielwert ist der Ist-Wert der Kassenärztlichen Vereinigung plus/minus XX Prozentpunkte in Richtung des anzustrebenden Ergebnisses.

(8) **Kennzahlen**

Quelle: vorliegende Auswertungen des GKV-Arzneimittelindexes

Ergänzend: GKV-Arzneimittel-Schnellinformationen jeweils 8 Wochen nach Quartalsende

4. Grundlage der unter 3. festgelegten Abgrenzungen sind für die Kassenärztlichen Vereinigungen für das Jahr 2002 die Jahresauswertung des GKV-Arzneimittelindexes 2001 beziehungsweise die Jahresauswertung der GKV-Arzneimittel-Schnellinformation (GAmSi). Die auf Landesebene vereinbarten Zielwerte sind der KBV und den Spitzenverbänden der Krankenkassen von den regionalen Zielvereinbarungspartnern zu melden.[1, 2]

---

[1] Sollte bei der Zielkontrolle mit Hilfe der GKV-Arzneimittel-Schnellinformation festgestellt werden, dass die zur Zielfestlegung genutzten Daten des GKV-Arzneimittelindex für einzelne KVen unzureichend sind, ist eine Anpassung der Zielvorgaben vorzunehmen.

[2] Hinsichtlich des Zeitbezugs angepasst an das Jahr 2002.

V. Maßnahmen zur Zielerreichung

Zu den Maßnahmen zur Zielerreichung gehören:

1. Die allgemeine Information aller Vertragsärzte im jeweiligen KV-Bereich über die vereinbarten Ziele, die Ist-Situation sowie gezielte Informationen der KV zu den Zielfeldern, die die KV unter Berücksichtigung der regionalen Versorgungssituation vorrangig zu erreichen sucht. Hierzu gehören insbesondere gemeinsame Empfehlungen auf der Grundlage von § 73 Abs. 8 SGB V

   - zum Ausschluss von Arzneimitteln zur Anwendung bei Bagatellerkrankungen von der vertragsärztlichen Versorgung nach § 34 Abs. 1 SGB V bzw. nach Nr. 16.1 der Arzneimittel-Richtlinien (AMR)
   - zum Ausschluss von Verordnungen nach Nr. 17.1 AMR
   - zu Einschränkungen von Verordnungen nach Nr. 17.2 AMR
   - zu Generika
   - zu Schrittinnovationen („Me-too-Präparate"/Analogpräparate)
   - zu gemeinsam bewerteten Innovationen
   - zu den Rahmenbedingungen der Dauermedikation
   - zu kontrovers diskutierten Arzneimittelgruppen
   - zur Entlassungsmedikation nach stationärer Behandlung.

2. Die Verpflichtung der Krankenkassen, Daten zur Frühinformation zeitnah bereitzustellen sowie ihre Versicherten in geeigneter Weise zum wirtschaftlichen Umgang mit Arzneimitteln zu informieren.

3. Das Angebot zur Pharmako-Therapieberatung durch Krankenkassen und KVen – ggf. gemeinsam – nach Maßgabe regionaler Vereinbarungen.

4. Die spezielle Information einzelner Vertragsärzte, ggf. auch kassen- oder kassenartenbezogen, die arztindividuell von den angestrebten Zielwerten besonders negativ abweichen. Hierzu sind die zurzeit verfügbaren Informationen der Krankenkassen zu nutzen.

5. Die Einsetzung gemeinsamer Arbeitsgruppen von KV und Krankenkassen-Verbänden, die die Entwicklung der Arzneimittelversorgung analysiert und begleitet sowie die Maßnahmen festlegt.

Anlage 4

Zielvereinbarungsvolumen für Arzneimittel 2002 nach KVen					
Kassenärztliche Vereinigung	Arzneimittelausgabenvolumen 2002 in DM	Voraussichtliche Ausgaben 2001* in DM	Zielvereinbarungsvolumen		
			in DM	in Prozent	in €
Bayern	5 061 092 423	5 293 563 654	232 471 231	4,39	118 860 653
Berlin	1 793 466 811	1 843 237 660	49 770 849	2,70	25 447 431
Brandenburg**	1 241 000 000	1 314 233 484	73 233 484	5,57	37 443 686
Bremen	345 396 996	357 956 887	12 559 891	3,51	6 421 770
Hamburg	903 598 743	907 057 494	3 458 751	0,38	1 768 431
Hessen	2 570 810 543	2 711 036 573	140 226 030	5,17	71 696 430
Koblenz	658 777 391	696 601 930	37 824 539	5,43	19 339 380
Mecklenburg-Vorpommern	995 194 924	1 054 239 982	59 045 058	5,60	30 189 259
Niedersachsen	3 467 285 066	3 679 635 538	212 350 473	5,77	108 573 073
Nordbaden	1 279 510 392	1 344 404 221	64 893 829	4,83	33 179 688

* Berechnet auf der Grundlage der ABDA-Schnellinformationen
zum Ausgabenvolumen 2002 siehe § 1 Nr. 4
**

			Zielvereinbarungsvolumen		
Kassenärztliche Vereinigung	**Arzneimittelausga-benvolumen 2002 in DM**	**Voraussichtliche Ausgaben 2001* in DM**	**in DM**	**in Prozent**	**in €**
Nordrhein	4 561 581 703	4 692 536 201	130 954 499	2,79	66 955 972
Nord-Württemberg	1 497 584 537	1 589 302 633	91 718 096	5,77	46 894 718
Pfalz**	642 693 435	674 315 332	31 621 897	4,69	16 168 019
Rheinhessen	266 063 528	272 937 897	6 874 369	2,52	3 514 809
Saarland	541 624 461	572 722 516	31 098 055	5,43	15 900 183
Sachsen	2 388 372 389	2 555 215 628	166 843 239	6,53	85 305 593
Sachsen-Anhalt	1 442 258 154	1 554 050 413	111 792 259	7,19	57 158 474
Schleswig-Holstein	1 201 445 677	1 227 888 979	26 443 302	2,15	13 520 246
Südbaden**	809 801 227	832 104 814	22 303 587	2,68	11 403 643
Südwürttemberg	720 471 278	770 111 404	49 640 126	6,45	25 380 594
Thüringen	1 335 780 278	1 408 641 020	72 860 742	5,17	37 253 106

Titel: Zielvereinbarungsvolumen für Arzneimittel 2002 nach KVen

* Berechnet auf der Grundlage der ABDA-Schnellinformationen
** zum Ausgabenvolumen 2002 siehe § 1 Nr. 4

	Zielvereinbarungsvolumen für Arzneimittel 2002 nach KVen				
Kassenärztliche Vereinigung	Arzneimittelausga-benvolumen 2002 in DM	Voraussichtliche Ausgaben 2001* in DM	Zielvereinbarungsvolumen		
			in DM	in Pro-zent	in €
Trier	234 670 709	253 309 626	18 638 918	7,36	9 529 927
Westfalen-Lippe	4 017 836 256	4 206 232 406	188 396 150	4,48	96 325 422
Gesamtes Bun-desgebiet	37 976 316 922	39 811 336 293	1 835 019 372	4,61	938 230 507

* Berechnet auf der Grundlage der ABDA-Schnellinformationen

Rahmenvorgaben gemäß § 84 Abs. 7 SGB V für das Jahr 2002 für Richtgrößenvereinbarungen nach § 84 Abs. 6 Satz 1 SGB V (Arzneimittel)

31. Januar 2002

Vereinbarung zwischen der

Kassenärztliche Bundesvereinigung, K.d.ö.R., Köln
AOK-Bundesverband, K.d.ö.R., Bonn
Bundesverband der Betriebskrankenkassen, K.d.ö.R., Essen
IKK-Bundesverband, K.d.ö.R., Bergisch Gladbach
Bundesverband der landwirtschaftlichen Krankenkassen,
K.d.ö.R., Kassel
die See-Krankenkasse, K.d.ö.R., Hamburg
die Bundesknappschaft, K.d.ö.R., Bochum
der Verband der Angestellten-Krankenkassen e. V., Siegburg
der AEV-Arbeiter-Ersatzkassen-Verband e. V., Siegburg

Vorbemerkungen

(1) Gemäß § 84 Abs. 7 i. d. F. des Gesetzes zur Ablösung des Arznei- und Heilmittelbudgets (Arzneimittelbudget-Ablösungsgesetz – ABAG) vom 19. Dezember 2001 (BGBl. I 2001, S. 3773 ff.) vereinbaren die Kassenärztliche Bundesvereinigung und die Spitzenverbände der Krankenkassen gemeinsam und einheitlich für die Vereinbarung von Richtgrößen durch die Vertragspartner auf der Landesebene die verbindliche Vorgabe der Gliederung von Arztgruppen und das Nähere zum Fallbezug für die Bildung und Anwendung von Richtgrößen ab dem Jahr 2002 sowie eine Empfehlung zur altersgemäßen Gliederung der Patientengruppen.

(2) Die Vereinbarungspartner nehmen Bezug auf die gemeinsame Bundesempfehlung zu Richtgrößen vom 21.02.2000 in der Fassung vom 30.09.2001. Sie sehen darin für die Bildung von Richtgrößen eine maßgebliche Grundstruktur.

§ 1 Festlegung von Gliederungskriterien

(1) Für die bundeseinheitliche Anwendung von Gliederungskriterien ist die einheitliche Definition und die entsprechende Datenlogistik erforderlich. Die Vereinbarungspartner weisen darauf hin, dass die festgelegten Gliederungskriterien den Gestaltungsrahmen für die Richtgrößenvereinbarung nach § 84 Abs. 6 SGB V beschreiben. Abweichungen hiervon sind für das Jahr 2002 und 2003 zulässig[1]. Die Vereinbarungspartner weisen darauf hin, dass Abweichungen hierzu datenlogistisch von der Bundesebene nicht unterstützt werden können.

(2) Die Vereinbarungspartner legen für die Gliederung der Arztgruppen die in der Anlage 1 beschriebenen Arztgruppen fest.

(3) Zur Herstellung des Fallbezugs zur Bildung von Richtgrößen werden kurativ-allgemeine Behandlungsfälle von Vertragsärzten nach Formblatt 3, Abrechnungsposition A-01-69-00, getrennt nach den Versichertengruppen: Mitglieder, Familienangehörige und Rentner herangezogen.

§ 2 Weitere Rahmenvorgaben für das Jahr 2002

(1) Die Vereinbarungspartner beabsichtigen, die Richtgrößenempfehlung vom 21.02.2000 in der Fassung vom 30.09.2001 auf der Grundlage der aktuellen Rechtslage weiter zu entwickeln.

(2) Die Vereinbarungspartner legen für die Gliederung der Altersgruppen die in Anlage 2 beschriebene Gliederung fest. Sie streben an, noch im Jahre 2002 die organisatorischen und datenlogistischen Voraussetzungen zu schaffen, damit die Verordnungsdaten und Fallzahlen entsprechend geliefert werden können. Abweichungen hiervon sind zulässig, bis Satz 2 erfüllt ist. Die Vereinbarungspartner weisen darauf hin, dass Abweichungen hierzu datenlogistisch von der Bundesebene nicht unterstützt werden können.

---

[1] Die Vereinbarungspartner erklären ihre Absicht, in einem schrittweisen Verfahren auf die Konvergenz der regionalen Vertragsstrukturen hinzuwirken.

Anlagen:

Anlage 1: Arztgruppen für Richtgrößen

Anlage 2: Gliederung nach Altersgruppen

Kassenärztliche Bundesvereinigung K.d.ö.R.

AOK-Bundesverband, K.d.ö.R.

Bundesverband der Betriebskrankenkassen, K.d.ö.R.

IKK-Bundesverband, K.d.ö.R.

Bundesverband der landwirtschaftlichen Krankenkassen, K.d.ö.R.

die See-Krankenkasse, K.d.ö.R.

die Bundesknappschaft, K.d.ö.R.

der Verband der Angestellten-Krankenkassen e. V.

der AEV-Arbeiter-Ersatzkassen-Verband e. V.

Köln, Bonn, Essen, Bergisch Gladbach, Kassel, Hamburg, Bochum, Siegburg, den 31.01.2002

Anlage 1

Arztgruppen[1] für Richtgrößen

Gebiet/Schwerpunkt	Nummer der Arzt-gruppe
1. Allgemeinmedizin und Praktischer Arzt	80–99
2. Anästhesiologie	01–03
3. Augenheilkunde	04–06
4. Chirurgie einschließlich Gefäß-, Plastische, Thorax-, Unfall-, Visceral- und Herz-Chirurgie	07–09
5. Frauenheilkunde und Geburtshilfe (Gynäkologie)	10–12
6. Hals-Nasen-Ohrenheilkunde einschließlich Phoniatrie und Pädaudiologie	13–15
7. Haut- und Geschlechtskrankheiten	16–18
8. Innere Medizin einschließlich Angiologie, Endokrinologie, Gastroenterologie, Hämatologie und Internistische Onkologie, Kardiologie, Nephrologie, Pneumologie und Rheumatologie	19–22
9. Kinderheilkunde	23–25
10. Mund-Kiefer-Gesichts-Chirurgie	35–37
11. Nervenheilkunde (Neurologie und Psychiatrie), Neurologie, Psychiatrie und Psychotherapie einschließlich Kinder- und Jugendpsychiatrie und -psychotherapie	38–40
12. Orthopädie einschließlich orthopädischer Rheumatologie	44–46
13. Urologie	56–58

---

[1] Die siebenstellige Arztnummer enthält ein Regionalkennzeichen (1. und 2. Stelle) sowie eine Kennzeichnung der Gebiete und Schwerpunkte nach der Weiterbildungsordnung Ärzte (3. und 4. Stelle). Die Stellen 5 bis 7 dienen der persönlichen Identifizierung innerhalb einer Kassenärztlichen Vereinigung.
Weitere Untergliederungen sind nur möglich, wenn die Arztnummer in der 3. und 4. Stelle entsprechend eindeutig differenziert ist.

Anlage 2

Gliederung nach Altersgruppen	
I.	0–15 Jahre
II.	16–49 Jahre
III.	50–64 Jahre
IV.	> 65 Jahre

Viertes Sozialgesetzbuch (SGB IV)

§ 76 Erhebung der Einnahmen

(1) Einnahmen sind rechtzeitig und vollständig zu erheben.

(2) [1]Der Versicherungsträger darf Ansprüche nur

1. stunden, wenn die sofortige Einziehung mit erheblichen Härten für die Anspruchsgegner verbunden wäre und der Anspruch durch die Stundung nicht gefährdet wird. [2]Die Stundung soll gegen angemessene Verzinsung und in der Regel nur gegen Sicherheitsleistung gewährt werden;
2. niederschlagen, wenn feststeht, dass die Einziehung keinen Erfolg haben wird, oder wenn die Kosten der Einziehung außer Verhältnis zur Höhe des Anspruchs stehen;
3. erlassen, wenn deren Einziehung nach Lage des einzelnen Falles unbillig wäre; unter den gleichen Voraussetzungen können bereits entrichtete Beiträge erstattet oder angerechnet werden.

(3) [1]Für Ansprüche auf den Gesamtsozialversicherungsbeitrag trifft die Entscheidung nach Absatz 2 die zuständige Einzugsstelle. [2]Hat die Einzugsstelle einem Schuldner für länger als zwei Monate Beitragsansprüche gestundet, deren Höhe die Bezugsgröße übersteigt, ist sie verpflichtet, bei der nächsten Monatsabrechnung die zuständigen Träger der Rentenversicherung und die Bundesagentur für Arbeit über die Höhe der auf sie entfallenden Beitragsansprüche und über den Zeitraum, für den die Beitragsansprüche gestundet sind, zu unterrichten. [3]Die Einzugsstelle darf

1. eine weitere Stundung der Beitragsansprüche sowie
2. die Niederschlagung von Beitragsansprüchen, deren Höhe insgesamt die Bezugsgröße übersteigt, und
3. den Erlass von Beitragsansprüchen, deren Höhe insgesamt den Betrag von einem Sechstel der Bezugsgröße übersteigt,

nur im Einvernehmen mit den beteiligten Trägern der Rentenversicherung und der Bundesagentur für Arbeit vornehmen.

(4) [1]Die Einzugsstelle kann einen Vergleich über rückständige Beitragsansprüche schließen, wenn dies für die Einzugsstelle, die beteiligten Träger der Rentenversicherung und die Bundesagentur für Arbeit wirtschaftlich und zweckmäßig ist. [2]Die Einzugsstelle darf den Vergleich über rückständige Beitragsansprüche, deren Höhe die Bezugs-

größe insgesamt übersteigt, nur im Einvernehmen mit den beteiligten Trägern der Rentenversicherung und der Bundesagentur für Arbeit schließen. [3]Der Träger der Unfallversicherung kann einen Vergleich über rückständige Beitragsansprüche schließen, wenn dies wirtschaftlich und zweckmäßig ist. [4]Für die Träger der Rentenversicherung gilt Satz 3, soweit es sich nicht um Ansprüche aus dem Gesamtsozialversicherungsbeitrag handelt.

(5) Die Bundesagentur für Arbeit kann einen Vergleich abschließen, wenn dies wirtschaftlich und zweckmäßig ist.

Die wichtigsten Regelungen des Fünften Buches des Sozialgesetzbuches (SGB V)

§ 2 Leistungen

(1) [1]Die Krankenkassen stellen den Versicherten die im Dritten Kapitel genannten Leistungen unter Beachtung des Wirtschaftlichkeitsgebots (§ 12) zur Verfügung, soweit diese Leistungen nicht der Eigenverantwortung der Versicherten zugerechnet werden. [2]Behandlungsmethoden, Arznei- und Heilmittel der besonderen Therapierichtungen sind nicht ausgeschlossen. [3]Qualität und Wirksamkeit der Leistungen haben dem allgemein anerkannten Stand der medizinischen Erkenntnisse zu entsprechen und den medizinischen Fortschritt zu berücksichtigen.

(2) [1]Die Versicherten erhalten die Leistungen als Sach- und Dienstleistungen, soweit dieses oder das Neunte Buch nichts Abweichendes vorsehen. [2]Die Leistungen können auf Antrag auch als Teil eines trägerübergreifenden Persönlichen Budgets erbracht werden; § 17 Abs. 2 bis 4 des Neunten Buches in Verbindung mit der Budgetverordnung und § 159 des Neunten Buches finden Anwendung. [3]Über die Erbringung der Sach- und Dienstleistungen schließen die Krankenkassen nach den Vorschriften des Vierten Kapitels Verträge mit den Leistungserbringern.

(3) [1]Bei der Auswahl der Leistungserbringer ist ihre Vielfalt zu beachten. [2]Den religiösen Bedürfnissen der Versicherten ist Rechnung zu tragen.

(4) Krankenkassen, Leistungserbringer und Versicherte haben darauf zu achten, dass die Leistungen wirksam und wirtschaftlich erbracht und nur im notwendigen Umfang in Anspruch genommen werden.

§ 12 Wirtschaftlichkeitsgebot

(1) [1]Die Leistungen müssen ausreichend, zweckmäßig und wirtschaftlich sein; sie dürfen das Maß des Notwendigen nicht überschreiten. [2]Leistungen, die nicht notwendig oder unwirtschaftlich sind, können Versicherte nicht beanspruchen, dürfen die Leistungserbringer nicht bewirken und die Krankenkassen nicht bewilligen.

(2) Ist für eine Leistung ein Festbetrag festgesetzt, erfüllt die Krankenkasse ihre Leistungspflicht mit dem Festbetrag.

(3) Hat die Krankenkasse Leistungen ohne Rechtsgrundlage oder entgegen geltendem Recht erbracht und hat ein Vorstandsmitglied hiervon gewusst oder hätte es hiervon wissen müssen, hat die zuständige Aufsichtsbehörde nach Anhörung des Vorstandsmitglieds den Verwaltungsrat zu veranlassen, das Vorstandsmitglied auf Ersatz des aus der Pflichtverletzung entstandenen Schadens in Anspruch zu nehmen, falls der Verwaltungsrat das Regressverfahren nicht bereits von sich aus eingeleitet hat.

§ 27 Krankenbehandlung

(1) [1]Versicherte haben Anspruch auf Krankenbehandlung, wenn sie notwendig ist, um eine Krankheit zu erkennen, zu heilen, ihre Verschlimmerung zu verhüten oder Krankheitsbeschwerden zu lindern. [2]Die Krankenbehandlung umfasst

1. Ärztliche Behandlung einschließlich Psychotherapie als ärztliche und psychotherapeutische Behandlung,
2. zahnärztliche Behandlung [bis 31.12.2004: einschließlich der Versorgung mit Zahnersatz],
2 a. Versorgung mit Zahnersatz einschließlich Zahnkronen und Suprakonstruktionen [ab 01.01.2005],
3. Versorgung mit Arznei-, Verband-, Heil- und Hilfsmitteln,
4. häusliche Krankenpflege und Haushaltshilfe,
5. Krankenhausbehandlung,
6. Leistungen zur medizinischen Rehabilitation und ergänzende Leistungen.

[3]Bei der Krankenbehandlung ist den besonderen Bedürfnissen psychisch Kranker Rechnung zu tragen, insbesondere bei der Versorgung mit Heilmitteln und bei der medizinischen Rehabilitation. [4]Zur Krankenbehandlung gehören auch Leistungen zur Herstellung der Zeugungs- oder Empfängnisfähigkeit, wenn diese Fähigkeit nicht vorhanden war oder durch Krankheit oder wegen einer durch Krankheit erforderlichen Sterilisation verloren gegangen war.

(2) Versicherte, die sich nur vorübergehend im Inland aufhalten, Ausländer, denen eine Aufenthaltserlaubnis nach § 25 Abs. 4 und 5 des Aufenthaltsgesetzes erteilt wurde, sowie

1. Asyl suchende Ausländer, deren Asylverfahren noch nicht unanfechtbar abgeschlossen ist,
2. Vertriebene im Sinne des § 1 Abs. 2 Nr. 2 und 3 des Bundesvertriebenengesetzes sowie Spätaussiedler im Sinne des § 4 des Bun-

desvertriebenengesetzes, ihre Ehegatten, Lebenspartner und Abkömmlinge im Sinne des § 7 Abs. 2 des Bundesvertriebenengesetzes haben Anspruch auf Versorgung mit Zahnersatz, wenn sie unmittelbar vor Inanspruchnahme mindestens ein Jahr lang Mitglied einer Krankenkasse (§ 4) oder nach § 10 versichert waren oder wenn die Behandlung aus medizinischen Gründen ausnahmsweise unaufschiebbar ist.

§ 70 Qualität, Humanität und Wirtschaftlichkeit

(1) [1]Die Krankenkassen und die Leistungserbringer haben eine bedarfsgerechte und gleichmäßige, dem allgemein anerkannten Stand der medizinischen Erkenntnisse entsprechende Versorgung der Versicherten zu gewährleisten. [2]Die Versorgung der Versicherten muss ausreichend und zweckmäßig sein, darf das Maß des Notwendigen nicht überschreiten und muss in der fachlich gebotenen Qualität sowie wirtschaftlich erbracht werden.

(2) Die Krankenkassen und die Leistungserbringer haben durch geeignete Maßnahmen auf eine humane Krankenbehandlung ihrer Versicherten hinzuwirken.

§ 72 Sicherstellung der vertragsärztlichen und vertragszahnärztlichen Versorgung

(1) [1]Ärzte, Zahnärzte, Psychotherapeuten, medizinische Versorgungszentren und Krankenkassen wirken zur Sicherstellung der vertragsärztlichen Versorgung der Versicherten zusammen. [2]Soweit sich die Vorschriften dieses Kapitels auf Ärzte beziehen, gelten sie entsprechend für Zahnärzte, Psychotherapeuten und medizinische Versorgungszentren, sofern nichts Abweichendes bestimmt ist.

(2) Die vertragsärztliche Versorgung ist im Rahmen der gesetzlichen Vorschriften und der Richtlinien des Gemeinsamen Bundesausschusses durch schriftliche Verträge der Kassenärztlichen Vereinigungen mit den Verbänden der Krankenkassen so zu regeln, dass eine ausreichende, zweckmäßige und wirtschaftliche Versorgung der Versicherten unter Berücksichtigung des allgemein anerkannten Standes der medizinischen Erkenntnisse gewährleistet ist und die ärztlichen Leistungen angemessen vergütet werden.

(3) Für die knappschaftliche Krankenversicherung gelten die Absätze 1 und 2 entsprechend, soweit das Verhältnis zu den Ärzten nicht

durch die Bundesknappschaft nach den örtlichen Verhältnissen geregelt ist.

§ 73 Kassenärztliche Versorgung

(1) [1]Die vertragsärztliche Versorgung gliedert sich in die hausärztliche und die fachärztliche Versorgung. [2]Die hausärztliche Versorgung beinhaltet insbesondere

1. die allgemeine und fortgesetzte ärztliche Betreuung eines Patienten in Diagnostik und Therapie bei Kenntnis seines häuslichen und familiären Umfeldes; Behandlungsmethoden, Arznei- und Heilmittel der besonderen Therapierichtungen sind nicht ausgeschlossen,
2. die Koordination diagnostischer, therapeutischer und pflegerischer Maßnahmen,
3. die Dokumentation, insbesondere Zusammenführung, Bewertung und Aufbewahrung der wesentlichen Behandlungsdaten, Befunde und Berichte aus der ambulanten und stationären Versorgung,
4. die Einleitung oder Durchführung präventiver und rehabilitativer Maßnahmen sowie die Integration nichtärztlicher Hilfen und flankierender Dienste in die Behandlungsmaßnahmen.

(1a) [1]An der hausärztlichen Versorgung nehmen

1. Allgemeinärzte,
2. Kinderärzte,
3. Internisten ohne Schwerpunktbezeichnung, die die Teilnahme an der hausärztlichen Versorgung gewählt haben,
4. Ärzte, die nach § 95a Abs. 4 und 5 Satz 1 in das Arztregister eingetragen sind und
5. Ärzte, die am 31. Dezember 2000 an der hausärztlichen Versorgung teilgenommen haben,

teil (Hausärzte).

[2]Die übrigen Fachärzte nehmen an der fachärztlichen Versorgung teil. [3]Der Zulassungsausschuss kann für Kinderärzte und Internisten ohne Schwerpunktbezeichnung eine von Satz 1 abweichende befristete Regelung treffen, wenn eine bedarfsgerechte Versorgung nicht gewährleistet ist. [4]Kinderärzte mit Schwerpunktbezeichnung können auch an der fachärztlichen Versorgung teilnehmen. [5]Der Zulassungsausschuss kann Allgemeinärzten und Ärzten ohne Gebietsbezeichnung, die im Wesentlichen spezielle Leistungen erbringen, auf deren Antrag die Genehmigung zur ausschließlichen Teilnahme an der fachärztlichen Versorgung erteilen.

(1 b) [1]Ein Hausarzt darf mit schriftlicher Einwilligung des Versicherten, die widerrufen werden kann, bei Leistungserbringern, die einen seiner Patienten behandeln, die den Versicherten betreffenden Behandlungsdaten und Befunde zum Zwecke der Dokumentation und der weiteren Behandlung erheben. [2]Die einen Versicherten behandelnden Leistungserbringer sind verpflichtet, den Versicherten nach dem von ihm gewählten Hausarzt zu fragen und diesem mit schriftlicher Einwilligung des Versicherten, die widerrufen werden kann, die in Satz 1 genannten Daten zum Zwecke der bei diesem durchzuführenden Dokumentation und der weiteren Behandlung zu übermitteln; die behandelnden Leistungserbringer sind berechtigt, mit schriftlicher Einwilligung des Versicherten, die widerrufen werden kann, die für die Behandlung erforderlichen Behandlungsdaten und Befunde bei dem Hausarzt und anderen Leistungserbringern zu erheben und für die Zwecke der von ihnen zu erbringenden Leistungen zu verarbeiten und zu nutzen. [3]Der Hausarzt darf die ihm nach den Sätzen 1 und 2 übermittelten Daten nur zu dem Zweck verarbeiten und nutzen, zu dem sie ihm übermittelt worden sind; er ist berechtigt und verpflichtet, die für die Behandlung erforderlichen Daten und Befunde an die den Versicherten auch behandelnden Leistungserbringer mit dessen schriftlicher Einwilligung, die widerrufen werden kann, zu übermitteln. [4]§ 276 Abs. 2 Satz 1 Halbsatz 2 bleibt unberührt. [5]Bei einem Hausarztwechsel ist der bisherige Hausarzt des Versicherten verpflichtet, dem neuen Hausarzt die bei ihm über den Versicherten gespeicherten Unterlagen mit dessen Einverständnis vollständig zu übermitteln; der neue Hausarzt darf die in diesen Unterlagen enthaltenen personenbezogenen Daten erheben.

(1 c) [1]Die Spitzenverbände der Krankenkassen vereinbaren mit der Kassenärztlichen Bundesvereinigung gemeinsam und einheitlich das Nähere, insbesondere über Inhalt und Umfang der hausärztlichen Versorgung. [2]Die Vertragsparteien regeln die Bedingungen, zu denen Kinderärzte und Internisten ohne Teilgebietsbezeichnung bis zum 31. Dezember 1995 sowohl an der hausärztlichen als auch an der fachärztlichen Versorgung teilnehmen können.

(2) [1]Die vertragsärztliche Versorgung umfasst die

1. ärztliche Behandlung,
2. zahnärztliche Behandlung und kieferorthopädische Behandlung nach Maßgabe des § 28 Abs. 2,
2 a. Versorgung mit Zahnersatz einschließlich Zahnkronen und Suprakonstruktionen, soweit sie § 56 Abs. 2 entspricht,
3. Maßnahmen zur Früherkennung von Krankheiten,

4. ärztliche Betreuung bei Schwangerschaft und Mutterschaft,
5. Verordnung von Leistungen zur medizinischen Rehabilitation,
6. Anordnung der Hilfeleistung anderer Personen,
7. Verordnung von Arznei-, Verband-, Heil- und Hilfsmitteln, Krankentransporten sowie Krankenhausbehandlung oder Behandlung in Vorsorge- oder Rehabilitationseinrichtungen,
8. Verordnung häuslicher Krankenpflege,
9. Ausstellung von Bescheinigungen und Erstellung von Berichten, die die Krankenkassen oder der Medizinische Dienst (§ 275) zur Durchführung ihrer gesetzlichen Aufgaben oder die die Versicherten für den Anspruch auf Fortzahlung des Arbeitsentgelts benötigen,
10. medizinischen Maßnahmen zur Herbeiführung einer Schwangerschaft nach § 27a Abs. 1,
11. ärztlichen Maßnahmen nach den §§ 24a und 24b,
12. Verordnung von Soziotherapie.

[2]Die Nummern 2 bis 8, 10 bis 12 sowie 9, soweit sich diese Regelung auf die Feststellung und die Bescheinigung von Arbeitsunfähigkeit bezieht, gelten nicht für Psychotherapeuten.

(3) In den Gesamtverträgen ist zu vereinbaren, inwieweit Maßnahmen zur Vorsorge und Rehabilitation, soweit sie nicht zur kassenärztlichen Versorgung nach Absatz 2 gehören, Gegenstand der vertragsärztlichen Versorgung sind.

(4) [1]Krankenhausbehandlung darf nur verordnet werden, wenn eine ambulante Versorgung der Versicherten zur Erzielung des Heil- oder Linderungserfolges nicht ausreicht. [2]Die Notwendigkeit der Krankenhausbehandlung ist bei der Verordnung zu begründen. [3]In der Verordnung von Krankenhausbehandlung sind in den geeigneten Fällen auch die beiden nächsterreichbaren, für die vorgesehene Krankenhausbehandlung geeigneten Krankenhäuser anzugeben. [4]Das Verzeichnis nach § 39 Abs. 3 ist zu berücksichtigen.

(5) [1]Der an der kassenärztlichen Versorgung teilnehmende Arzt und die ermächtigte ärztlich geleitete Einrichtung sollen bei der Verordnung von Arzneimitteln die Preisvergleichsliste nach § 92 Abs. 2 beachten. [2]Sie können auf dem Verordnungsblatt oder in dem elektronischen Verordnungsdatensatz ausschließen, dass die Apotheken ein preisgünstigeres wirkstoffgleiches Arzneimittel anstelle des verordneten Mittels abgeben. [3]Verordnet der Arzt ein Arzneimittel, dessen Preis den Festbetrag nach § 35 oder § 35a überschreitet, hat der Arzt

den Versicherten über die sich aus seiner Verordnung ergebende Pflicht zur Übernahme der Mehrkosten hinzuweisen.

(6) Zur kassenärztlichen Versorgung gehören Maßnahmen zur Früherkennung von Krankheiten nicht, wenn sie im Rahmen der Krankenhausbehandlung oder der stationären Entbindung durchgeführt werden, es sei denn, die ärztlichen Leistungen werden von einem Belegarzt erbracht.

(7) Über die Erbringung der ärztlichen Leistungen nach § 135 Abs. 1 Satz 4, die von einer Krankenkasse nach § 56 Abs. 1 oder 2 als Satzungsleistung vorgesehen sind, schließen die Partner der Gesamtverträge Vereinbarungen.

(8) [1]Zur Sicherung der wirtschaftlichen Verordnungsweise haben die Kassenärztlichen Vereinigungen und die Kassenärztlichen Bundesvereinigungen sowie die Krankenkassen und ihre Verbände die Vertragsärzte auch vergleichend über preisgünstige verordnungsfähige Leistungen, einschließlich der jeweiligen Preise und Entgelte zu informieren sowie nach dem allgemeinen anerkannten Stand der medizinischen Erkenntnisse Hinweise zu Indikation und therapeutischem Nutzen zu geben. [2]Die Informationen und Hinweise für die Verordnung von Arznei-, Verband- und Heilmitteln erfolgen insbesondere auf der Grundlage der Hinweise nach § 92 Abs. 2 Satz 3, der Rahmenvorgaben nach § 84 Abs. 7 Satz 1 und der getroffenen Arzneimittelvereinbarungen nach § 84 Abs. 1. [3]In den Informationen und Hinweisen sind Handelsbezeichnung, Indikationen und Preise sowie weitere für die Verordnung von Arzneimitteln bedeutsame Angaben insbesondere auf Grund der Richtlinien nach § 92 Abs. 1 Satz 2 Nr. 6 in einer Weise anzugeben, die unmittelbar einen Vergleich ermöglichen; dafür können Arzneimittel ausgewählt werden, die einen maßgeblichen Anteil an der Versorgung der Versicherten im Indikationsgebiet haben. [4]Die Kosten der Arzneimittel je Tagesdosis sind nach den Angaben der anatomisch-therapeutisch-chemischen Klassifikation anzugeben. [5]Es gilt die vom Deutschen Institut für medizinische Dokumentation und Information im Auftrage des Bundesministeriums für Gesundheit und Soziale Sicherung herausgegebene Klassifikation in der jeweils gültigen Fassung. [6]Die Übersicht ist für einen Stichtag zu erstellen und in geeigneten Zeitabständen, im Regelfall jährlich, zu aktualisieren.

§ 73a Strukturverträge

(1) [1]Die Kassenärztlichen Vereinigungen können mit den Landesverbänden der Krankenkassen und den Verbänden der Ersatzkassen in

den Verträgen nach § 83 Versorgungs- und Vergütungsstrukturen vereinbaren, die dem vom Versicherten gewählten Hausarzt oder einem von ihm gewählten Verbund haus- und fachärztlich tätiger Vertragsärzte (vernetzte Praxen) Verantwortung für die Gewährleistung der Qualität und Wirtschaftlichkeit der vertragsärztlichen Versorgung sowie der ärztlich verordneten oder veranlassten Leistungen insgesamt oder für inhaltlich definierte Teilbereiche dieser Leistungen übertragen; § 71 Abs. 1 gilt. [2]Sie können für nach Satz 1 bestimmte Leistungen ein Budget vereinbaren. [3]Das Budget umfasst Aufwendungen für die von beteiligten Vertragsärzten erbrachten Leistungen; in die Budgetverantwortung können die veranlassten Ausgaben für Arznei-, Verband- und Heilmittel sowie weitere Leistungsbereiche einbezogen werden. [4]Für die Vergütung der vertragsärztlichen Leistungen können die Vertragspartner von den nach § 87 getroffenen Leistungsbewertungen abweichen. [5]Die Teilnahme von Versicherten und Vertragsärzten ist freiwillig.

(2) [1]Die Vertragspartner der Verträge nach § 82 Abs. 1 können Rahmenvereinbarungen zum Inhalt und zur Durchführung der Vereinbarungen nach Absatz 1 treffen, die von den Vertragspartnern nach Absatz 1 unter Berücksichtigung regionaler Bedürfnisse ausgestaltet werden können. [2]Sie schaffen in den Bestimmungen der Bundesmantelverträge die Voraussetzungen zur Durchführung der Verträge nach Absatz 1.

§ 73b Hausarztzentrierte Versorgung

(1) [1]Versicherte können sich gegenüber ihrer Krankenkasse schriftlich verpflichten, ambulante fachärztliche Leistungen nur auf Überweisung des von ihnen aus dem Kreis der Hausärzte nach Absatz 2 gewählten Hausarztes in Anspruch zu nehmen (hausarztzentrierte Versorgung). [2]Der Versicherte ist an diese Verpflichtung und an die Wahl seines Hausarztes mindestens ein Jahr gebunden; er soll den gewählten Hausarzt nur bei Vorliegen eines wichtigen Grundes wechseln.

(2) [1]Die Krankenkassen haben zur Sicherstellung der hausarztzentrierten Versorgung mit besonders qualifizierten Hausärzten Verträge zu schließen. [2]Die Verträge können abgeschlossen werden mit

1. zugelassenen Hausärzten, die die Qualitätsanforderungen nach Absatz 3 erfüllen, und Gemeinschaften dieser Hausärzte sowie
2. zugelassenen medizinischen Versorgungszentren, die die Erbringung der hausärztlichen Leistungen unter Beachtung der Qualitätsanforderungen nach Absatz 3 gewährleisten.

[3]Ein Anspruch auf Vertragsschluss besteht nicht; die Aufforderung zur Abgabe eines Angebots ist unter Bekanntgabe objektiver Auswahlkriterien öffentlich auszuschreiben.

(3) [1]In den Gesamtverträgen ist das Nähere über den Inhalt der hausarztzentrierten Versorgung, insbesondere die die Anforderungen nach § 73 Abs. 1b und 1c übersteigenden besonderen sächlichen und personellen Anforderungen an eine hausarztzentrierte Versorgung zu vereinbaren. [2]Dabei sind außerdem Regelungen zu treffen, wie diese hausarztzentrierte Versorgung zu vergüten ist, sowie ob und wie diese Vergütung auf die in den Gesamtverträgen nach § 85 oder § 85a vereinbarten Vergütungen anzurechnen ist. [3]Bundesmantelvertragliche Regelungen sind möglich.

(4) Das Nähere zur Durchführung der Teilnahme der Versicherten regeln die Krankenkassen in ihren Satzungen.

§ 73c Förderung der Qualität in der vertragsärztlichen Versorgung

(1) [1]In den Gesamtverträgen sollen Versorgungsaufträge vereinbart werden, deren Durchführung bestimmte qualitative oder organisatorische Anforderungen an die Vertragsärzte stellt. [2]Dabei sind außerdem Regelungen zu treffen, wie die Erfüllung dieser besonderen Versorgungsaufträge zu vergüten ist sowie ob und wie diese Vergütung auf die in den Gesamtverträgen nach § 85 oder § 85a vereinbarten Vergütungen anzurechnen ist. [3]Bundesmantelvertragliche Regelungen sind möglich.

(2) [1]In den Verträgen nach Absatz 1 ist zu regeln, ob Vertragsärzte, die der Kassenärztlichen Vereinigung nachweisen, dass sie die vereinbarten Anforderungen erfüllen, einen Anspruch auf Durchführung der Versorgungsaufträge im Rahmen der vertragsärztlichen Versorgung haben. [2]Wird keine Vereinbarung nach Satz 1 geschlossen, können Krankenkassen mit Vertragsärzten Verträge zur Durchführung der nach Absatz 1 gesamtvertraglich vereinbarten Versorgungsaufträge schließen. [3]Die Aufforderung zur Abgabe eines Angebots ist unter Bekanntgabe objektiver Auswahlkriterien öffentlich auszuschreiben.

§ 81a Stellen zur Bekämpfung von Fehlverhalten im Gesundheitswesen

(1) [1]Die Kassenärztlichen Vereinigungen und die Kassenärztlichen Bundesvereinigungen richten organisatorische Einheiten ein, die Fäl-

len und Sachverhalten nachzugehen haben, die auf Unregelmäßigkeiten oder auf rechtswidrige oder zweckwidrige Nutzung von Finanzmitteln im Zusammenhang mit den Aufgaben der jeweiligen Kassenärztlichen Vereinigung oder Kassenärztlichen Bundesvereinigung hindeuten. [2]Sie nehmen Kontrollbefugnisse nach § 67c Abs. 3 des Zehnten Buches wahr.

(2) [1]Jede Person kann sich in den Angelegenheiten des Absatzes 1 an die Kassenärztlichen Vereinigungen und Kassenärztlichen Bundesvereinigungen wenden. [2]Die Einrichtungen nach Absatz 1 gehen den Hinweisen nach, wenn sie auf Grund der einzelnen Angaben oder der Gesamtumstände glaubhaft erscheinen.

(3) Die Kassenärztlichen Vereinigungen und die Kassenärztlichen Bundesvereinigungen haben zur Erfüllung der Aufgaben nach Absatz 1 untereinander und mit den Krankenkassen und ihren Verbänden zusammenzuarbeiten.

(4) Die Kassenärztlichen Vereinigungen und die Kassenärztlichen Bundesvereinigungen sollen die Staatsanwaltschaft unverzüglich unterrichten, wenn die Prüfung ergibt, dass ein Anfangsverdacht auf strafbare Handlungen mit nicht nur geringfügiger Bedeutung für die gesetzliche Krankenversicherung bestehen könnte.

(5) [1]Der Vorstand hat der Vertreterversammlung im Abstand von zwei Jahren, erstmals bis zum 31. Dezember 2005, über die Arbeit und Ergebnisse der organisatorischen Einheiten nach Absatz 1 zu berichten. [2]Der Bericht ist der zuständigen Aufsichtsbehörde zuzuleiten.

§ 82[1] Grundsätze

(1) [1]Den allgemeinen Inhalt der Gesamtverträge vereinbaren die Kassenärztlichen Bundesvereinigungen mit den Spitzenverbänden der Krankenkassen in Bundesmantelverträgen. [2]Der Inhalt der Bundesmantelverträge ist Bestandteil der Gesamtverträge.

---

[1] Gemäß Art. 2 des Gesetzes vom 14.11.2003 (BGBl. I S. 2190) wird § 82 Abs. 3 mit Wirkung zum 01.01.2007 wie folgt gefasst:
„(3) Die Kassenärztlichen Bundesvereinigungen können mit den Verbänden der Ersatzkassen für nicht bundesunmittelbare Ersatzkassen, der Bundesknappschaft, der See-Krankenkasse und dem Bundesverband der landwirtschaftlichen Krankenkassen von § 83 Satz 1 abweichende Verfahren zur Vereinbarung der Gesamtverträge, von § 85 Abs. 1 und § 85a Abs. 2 abweichende Verfahren zur Entrichtung der in den Gesamtverträgen vereinbarten Vergütungen sowie von § 291 Abs. 2 Nr. 1 abweichende Kennzeichen vereinbaren."

(2) [1]Die Vergütungen der an der vertragsärztlichen Versorgung teilnehmenden Ärzte und ärztlich geleiteten Einrichtungen werden von den Landesverbänden der Krankenkassen und den Verbänden der Ersatzkassen mit den Kassenärztlichen Vereinigungen durch Gesamtverträge geregelt. [2]Die Verhandlungen können auch von allen Kassenarten gemeinsam geführt werden.

(3) Die Kassenärztlichen Bundesvereinigungen können mit den Verbänden der Ersatzkassen für nicht bundesunmittelbare Ersatzkassen, der Bundesknappschaft, der See-Krankenkasse und dem Bundesverband der landwirtschaftlichen Krankenkassen von § 83 Satz 1 und von § 85 Abs. 1 abweichende Verfahren zur Vereinbarung der Gesamtverträge und zur Entrichtung der Gesamtvergütungen sowie von § 291 Abs. 2 Nr. 1 abweichende Kennzeichen vereinbaren.

§ 83[1] Gesamtverträge

[1]Die Kassenärztlichen Vereinigungen schließen mit den für ihren Bezirk zuständigen Landesverbänden der Krankenkassen und den Verbänden der Ersatzkassen Gesamtverträge mit Wirkung für die Krankenkassen der jeweiligen Kassenart über die vertragsärztliche Versorgung der Mitglieder mit Wohnort in ihrem Bezirk einschließlich der mitversicherten Familienangehörigen. [2]Sofern sich der Bezirk einer Krankenkasse nicht über mehr als ein Land erstreckt, schließen abweichend von Satz 1 die für den Bezirk zuständigen Kassenärztlichen Vereinigungen mit dem für die Krankenkasse zuständigen Landesverband oder dem für die Ersatzkasse zuständigen Verband Gesamtverträge über die vertragsärztliche Versorgung der Mitglieder einschließlich der mitversicherten Familienangehörigen. [3]Für die Bundesknappschaft gilt Satz 1 entsprechend, soweit die ärztliche Versorgung durch die Kassenärztliche Vereinigung sichergestellt wird. [4]§ 82 Abs. 2 Satz 2 gilt entsprechend.

§ 84 Arznei- und Heilmittelbudget; Richtgrößen

(1) [1]Die Landesverbände der Krankenkassen und die Verbände der Ersatzkassen gemeinsam und einheitlich und die Kassenärztliche Vereinigung treffen zur Sicherstellung der vertragsärztlichen Versorgung mit Arznei- und Verbandmitteln bis zum 30. November für das jeweils folgende Kalenderjahr eine Arzneimittelvereinbarung. [2]Die Vereinbarung umfasst

---

1 Gemäß Art. 2 des Gesetzes vom 14.11.2003 (BGBl. I S. 2190) wird § 83 Satz 2 mit Wirkung zum 01.01.2006 aufgehoben.

1. ein Ausgabenvolumen für die insgesamt von den Vertragsärzten nach § 31 veranlassten Leistungen,
2. Versorgungs- und Wirtschaftlichkeitsziele und konkrete, auf die Umsetzung dieser Ziele ausgerichtete Maßnahmen (Zielvereinbarungen), insbesondere zur Information und Beratung und
3. Kriterien für Sofortmaßnahmen zur Einhaltung des vereinbarten Ausgabenvolumens innerhalb des laufenden Kalenderjahres.

(2) Bei der Anpassung des Ausgabenvolumens nach Absatz 1 Nr. 1 sind insbesondere zu berücksichtigen

1. Veränderungen der Zahl und Altersstruktur der Versicherten,
2. Veränderungen der Preise der Arznei- und Verbandmittel,
3. Veränderungen der gesetzlichen Leistungspflicht der Krankenkassen,
4. Änderungen der Richtlinien des Gemeinsamen Bundesausschusses nach § 92 Abs. 1 Nr. 6,
5. der wirtschaftliche und qualitätsgesicherte Einsatz innovativer Arzneimittel,
6. Veränderungen der sonstigen indikationsbezogenen Notwendigkeit und Qualität bei der Arzneimittelverordnung auf Grund von getroffenen Zielvereinbarungen nach Absatz 1 Nr. 2,
7. Veränderungen des Verordnungsumfangs von Arznei- und Verbandmitteln auf Grund von Verlagerungen zwischen den Leistungsbereichen und
8. Ausschöpfung von Wirtschaftlichkeitsreserven entsprechend den Zielvereinbarungen nach Absatz 1 Nr. 2.

(3) [1]Überschreitet das tatsächliche, nach Absatz 5 Satz 1 bis 3 festgestellte Ausgabenvolumen für Arznei- und Verbandmittel das nach Absatz 1 Nr. 1 vereinbarte Ausgabenvolumen, ist diese Überschreitung Gegenstand der Gesamtverträge. [2]Die Vertragsparteien haben dabei die Ursachen der Überschreitung, insbesondere auch die Erfüllung der Zielvereinbarungen nach Absatz 1 Nr. 2 zu berücksichtigen. [3]Bei Unterschreitung des nach Absatz 1 Nr. 1 vereinbarten Ausgabenvolumens kann diese Unterschreitung Gegenstand der Gesamtverträge werden.

(4) Werden die Zielvereinbarungen nach Absatz 1 Nr. 2 erfüllt, entrichten die beteiligten Krankenkassen auf Grund einer Regelung der Parteien der Gesamtverträge auch unabhängig von der Einhaltung des vereinbarten Ausgabenvolumens nach Absatz 1 Nr. 1 einen vereinbarten Bonus an die Kassenärztliche Vereinigung.

(4a) [1]In der Vereinbarung nach Absatz 1 kann ein Betrag als Vomhundertsatz der in den Gesamtverträgen vereinbarten Vergütungen bestimmt werden, der für zwischen den Vertragspartnern abgestimmte Maßnahmen zur Information und Beratung der Vertragsärzte über Qualität und Wirtschaftlichkeit der Arznei- und Heilmittelversorgung verwendet wird. [2]Aus dem Betrag nach Satz 1 sollen auch Bonuszahlungen an die Vertragsärzte verteilt werden, bei denen die Schnellinformationen nach Absatz 5 Satz 4 anzeigen, dass das Richtgrößenvolumen nach Absatz 6 Satz 1 nicht überschritten wird. [3]Dabei ist sicherzustellen, dass die einzelnen Arztgruppen entsprechend ihrem Anteil am Verordnungsvolumen an der Aufbringung des Betrages nach Satz 1 beteiligt werden. [4]Das Nähere ist in der Vereinbarung nach Absatz 1 zu regeln.

(4b) Die Vorstände der Krankenkassenverbände und der Kassenärztlichen Vereinigungen haften für eine ordnungsgemäße Umsetzung der vorgenannten Maßnahmen.

(5) [1]Zur Feststellung des tatsächlichen Ausgabenvolumens nach Absatz 3 erfassen die Krankenkassen die während der Geltungsdauer der Arzneimittelvereinbarung veranlassten Ausgaben arztbezogen, nicht versichertenbezogen. [2]Sie übermitteln diese Angaben nach Durchführung der Abrechnungsprüfung ihren jeweiligen Spitzenverbänden, die diese Daten kassenartenübergreifend zusammenführen und jeweils der Kassenärztlichen Vereinigung übermitteln, der die Ärzte, welche die Ausgaben veranlasst haben, angehören; zugleich übermitteln die Spitzenverbände diese Daten den Landesverbänden der Krankenkassen und den Verbänden der Ersatzkassen, die Vertragspartner der jeweiligen Kassenärztlichen Vereinigung nach Absatz 1 sind. [3]Ausgaben nach Satz 1 sind auch Ausgaben für Arznei- und Verbandmittel, die durch Kostenerstattung vergütet worden sind. [4]Zudem erstellen die Spitzenverbände der Krankenkassen gemeinsam und einheitlich für jede Kassenärztliche Vereinigung monatliche Berichte über die Entwicklung der Ausgaben von Arznei- und Verbandmitteln und übermitteln diese Berichte als Schnellinformationen den Vertragspartnern nach Absatz 1 insbesondere für Abschluss und Durchführung der Arzneimittelvereinbarung sowie für die Informationen nach § 73 Abs. 8. [5]Für diese Berichte gelten Satz 1 und 2 entsprechend; Satz 2 gilt mit der Maßgabe, dass die Angaben vor Durchführung der Abrechnungsprüfung zu übermitteln sind. [6]Die Kassenärztliche Bundesvereinigung erhält für die Vereinbarung der Rahmenvorgaben nach Absatz 7 und für die Informationen nach § 73 Abs. 8 eine Auswertung dieser Berichte. [7]Die Spitzenverbände der Krankenkassen kön-

nen eine Arbeitsgemeinschaft nach § 219 mit der Durchführung der vorgenannten Aufgaben beauftragen. [8]§ 304 Abs. 1 Satz 1 Nr. 2 gilt entsprechend.

(6) [1]Die Vertragspartner nach Absatz 1 vereinbaren zur Sicherstellung der vertragsärztlichen Versorgung für das auf das Kalenderjahr bezogene Volumen der je Arzt verordneten Arznei- und Verbandmittel (Richtgrößenvolumen) arztgruppenspezifische fallbezogene Richtgrößen als Durchschnittswerte unter Berücksichtigung der nach Absatz 1 getroffenen Arzneimittelvereinbarung, erstmals bis zum 31. März 2002. [2]Zusätzlich sollen die Vertragspartner nach Absatz 1 die Richtgrößen nach altersgemäß gegliederten Patientengruppen und darüber hinaus auch nach Krankheitsarten bestimmen. [3]Die Richtgrößen leiten den Vertragsarzt bei seinen Entscheidungen über die Verordnung von Arznei- und Verbandmitteln nach dem Wirtschaftlichkeitsgebot. [4]Die Überschreitung des Richtgrößenvolumens löst eine Wirtschaftlichkeitsprüfung nach § 106 Abs. 5a unter den dort genannten Voraussetzungen aus.

(7) [1]Die Kassenärztliche Bundesvereinigung und die Spitzenverbände der Krankenkassen gemeinsam und einheitlich vereinbaren für das jeweils folgende Kalenderjahr Rahmenvorgaben für die Inhalte der Arzneimittelvereinbarungen nach Absatz 1 sowie für die Inhalte der Informationen und Hinweise nach § 73 Abs. 8. [2]Die Rahmenvorgaben haben die Arzneimittelverordnungen zwischen den Kassenärztlichen Vereinigungen zu vergleichen und zu bewerten; dabei ist auf Unterschiede in der Versorgungsqualität und Wirtschaftlichkeit hinzuweisen. [3]Von den Rahmenvorgaben dürfen die Vertragspartner der Arzneimittelvereinbarung nur abweichen, soweit dies durch die regionalen Versorgungsbedingungen begründet ist. [4]Die Vertragsparteien nach Satz 1 beschließen mit verbindlicher Wirkung für die Vereinbarungen der Richtgrößen nach Absatz 6 Satz 1 die Gliederung der Arztgruppen und das Nähere zum Fallbezug. [5]Ebenfalls mit verbindlicher Wirkung für die Vereinbarungen der Richtgrößen nach Absatz 6 Satz 2 sollen sie die altersgemäße Gliederung der Patientengruppen und unter Berücksichtigung der Beschlüsse des Koordinierungsausschusses nach § 137e Abs. 3 Nr. 1 die Krankheitsarten bestimmen. [6]Darüber hinaus können sie für die Vereinbarungen nach Absatz 6 Satz 1 Empfehlungen beschließen. [7]Der Beschluss nach Satz 4 ist bis zum 31. Januar 2002 zu fassen.

(8) [1]Die Absätze 1 bis 7 sind für Heilmittel unter Berücksichtigung der besonderen Versorgungs- und Abrechnungsbedingungen im Heilmittelbereich entsprechend anzuwenden. [2]Veranlasste Ausgaben im

Sinne des Absatzes 5 Satz 1 betreffen die während der Geltungsdauer der Heilmittelvereinbarung mit den Krankenkassen abgerechneten Leistungen.

(9) Das Bundesministerium für Gesundheit und Soziale Sicherung kann bei Ereignissen mit erheblicher Folgewirkung für die medizinische Versorgung zur Gewährleistung der notwendigen Versorgung mit Arznei- und Verbandmitteln die Ausgabenvolumen nach Absatz 1 Nr. 1 durch Rechtsverordnung mit Zustimmung des Bundesrates erhöhen.

§ 85[1, 2] Gesamtvergütung

(1) [1]Die Krankenkasse entrichtet nach Maßgabe der Gesamtverträge an die jeweilige Kassenärztliche Vereinigung mit befreiender Wirkung eine Gesamtvergütung für die gesamte vertragsärztliche Versorgung der Mitglieder mit Wohnort im Bezirk der Kassenärztlichen Vereinigung einschließlich der mitversicherten Familienangehörigen. [2]Abweichend von Satz 1 entrichtet die Krankenkasse, für die Gesamtverträge nach § 83 Satz 2 geschlossen sind, nach Maßgabe des Gesamtvertrages mit befreiender Wirkung eine Gesamtvergütung für die gesamte vertragsärztliche Versorgung an die Kassenärztliche Vereinigung.

(2) [1]Die Höhe der Gesamtvergütung wird im Gesamtvertrag

1. mit Wirkung für die Krankenkassen der jeweiligen Kassenart, für die Verträge nach § 83 Satz 1 geschlossen sind,
2. mit Wirkung für die beteiligten Krankenkassen, für die Verträge nach § 83 Satz 2 geschlossen sind,

vereinbart.

[2]Die Gesamtvergütung ist das Ausgabenvolumen für die Gesamtheit der zu vergütenden vertragsärztlichen Leistungen; sie kann als Festbetrag oder auf der Grundlage des Bewertungsmaßstabes nach Einzelleistungen, nach einer Kopfpauschale, nach einer Fallpauschale oder nach einem System berechnet werden, das sich aus der Verbindung dieser oder weiterer Berechnungsarten ergibt. [3]Die Vereinbarung unterschiedlicher Vergütungen für die Versorgung verschiedener Grup-

---

[1] Gemäß Art. 2 des Gesetzes vom 14.11.2003 (BGBl. I S. 2190) wird § 85 Abs. 1 Satz 2 mit Wirkung zum 01.01.2006 aufgehoben.

[2] Gemäß Art. 2 des Gesetzes vom 14.11.2003 (BGBl. I S. 2190) wird § 85 Abs. 2 Satz 1 mit Wirkung zum 01.01.2006 wie folgt gefasst:
„[1]Die Höhe der Gesamtvergütung wird im Gesamtvertrag mit Wirkung für die Krankenkassen der jeweiligen Kassenart vereinbart."

pen von Versicherten ist nicht zulässig. [4]Die Vertragsparteien sollen auch eine angemessene Vergütung für nichtärztliche Leistungen im Rahmen sozialpädiatrischer und psychiatrischer Tätigkeit vereinbaren. [5]Die Vergütungen der Untersuchungen nach den §§ 22, 25 Abs. 1 und 2, § 26 werden als Pauschalen vereinbart. [6]Beim Zahnersatz sind Vergütungen für die Aufstellung eines Heil- und Kostenplans nicht zulässig. [7]Soweit die Gesamtvergütung auf der Grundlage von Einzelleistungen vereinbart wird, ist der Betrag des Ausgabenvolumens nach Satz 2 zu bestimmen sowie eine Regelung zur Vermeidung der Überschreitung dieses Betrages zu treffen. [8]Ausgaben für Kostenerstattungsleistungen nach § 13 Abs. 2 mit Ausnahme der Kostenerstattungsleistungen nach § 13 Abs. 2 Satz 4 und Ausgaben auf Grund der Mehrkostenregelung nach § 28 Abs. 2 Satz 3 sind auf das Ausgabenvolumen nach Satz 2 anzurechnen.

(2a) Vertragsärztliche Leistungen bei der Substitutionsbehandlung der Drogenabhängigkeit gemäß den Richtlinien des Gemeinsamen Bundesausschusses werden von den Krankenkassen außerhalb der nach Absatz 2 vereinbarten Gesamtvergütungen vergütet.

(2b) [1]Die am 31. Dezember 1992 geltenden Punktwerte für zahnärztliche Leistungen bei Zahnersatz einschließlich Zahnkronen und bei kieferorthopädischer Behandlung werden zum 1. Januar 1993 für die Dauer eines Kalenderjahres um 10 vom Hundert abgesenkt. [2]Ab 1. Januar 1994 erfolgt die Anpassung auf der abgesenkten Basis, wobei sich die Vergütungsanpassung in den Jahren 1994 und 1995 höchstens um den Vomhundertsatz verändern darf, um den sich die nach den §§ 270 und 270a zu ermittelnden beitragspflichtigen Einnahmen der Mitglieder der Krankenkassen je Mitglied verändern; die Vomhundertsätze sind für die alten und neuen Länder getrennt festzulegen. [3]Der Bewertungsausschuss (§ 87) kann anstelle der zum 1. Januar 1993 in Kraft tretenden Absenkung nach Satz 1 eine unterschiedliche Absenkung der Bewertungszahlen der einzelnen Leistungen vornehmen. [4]Dabei ist sicherzustellen, dass die Absenkung insgesamt 10 vom Hundert beträgt. [5]Die Angleichung des Vergütungsniveaus im Beitrittsgebiet gemäß § 311 Abs. 1 Buchst. a bleibt hiervon unberührt.

(2c) [1]Die Vertragspartner nach § 82 Abs. 1 können vereinbaren, dass für die Gesamtvergütungen getrennte Vergütungsanteile für die an der vertragsärztlichen Versorgung beteiligten Arztgruppen zugrunde gelegt werden; sie können auch die Grundlagen für die Bemessung der Vergütungsanteile regeln. [2]§ 89 Abs. 1 gilt nicht.

(3) [1]Die Vertragsparteien des Gesamtvertrages vereinbaren die Veränderungen der Gesamtvergütungen unter Berücksichtigung der Praxiskosten, der für die vertragsärztliche Tätigkeit aufzuwendenden Arbeitszeit sowie der Art und des Umfangs der ärztlichen Leistungen, soweit sie auf einer Veränderung des gesetzlichen oder satzungsmäßigen Leistungsumfangs beruhen. [2]Bei der Vereinbarung der Veränderungen der Gesamtvergütungen ist der Grundsatz der Beitragssatzstabilität (§ 71) in Bezug auf das Ausgabenvolumen für die Gesamtheit der zu vergütenden vertragsärztlichen Leistungen zu beachten. [3]Abweichend von Satz 2 ist eine Überschreitung der Veränderungsraten nach § 71 Abs. 3 zulässig, wenn Mehrausgaben auf Grund von Beschlüssen nach § 135 Abs. 1 entstehen; dabei ist zu prüfen, inwieweit die Mehrausgaben durch Minderausgaben auf Grund eines Wegfalls von Leistungen, die auf Grund einer Prüfung nach § 135 Abs. 1 Satz 2 und 3 nicht mehr zu Lasten der Krankenkassen erbracht werden dürfen, ausgeglichen werden können.

(3a) [1]Die nach Absatz 3 zu vereinbarenden Veränderungen der Gesamtvergütungen als Ausgabenvolumen für die Gesamtheit der zu vergütenden vertragsärztlichen Leistungen dürfen sich in den Jahren 1993, 1994 und 1995 höchstens um den Vomhundertsatz verändern, um den sich die nach § 270 und § 270a zu ermittelnden beitragspflichtigen Einnahmen der Mitglieder aller Krankenkassen mit Sitz im Bundesgebiet außerhalb des Beitrittsgebiets je Mitglied verändern. [2]Die Veränderungen der Gesamtvergütungen im Jahre 1993 sind auf das entsprechend der Zuwachsrate der beitragspflichtigen Einnahmen nach Satz 1 im Jahr 1992 erhöhte Vergütungsvolumen im Jahr 1991 zu beziehen. [3]Bei der Bestimmung der Gesamtvergütungen der Vertragszahnärzte werden zahnprothetische und kieferorthopädische Leistungen nicht berücksichtigt. [4]Soweit nichtärztliche Dialyseleistungen im Rahmen der vertragsärztlichen Versorgung erbracht werden, werden sie außerhalb der Gesamtvergütungen nach Vergütungssätzen honoriert, die von den Kassenärztlichen Vereinigungen und den Landesverbänden der Krankenkassen sowie den Verbänden der Ersatzkassen vereinbart werden; Satz 1 gilt entsprechend. [5]Vergütungszuschläge nach § 135 Abs. 4 sowie Mehrausgaben auf Grund der gesetzlichen Leistungsausweitung in § 22 werden entsprechend der Zahl der erbrachten Leistungen zusätzlich berücksichtigt. [6]Der Teil der Gesamtvergütungen, der auf die in dem einheitlichen Bewertungsmaßstab für Ärzte in den Abschnitten B VI und B VII aufgeführten Zuschläge für Leistungen des ambulanten Operierens sowie die damit verbundenen Operations- und Anästhesieleistungen entfällt, wird zusätzlich zu den in Satz 1 festgelegten Veränderungen im Jahr 1993 um

10 vom Hundert und im Jahr 1994 um weitere 20 vom Hundert erhöht. [7]Der Teil der Gesamtvergütungen, der auf die ärztlichen Leistungen nach den §§ 25 und 26, die ärztlichen Leistungen der Schwangerschafts- und Mutterschaftsvorsorge im Rahmen des § 196 Abs. 1 der Reichsversicherungsordnung sowie die ärztlichen Leistungen im Rahmen der von den Krankenkassen satzungsgemäß übernommenen Schutzimpfungen entfällt, wird zusätzlich zu den in Satz 1 festgelegten Veränderungen in den Jahren 1993, 1994 und 1995 um jeweils 6 vom Hundert erhöht. [8]Zusätzlich zu den nach Satz 1 zu vereinbarenden Veränderungen der Gesamtvergütungen werden die Gesamtvergütungen der Vertragsärzte des Jahres 1995 um einen Betrag erhöht, der 1,71 vom Hundert der Ausgaben der Krankenkassen für ambulante ärztliche Behandlung im Jahre 1993 entspricht; § 72 Abs. 1 Satz 2 gilt nicht.

(3b) [1]Für die Veränderungen der Gesamtvergütungen im Beitrittsgebiet sind die beitragspflichtigen Einnahmen der Mitglieder aller Krankenkassen im Beitrittsgebiet zugrunde zu legen. [2]Die Veränderungen der Gesamtvergütungen für die vertragsärztliche Versorgung im Jahr 1993 sind auf das verdoppelte, um 4 vom Hundert erhöhte Vergütungsvolumen des ersten Halbjahres 1992 zu beziehen. [3]In den Jahren 1993 und 1994 sind die nach Absatz 3a Satz 1 erhöhten Vergütungsvolumina jeweils um weitere 3 vom Hundert, im Jahre 1995 die Vergütungsvolumina der Ärzte um weitere 4 vom Hundert zu erhöhen; § 72 Abs. 1 Satz 2 gilt für die Erhöhung im Jahre 1995 nicht. [4]Die Gesamtvergütungen für die zahnärztliche Behandlung ohne Zahnersatz und Kieferorthopädie sind auf das um die Ausweitung der halben Leistungsmenge gegenüber dem Jahr 1991 bereinigte verdoppelte Vergütungsvolumen des ersten Halbjahres 1992 zu beziehen. [5]Die Bereinigung erfolgt in der Weise, dass die halbierten Ausgaben des Jahres 1991 um die für das Jahr 1992 vereinbarte Punktwertsteigerung sowie um die Hälfte der Steigerung der Leistungsmenge erhöht werden. [6]Zugrunde zu legen sind die jahresdurchschnittlichen Punktwerte.

(3c) [1]Weicht die bei der Vereinbarung der Gesamtvergütung zu Grunde gelegte Zahl der Mitglieder von der tatsächlichen Zahl der Mitglieder im Vereinbarungszeitraum ab, ist die Abweichung bei der jeweils folgenden Vereinbarung der Veränderung der Gesamtvergütung zu berücksichtigen. [2]Die Krankenkassen, für die Verträge nach § 83 Satz 1 geschlossen sind, ermitteln hierzu monatlich die Zahl ihrer Mitglieder, gegliedert nach den Bezirken der Kassenärztlichen Vereinigungen, in denen die Mitglieder ihren Wohnsitz haben, und melden diese nach dem in § 79 des Vierten Buches Sozialgesetzbuch festgelegten Verfahren.

(3 d) [1]Zur Angleichung der Vergütung der vertragsärztlichen Leistungen je Vertragsarzt im Gebiet der in Artikel 1 Abs. 1 des Einigungsvertrages genannten Länder und dem übrigen Bundesgebiet werden die Gesamtvergütungen nach Absatz 2 im Gebiet der in Artikel 1 Abs. 1 des Einigungsvertrages genannten Länder in den Jahren 2004 bis 2006 zusätzlich zur Erhöhung nach Absatz 3 schrittweise um insgesamt 3,8 vom Hundert erhöht. [2]§ 313a Abs. 3 gilt insoweit nicht. [3]Die Gesamtvergütungen nach Absatz 2 im übrigen Bundesgebiet werden in den Jahren 2004 bis 2006 schrittweise um insgesamt 0,6 vom Hundert abgesenkt. [4]Die Veränderungen der Gesamtvergütungen der Kassenärztlichen Vereinigungen im Gebiet der in Artikel 1 Abs. 1 des Einigungsvertrages genannten Länder sind im Jahr 2005 auf die nach Satz 1 erhöhte Vergütungssumme des Jahres 2004 zu beziehen. [5]Die Veränderungen der Gesamtvergütungen der Kassenärztlichen Vereinigungen im übrigen Bundesgebiet sind im Jahr 2005 auf die nach Satz 3 abgesenkte Vergütungssumme im Jahr 2004 zu beziehen. [6]Die Regelungen nach den Sätzen 4 und 5 gelten für das Jahr 2006 entsprechend. [7]Die Regelungen dieses Absatzes gelten nicht für das Land Berlin.

(3 e) [1]Die Veränderungen der Gesamtvergütungen für die vertragsärztliche Versorgung nach Absatz 3 im Jahr 2004 sind auf das nach Satz 2 bereinigte Vergütungsvolumen des Jahres 2003 zu beziehen. [2]Die Bereinigung umfasst den Anteil der Gesamtvergütungen, der auf Leistungen entfällt, auf die die Versicherten auf Grund der in den §§ 24b und 27a getroffenen Regelungen ab 1. Januar 2004 keinen Anspruch mehr haben.

(4) [1]Die Kassenärztliche Vereinigung verteilt die Gesamtvergütungen an die Vertragsärzte; in der vertragsärztlichen Versorgung verteilt sie die Gesamtvergütungen getrennt für die Bereiche der hausärztlichen und der fachärztlichen Versorgung (§ 73). [2]Sie wendet dabei ab dem 1. Juli 2004 den mit den Landesverbänden der Krankenkassen und den Verbänden der Ersatzkassen erstmalig bis zum 30. April 2004 gemeinsam und einheitlich zu vereinbarenden Verteilungsmaßstab an; für die Vergütung der im ersten und zweiten Quartal 2004 erbrachten vertragsärztlichen Leistungen wird der am 31. Dezember 2003 geltende Honorarverteilungsmaßstab angewandt. [3]Bei der Verteilung der Gesamtvergütungen sind Art und Umfang der Leistungen der Vertragsärzte zu Grunde zu legen; dabei ist jeweils für die von den Krankenkassen einer Kassenart gezahlten Vergütungsbeträge ein Punkt-

wert in gleicher Höhe zu Grunde zu legen. [4]Im Verteilungsmaßstab sind Regelungen zur Vergütung der psychotherapeutischen Leistungen der Psychotherapeuten, der Fachärzte für Kinder- und Jugendpsychiatrie und -psychotherapie, der Fachärzte für Psychiatrie und Psychotherapie, der Fachärzte für Nervenheilkunde, der Fachärzte für psychotherapeutische Medizin sowie der ausschließlich psychotherapeutisch tätigen Ärzte zu treffen, die eine angemessene Höhe der Vergütung je Zeiteinheit gewährleisten. [5]Der Verteilungsmaßstab hat sicherzustellen, dass die Gesamtvergütungen gleichmäßig auf das gesamte Jahr verteilt werden. [6]Der Verteilungsmaßstab hat Regelungen zur Verhinderung einer übermäßigen Ausdehnung der Tätigkeit des Vertragsarztes vorzusehen. [7]Insbesondere sind arztgruppenspezifische Grenzwerte festzulegen, bis zu denen die von einer Arztpraxis erbrachten Leistungen mit festen Punktwerten zu vergüten sind (Regelleistungsvolumina). [8]Für den Fall der Überschreitung der Grenzwerte ist vorzusehen, dass die den Grenzwert überschreitende Leistungsmenge mit abgestaffelten Punktwerten vergütet wird. [9]Widerspruch und Klage gegen die Honorarfestsetzung sowie ihre Änderung oder Aufhebung haben keine aufschiebende Wirkung. Die vom Bewertungsausschuss nach Absatz 4a Satz 1 getroffenen Regelungen sind Bestandteil der Vereinbarungen nach Satz 2.

(4a) [1]Der Bewertungsausschuss (§ 87 Abs. 1 Satz 1) bestimmt Kriterien zur Verteilung der Gesamtvergütungen nach Absatz 4, insbesondere zur Festlegung der Vergütungsanteile für die hausärztliche und die fachärztliche Versorgung sowie für deren Anpassung an solche Veränderungen der vertragsärztlichen Versorgung, die bei der Bestimmung der Anteile der hausärztlichen und der fachärztlichen Versorgung an der Gesamtvergütung zu beachten sind; er bestimmt ferner, erstmalig bis zum 29. Februar 2004, den Inhalt der nach Absatz 4 Satz 4, 6, 7 und 8 zu treffenden Regelungen. [2]Bei der erstmaligen Bestimmung der Vergütungsanteile für die hausärztliche Versorgung nach Satz 1 ist der auf die hausärztliche Versorgung entfallende Anteil an der Gesamtheit des in einer Kassenärztlichen Vereinigung abgerechneten Punktzahlvolumens des Jahres 1996 zu Grunde zu legen; übersteigt in den Jahren 1997 bis 1999 der in einer Kassenärztlichen Vereinigung auf die hausärztliche Versorgung entfallende Anteil der abgerechneten Punkte am gesamten Punktzahlvolumen den entsprechenden Anteil des Jahres 1996, ist von dem jeweils höheren Anteil auszugehen. [3]Veränderungen in der Zahl der an der hausärztlichen Versorgung teilnehmenden Ärzte in den Jahren nach 1996 sind zu berücksichtigen. [4]Die Kassenärztlichen Vereinigungen stellen dem Bewertungsausschuss die für die Aufgaben nach Satz 1 erforderlichen

Daten nach Maßgabe der vom Bewertungsausschuss zu bestimmenden inhaltlichen und verfahrensmäßigen Vorgaben zur Verfügung. [5]Der Bewertungsausschuss legt dem Bundesministerium für Gesundheit und Soziale Sicherung jährlich jeweils bis zum 31. Dezember einen Bericht zur Entwicklung der Vergütungs- und Leistungsstruktur in der vertragsärztlichen Versorgung im Vorjahr vor; das Bundesministerium für Gesundheit und Soziale Sicherung kann das Nähere zum Inhalt des Berichts bestimmen.

(4b) Ab einer Gesamtpunktmenge je Vertragszahnarzt aus vertragszahnärztlicher Behandlung einschließlich der kieferorthopädischen Behandlung von 262.500 Punkten je Kalenderjahr verringert sich der Vergütungsanspruch für die weiteren vertragszahnärztlichen Behandlungen im Sinne des § 73 Abs. 2 Nr. 2 um 20 vom Hundert, ab einer Punktmenge von 337.500 je Kalenderjahr um 30 vom Hundert und ab einer Punktmenge von 412.500 je Kalenderjahr um 40 vom Hundert; für Kieferorthopäden verringert sich der Vergütungsanspruch für die weiteren vertragszahnärztlichen Behandlungen ab einer Gesamtpunktmenge von 280.000 Punkten je Kalenderjahr um 20 vom Hundert, ab einer Punktmenge von 360.000 Punkten je Kalenderjahr um 30 vom Hundert und ab einer Punktmenge von 440.000 Punkten je Kalenderjahr um 40 vom Hundert. Satz 1 gilt für ermächtigte Zahnärzte entsprechend. Die Punktmengengrenzen bei Gemeinschaftspraxen richten sich nach der Zahl der gleichberechtigten zahnärztlichen Mitglieder. Bei nicht gleichberechtigten Mitgliedern gilt die Regelung für angestellte Zahnärzte entsprechend. Eine Gleichberechtigung der zahnärztlichen Mitglieder liegt vor, wenn vertraglich gleiche Rechte und Pflichten der Teilhaber in Berufsausübung und Praxisführung vereinbart sind. Der Nachweis der gleichberechtigten Teilhaberschaft ist gegenüber dem Zulassungsausschuß durch Vorlage des notariell beglaubigten Vertrages zu erbringen. Die Punktmengen erhöhen sich um 70 vom Hundert je ganztägig angestelltem Zahnarzt im Sinne des § 32b Abs. 1 der Zulassungsverordnung für Vertragszahnärzte und um 25 vom Hundert für Entlastungs-, Weiterbildungs- und Vorbereitungsassistenten. Bei Teilzeit oder nicht ganzjähriger Beschäftigung verringert sich die zusätzlich zu berücksichtigende Punktmenge entsprechend der Beschäftigungsdauer. Die Punktmengen umfassen alle vertragszahnärztlichen Leistungen im Sinne des § 73 Abs. 2 Nr. 2. In die Ermittlung der Punktmengen sind die Kostenerstattungen nach § 13 Abs. 2 einzubeziehen. Diese werden den Kassenzahnärztlichen Vereinigungen von den Krankenkassen mitgeteilt.

(4c) Die Kassenzahnärztliche Vereinigung hat die zahnprothetischen und kieferorthopädischen Rechnungen zahnarzt- und krankenkassenbezogen nach dem Leistungsquartal zu erfassen und mit den abgerechneten Leistungen nach § 28 Abs. 2 Satz 1, 3, 7, 9 und den gemeldeten Kostenerstattungen nach § 13 Abs. 2 zusammenzuführen und die Punktmengen bei der Ermittlung der Gesamtpunktmenge nach Absatz 4b zugrunde zu legen.

(4d) [1]Die Kassenzahnärztlichen Vereinigungen teilen den Krankenkassen bei jeder Rechnungslegung mit, welche Vertragszahnärzte die Punktmengengrenzen nach Absatz 4b überschreiten. [2]Dabei ist für diese Zahnärzte die Punktmenge sowie der Zeitpunkt anzugeben, ab dem die Überschreitung der Punktmengengrenzen eingetreten ist. [3]Die Zahl der angestellten Zahnärzte nach § 32b Abs. 1 der Zulassungsverordnung für Zahnärzte und der Entlastungs-, Weiterbildungs- und Vorbereitungsassistenten einschließlich ihrer Beschäftigungsdauer sind, bezogen auf die einzelne Praxis, ebenfalls mitzuteilen.

(4e) [1]Die Kassenzahnärztlichen Vereinigungen haben die Honorareinsparungen aus den Vergütungsminderungen nach Absatz 4b an die Krankenkassen weiterzugeben. [2]Die Durchführung der Vergütungsminderung durch die Kassenzahnärztliche Vereinigung erfolgt durch Absenkung der vertraglich vereinbarten Punktwerte ab dem Zeitpunkt der jeweiligen Grenzwertüberschreitungen nach Absatz 4b. [3]Die abgesenkten Punktwerte nach Satz 2 sind den auf dem Zeitpunkt der Grenzwertüberschreitungen folgenden Abrechnungen gegenüber den Krankenkassen zugrunde zu legen. [4]Überzahlungen werden mit der nächsten Abrechnung verrechnet. [5]Weitere Einzelheiten können die Vertragspartner der Vergütungsverträge (§ 83) regeln.

(4f) [1]Die Krankenkasse hat ein Zurückbehaltungsrecht in Höhe von 10 vom Hundert gegenüber jeder Forderung der Kassenzahnärztlichen Vereinigung, solange die Kassenzahnärztliche Vereinigung ihren Pflichten aus den Absätzen 4c bis 4e nicht nachkommt. [2]Der Anspruch auf Auszahlung der nach Satz 1 einbehaltenen Beträge erlischt, wenn die Kassenzahnärztliche Vereinigung bis zur letzten Quartalsabrechnung eines Jahres ihre Verpflichtungen für dieses Jahr nicht oder nicht vollständig erfüllt.

§ 85a Arztgruppenbezogene Regelleistungsvolumina

(1) Abweichend von § 85 Abs. 1, 2 und 3 gelten für die Vergütung vertragsärztlicher Leistungen ab dem 1. Januar 2007 die in den Ab-

sätzen 2 bis 6 getroffenen Regelungen; dies gilt nicht für vertrags-zahnärztliche Leistungen.

(2) [1]Die Vertragsparteien des Gesamtvertrages nach § 83 vereinbaren mit Wirkung für die Krankenkassen der jeweiligen Kassenart die von den Krankenkassen mit befreiender Wirkung zu zahlenden Vergütun-gen für die gesamte vertragsärztliche Versorgung der Versicherten mit Wohnort im Bezirk der Kassenärztlichen Vereinigung. [2]Hierzu verein-baren sie

1. den mit der Zahl und der Morbiditätsstruktur der Versicherten verbundenen Behandlungsbedarf,
2. die Aufteilung der Leistungsmenge nach Nummer 1 auf die jewei-ligen Arztgruppen (arztgruppenbezogene Regelleistungsvolumina) sowie
3. den für die Vergütung der im Rahmen des jeweiligen Regelleis-tungsvolumens erbrachten Leistungen anzuwendenden Punktwert.

[3]Die Zahl der Versicherten nach Satz 2 Nr. 1 ist entsprechend der Zahl der auf den zu Grunde gelegten Zeitraum entfallenden Versi-chertentage zu ermitteln. [4]Für die Bestimmung der Arztgruppen nach Satz 2 Nr. 2 gilt § 85b Abs. 4 Satz 5. [5]Der Behandlungsbedarf der Versicherten nach Satz 2 Nr. 1 und das Regelleistungsvolumen einer Arztgruppe nach Satz 2 Nr. 2 sind als Punktzahlvolumen auf der Grundlage des einheitlichen Bewertungsmaßstabs (§ 87 Abs. 1) zu vereinbaren. [6]Die vom Bewertungsausschuss (§ 87 Abs. 1) nach Ab-satz 5 getroffenen Regelungen sind zu beachten.

(3) [1]Die im Rahmen des arztgruppenbezogenen Regelleistungsvolu-mens erbrachten Leistungen sind mit dem nach Absatz 2 Satz 2 ver-einbarten Punktwert zu vergüten. [2]Darüber hinausgehende Leistungs-mengen, die sich aus einem bei der Vereinbarung nicht vorhersehba-ren Anstieg des morbiditätsbedingten Behandlungsbedarfs ergeben, sind nach Maßgabe der Kriterien nach Satz 3 mit einem Punktwert in Höhe von 10 vom Hundert des nach Absatz 2 Satz 2 vereinbarten Punktwertes zu vergüten. [3]Die Vertragsparteien vereinbaren Kriterien zur Bestimmung der nach Satz 2 zu vergütenden Leistungen. [4]Bei der Vereinbarung nach Absatz 2 sind die Vereinbarungen nach Absatz 6 zu berücksichtigen. [5]Ausgaben für Kostenerstattungsleistungen nach § 13 Abs. 2 mit Ausnahme der Kostenerstattungsleistungen nach § 13 Abs. 2 Satz 4 sind auf die nach Absatz 2 Satz 1 zu zahlenden Vergü-tungen anzurechnen.

(4) [1]Die Vertragsparteien des Gesamtvertrages vereinbaren jährlich unter Beachtung des Grundsatzes der Beitragssatzstabilität (§ 71

Abs. 1 Satz 1) die Veränderungen des morbiditätsbedingten Behandlungsbedarfs, der arztgruppenbezogenen Regelleistungsvolumina sowie des Punktwertes nach Absatz 2 Satz 2. [2]Sie haben dabei Veränderungen

1. der Zahl und der Morbiditätsstruktur der Versicherten,
2. von Art und Umfang der ärztlichen Leistungen, soweit sie auf einer Veränderung des gesetzlichen oder satzungsmäßigen Leistungsumfangs der Krankenkassen beruhen,

zu berücksichtigen; der nach Absatz 2 Satz 2 Nr. 1 vereinbarte Behandlungsbedarf gilt als notwendige medizinische Versorgung gemäß § 71 Abs. 1 Satz 1.

(5) [1]Der Bewertungsausschuss (§ 87 Abs. 1) beschließt, erstmalig bis zum 30. Juni 2005, ein Verfahren

1. zur Bestimmung der Morbiditätsstruktur und des damit verbundenen Behandlungsbedarfs nach Absatz 2 Satz 2 Nr. 1,
2. zur Aufteilung dieses Behandlungsbedarfs auf die Arztgruppen nach Absatz 2 Satz 2 Nr. 2 sowie
3. zur Bestimmung von Veränderungen der Morbiditätsstruktur nach Absatz 4 Satz 2 Nr. 1.

[2]Der Bewertungsausschuss bildet zur Bestimmung der Morbiditätsstruktur nach Satz 1 Nr. 1 diagnosebezogene Risikoklassen für Versicherte mit vergleichbarem Behandlungsbedarf nach einem international anerkannten, zur Anwendung in der vertragsärztlichen Versorgung geeigneten Klassifikationsverfahren; Grundlage hierfür sind die vertragsärztlichen Behandlungsdiagnosen gemäß § 295 Abs. 1 Satz 2. [3]Der Bewertungsausschuss bestimmt Relativgewichte für die einzelnen Risikoklassen; diese geben die Abweichung des standardisierten Behandlungsbedarfs je Versicherten in einer Risikoklasse vom durchschnittlichen Behandlungsbedarf je Versicherten der Grundgesamtheit wieder. [4]Die Relativgewichte können nach Versorgungsregionen differenziert werden. [5]Der Bewertungsausschuss hat, soweit erforderlich, für die in diesem Absatz genannten Aufgaben Datenerhebungen und -auswertungen durchzuführen oder in Auftrag zu geben oder Sachverständigengutachten einzuholen; die damit verbundenen Kosten sind von den Spitzenverbänden der Krankenkassen und der Kassenärztlichen Bundesvereinigung jeweils zur Hälfte zu tragen. [6]Über die nach Satz 5 durchzuführenden Maßnahmen hat der Bewertungsausschuss bis zum 31. März 2004 zu beschließen; bei der Durchführung der Maßnahmen ist darauf hinzuwirken, dass die zu gewinnenden Erkenntnisse bis zum 31. März 2005 vorliegen.

(6) [1]Von Absatz 2 abweichende Vergütungsvereinbarungen können getroffen werden für ambulante Operationen und stationsersetzende Leistungen (§ 115b), die Versorgung in medizinischen Versorgungszentren (§ 95), strukturierte Behandlungsprogramme (§ 137g), Leistungen bei der Substitutionsbehandlung der Drogenabhängigkeit (§ 85 Abs. 2a) sowie Vorsorge- und Früherkennungsmaßnahmen (§§ 23 und 25). [2]Der Bewertungsausschuss bestimmt die Kriterien zur Bereinigung der Relativgewichte nach Absatz 5 Satz 3 für abweichende Vergütungsvereinbarungen nach Satz 1.

§ 85b Arztbezogene Regelleistungsvolumina

(1) [1]Abweichend von § 85 Abs. 4 und 4a werden die vertragsärztlichen Leistungen ab dem 1. Januar 2007 von der Kassenärztlichen Vereinigung im Rahmen von arztbezogenen Regelleistungsvolumina auf der Grundlage des einheitlichen Bewertungsmaßstabs (§ 87 Abs. 1) vergütet; die Zuweisung der arztbezogenen Regelleistungsvolumina an die Vertragsärzte und ermächtigten Ärzte obliegt der Kassenärztlichen Vereinigung. [2]§ 85 Abs. 4 Satz 9 gilt; § 87 Abs. 2a Satz 7 gilt entsprechend. [3]Die nach § 85 Abs. 4 der Kassenärztlichen Vereinigung zugewiesenen Befugnisse zur Verteilung der Vergütungen nach § 85a im Übrigen, insbesondere zur Bestimmung von Abrechnungsfristen und -belegen sowie zur Verwendung von Vergütungsanteilen für Verwaltungsaufwand und Sicherstellungsaufgaben, bleiben unberührt. [4]Satz 1 gilt nicht für vertragszahnärztliche Leistungen.

(2) [1]Ein arztbezogenes Regelleistungsvolumen nach Absatz 1 ist die von einem Arzt in einem bestimmten Zeitraum abrechenbare Leistungsmenge, die mit einem festen Punktwert (Regelpunktwert) zu vergüten ist. [2]Eine das arztbezogene Regelleistungsvolumen überschreitende Leistungsmenge ist mit einem Punktwert in Höhe von 10 vom Hundert des Regelpunktwertes zu vergüten; bei einer außergewöhnlich starken Erhöhung der Zahl der behandelten Versicherten kann hiervon abgewichen werden. [3]Die Vertragsparteien nach Absatz 4 Satz 1 vereinbaren das Nähere zum Inhalt und zum Verfahren der in Satz 2 getroffenen Regelungen.

(3) [1]Die Werte für die arztbezogenen Regelleistungsvolumina nach Absatz 2 sind differenziert nach Arztgruppen festzulegen. [2]Bei der Bestimmung des arztbezogenen Regelleistungsvolumens und des Regelpunktwertes nach Absatz 2 sind

1. die Summe der für einen Bezirk der Kassenärztlichen Vereinigung nach § 85a Abs. 2 für die jeweilige Arztgruppe insgesamt vereinbarten arztgruppenbezogenen Regelleistungsvolumina,
2. die nach § 85a Abs. 2 jeweils anzuwendenden Punktwerte,
3. die Zahl der der jeweiligen Arztgruppe angehörenden Vertragsärzte,
4. die Zahl und die Morbiditätsstruktur der von dem Vertragsarzt in den jeweils vier zurückliegenden Quartalen behandelten Versicherten,
5. die für die Krankenkasse, der die Versicherten nach Nummer 4 angehören, nach § 85a Abs. 2 vereinbarten arztgruppenbezogenen Regelleistungsvolumina und Punktwerte,
6. der voraussichtliche Umfang der nach Absatz 2 Satz 2 abgestaffelt zu vergütenden Leistungsmengen,
7. die auf der Grundlage von Zeitwerten für die ärztlichen Leistungen nach § 87 Abs. 2 Satz 1 zu bestimmende Kapazitätsgrenze je Arbeitstag für das bei gesicherter Qualität zu erbringende Leistungsvolumen des Arztes

zu berücksichtigen. [3]Die Summe der arztgruppenbezogenen Regelleistungsvolumina nach Satz 2 Nr. 1 ist um die zu erwartenden Leistungsmengen zu verringern, die von Ärzten, die nicht Mitglieder der Kassenärztlichen Vereinigung sind, für Versicherte mit Wohnort im Bezirk der Kassenärztlichen Vereinigung erbracht werden, sowie um die zu erwartenden Leistungsmengen zu erhöhen, die von Ärzten, die Mitglieder der Kassenärztlichen Vereinigung sind, für Versicherte mit Wohnort im Bezirk einer anderen Kassenärztlichen Vereinigung erbracht werden. [4]Die Besonderheiten bei Zusammenschlüssen von Ärzten zur gemeinsamen Berufsausübung sind zu berücksichtigen. [5]Die Kassenärztliche Vereinigung darf zur Berücksichtigung einer Zunahme von an der vertragsärztlichen Versorgung teilnehmenden Ärzten Rückstellungen bilden.

(4) [1]Die Kassenärztliche Vereinigung bestimmt die Regelleistungsvolumina nach Absatz 3 auf der Grundlage einer mit den Landesverbänden der Krankenkassen und den Verbänden der Ersatzkassen einheitlich und gemeinsam zu schließenden Vereinbarung zur Umsetzung der in Absatz 3 getroffenen Regelungen. [2]Die vom Bewertungsausschuss nach Satz 3 getroffenen Regelungen sind Bestandteil der Vereinbarung nach Satz 1. [3]Der Bewertungsausschuss (§ 87 Abs. 1) bestimmt, erstmalig bis zum 30. Juni 2005,

1. den der Bemessung der Regelleistungsvolumina nach Absatz 2 Satz 1 zu Grunde zu legenden Zeitraum,

2. die Definition der Arztgruppen nach Absatz 3 Satz 1,
3. das Verfahren zur Berechnung der arztbezogenen Regelleistungsvolumina nach Absatz 3 Satz 2,
4. Kriterien zur Bestimmung der Morbiditätsstruktur nach Absatz 3 Satz 2 Nr. 4,
5. die Höhe der Kapazitätsgrenzen nach Absatz 3 Satz 2 Nr. 7,
6. das Verfahren zur Bemessung der nach Absatz 3 Satz 3 zu berücksichtigenden Leistungsmengen.

[4]§ 85 Abs. 4a Satz 4 und 5 gilt. [5]Bei der Bestimmung der Arztgruppen nach Absatz 3 Satz 1 ist die nach § 87 Abs. 2a zu Grunde zu legende Definition der Arztgruppen zu berücksichtigen. [6]Bei der Bestimmung des Zeitraums nach Absatz 2 Satz 1 ist insbesondere sicherzustellen, dass eine kontinuierliche Versorgung der Versicherten gewährleistet ist.

§ 85c Vergütung ärztlicher Leistungen im Jahr 2006

(1) Vertragsparteien des Gesamtvertrages nach § 83 vereinbaren erstmals für das Jahr 2006 arztgruppenbezogene Regelleistungsvolumina und Punktwerte nach § 85a Abs. 2 mit der Maßgabe, dass jeweils als Obergrenze für das Vergütungsvolumen der Krankenkassen eine Gesamtvergütung gemäß § 85 Abs. 1 Satz 1 vereinbart wird; § 85a Abs. 3 Satz 2 gilt nicht, § 71 gilt.

(2) [1]Für Krankenkassen, die im Jahr 2006 die Gesamtvergütung erstmalig nach dem Wohnortprinzip gemäß § 83 Satz 1 vereinbaren, ergibt sich der Ausgangsbetrag für die Vereinbarung der Gesamtvergütung jeweils durch die Multiplikation folgender Faktoren:

1. des Betrages, der sich bei der Teilung der für das Jahr 2005 geltenden Gesamtvergütung durch die Zahl der Mitglieder der Krankenkasse ergibt,
2. der Zahl der Mitglieder der Krankenkasse mit Wohnort im Bezirk der vertragschließenden Kassenärztlichen Vereinigung.

[2]Die Zahl der Mitglieder der Krankenkasse ist nach dem Vordruck KM 6 der Statistik über die Versicherten in der gesetzlichen Krankenversicherung zum 1. Juli 2005 zu bestimmen.

(3) Für die Vergütung der vertragsärztlichen Leistungen im Jahr 2006 gilt § 85b mit der Maßgabe, dass bei der Bestimmung der arztbezogenen Regelleistungsvolumina nach § 85b Abs. 3 die nach Absatz 1 vereinbarten arztgruppenbezogenen Regelleistungsvolumina zu Grunde zu legen sind.

§ 85d Vergütung ärztlicher Leistungen im Jahr 2007

[1]Für die Vereinbarung des Punktwertes nach § 85a Abs. 2 Nr. 3 im Jahr 2007 ist der durchschnittliche Punktwert zu Grunde zu legen, der sich aus den für den Bezirk einer Kassenärztlichen Vereinigung für das Jahr 2006 insgesamt nach § 85c Abs. 1 vereinbarten Punktwerten, jeweils gewichtet mit den vereinbarten Leistungsmengen, ergibt; § 71 gilt insoweit nicht. [2]Die Kassenärztliche Vereinigung, die Landesverbände der Krankenkassen und die Verbände der Ersatzkassen stellen bis zum 31. Oktober 2006 den durchschnittlichen Punktwert nach Satz 1 gemeinsam und einheitlich fest. [3]Erfolgt die Feststellung des durchschnittlichen Punktwertes bis zu diesem Zeitpunkt nicht, stellt die für die Kassenärztliche Vereinigung zuständige Aufsichtsbehörde den Punktwert fest. [4]Ausgangsbasis für die Vereinbarung der arztgruppenbezogenen Regelleistungsvolumina nach § 85a Abs. 2 sind die jeweils für das Jahr 2006 gemäß § 85c Abs. 1 vereinbarten Regelleistungsvolumina.

§ 86 Empfehlungen

(1) [1]Die Bundesverbände der Krankenkassen, die Verbände der Ersatzkassen, die Bundesknappschaft und die Kassenärztlichen Bundesvereinigungen haben gemeinsam eine Empfehlung über die angemessene Veränderung der Gesamtvergütungen abzugeben, es sei denn, die Konzertierte Aktion im Gesundheitswesen hat eine entsprechende Empfehlung abgegeben, der die Vertreter der gesetzlichen Krankenversicherung und der Vertragsärzte zugestimmt haben. [2]Wenn die Vertragspartner nichts anderes vereinbaren, ist die Empfehlung einmal jährlich für den Zeitraum vom 1. Juli bis zum 30. Juni des folgenden Jahres abzugeben.

(2) [1]Die Empfehlungen sollen bei Abschluss der Verträge nach § 83 berücksichtigt werden. [2]Abweichende Vereinbarungen sind zulässig, soweit besondere regionale Verhältnisse oder besondere Verhältnisse der Kassenarten dies erfordern und hierdurch der Grundsatz der Beitragssatzstabilität (§ 141 Abs. 2) nicht gefährdet wird.

§ 87 Bundesmantelvertrag, einheitlicher Bewertungsmaßstab

(1) [1]Die Kassenärztlichen Bundesvereinigungen vereinbaren mit den Spitzenverbänden der Krankenkassen durch Bewertungsausschüsse als Bestandteil der Bundesmantelverträge einen einheitlichen Bewer-

tungsmaßstab für die ärztlichen und einen einheitlichen Bewertungsmaßstab für die zahnärztlichen Leistungen. [2]In den Bundesmantelverträgen sind auch die Regelungen, die zur Organisation der vertragsärztlichen Versorgung notwendig sind, insbesondere Vordrucke und Nachweise, zu vereinbaren. [3]Bei der Gestaltung der Arzneiverordnungsblätter ist § 73 Abs. 5 zu beachten. [4]Die Arzneiverordnungsblätter sind so zu gestalten, dass bis zu drei Verordnungen je Verordnungsblatt möglich sind. [5]Dabei ist für jede Verordnung ein Feld für die Auftragung des Kennzeichens nach § 300 Abs. 1 Nr. 1 sowie ein weiteres Feld vorzusehen, in dem der Arzt seine Entscheidung nach § 73 Abs. 5 durch Ankreuzen kenntlich machen kann. [6]Spätestens bis zum 1. Januar 2006 ist auch ein elektronischer Verordnungsdatensatz für die Übermittlung der Verordnungsdaten an Apotheken und Krankenkassen zu vereinbaren.

(1a) [1]In dem Bundesmantelvertrag haben die Kassenzahnärztliche Bundesvereinigung und die Spitzenverbände der Krankenkassen festzulegen, dass die Kosten für Zahnersatz einschließlich Zahnkronen und Suprakonstruktionen, soweit die gewählte Versorgung der Regelversorgung nach § 56 Abs. 2 entspricht, gegenüber den Versicherten nach Absatz 2 abzurechnen sind. [2]Darüber hinaus sind im Bundesmantelvertrag folgende Regelungen zu treffen: [3]Der Vertragszahnarzt hat vor Beginn der Behandlung einen kostenfreien Heil- und Kostenplan zu erstellen, der den Befund, die Regelversorgung und die tatsächlich geplante Versorgung auch in den Fällen des § 55 Abs. 4 und 5 nach Art, Umfang und Kosten beinhaltet. [4]Im Heil- und Kostenplan sind Angaben zum Herstellungsort des Zahnersatzes zu machen. [5]Der Heil- und Kostenplan ist von der Krankenkasse vor Beginn der Behandlung insgesamt zu prüfen. [6]Die Krankenkasse kann den Befund, die Versorgungsnotwendigkeit und die geplante Versorgung begutachten lassen. [7]Bei bestehender Versorgungsnotwendigkeit bewilligt die Krankenkasse die Festzuschüsse gemäß § 55 Abs. 1 oder 2 entsprechend dem im Heil- und Kostenplan ausgewiesenen Befund. [8]Nach Abschluss der Behandlung rechnet der Vertragszahnarzt die von der Krankenkasse bewilligten Festzuschüsse mit Ausnahme der Fälle des § 55 Abs. 5 mit der Kassenzahnärztlichen Vereinigung ab. [9]Der Vertragszahnarzt hat bei Rechnungslegung eine Durchschrift der Rechnung des gewerblichen oder des praxiseigenen Labors über zahntechnische Leistungen und die Erklärung nach Anhang VIII der Richtlinie 93/42/EWG des Rates vom 14. Juni 1993 über Medizinprodukte (ABl. EG Nr. L 169 S. 1) in der jeweils geltenden Fassung beizufügen. [10]Der Bundesmantelvertrag regelt auch das Nähere zur Ausgestaltung des Heil- und Kostenplans, insbesondere muss aus dem Heil- und

Kostenplan erkennbar sein, ob die zahntechnischen Leistungen von Zahnärzten erbracht werden oder nicht.

(2) [1]Der einheitliche Bewertungsmaßstab bestimmt den Inhalt der abrechnungsfähigen Leistungen und ihr wertmäßiges, in Punkten ausgedrücktes Verhältnis zueinander; soweit möglich, sind die Leistungen mit Angaben für den zur Leistungserbringung erforderlichen Zeitaufwand des Vertragsarztes zu versehen. [2]Die Bewertungsmaßstäbe sind in bestimmten Zeitabständen auch daraufhin zu überprüfen, ob die Leistungsbeschreibungen und ihre Bewertungen noch dem Stand der medizinischen Wissenschaft und Technik sowie dem Erfordernis der Rationalisierung im Rahmen wirtschaftlicher Leistungserbringung entsprechen; bei der Bewertung der Leistungen ist insbesondere der Aspekt der wirtschaftlichen Nutzung der bei der Erbringung von Leistungen eingesetzten medizinisch-technischen Geräte zu berücksichtigen. [3]Der Bewertungsausschuss kann Regelungen treffen, die einem mit der Behandlung bestimmter Versichertengruppen verbundenen zusätzlichen Aufwand des Arztes Rechnung tragen; er beschließt dazu das Nähere, insbesondere zu Bestimmungen der im ersten Halbsatz genannten Versichertengruppen. [4]Die Regelungen nach den Sätzen 1, 2 und 3 sind erstmalig bis zum 30. Juni 2004 zu treffen.

(2 a) [1]Die im einheitlichen Bewertungsmaßstab für die ärztlichen Leistungen aufgeführten Leistungen sind, unter Berücksichtigung der Besonderheiten kooperativer Versorgungsformen, zu Leistungskomplexen oder Fallpauschalen zusammenzufassen; für die Versorgung im Rahmen von kooperativen Versorgungsformen sind Fallpauschalen festzulegen, die dem fallbezogenen Zusammenwirken von Ärzten unterschiedlicher Fachrichtungen in diesen Versorgungsformen Rechnung tragen. [2]Für die Abrechnung von Fallpauschalen sind Regelungen für den dabei zu erbringenden Leistungsumfang zu treffen; bei Fallpauschalen nach Satz 1 zweiter Halbsatz sind ferner Mindestanforderungen zu der institutionellen Ausgestaltung der Kooperation der beteiligten Ärzte festzulegen. [3]Soweit dies medizinisch erforderlich ist, können Einzelleistungen vorgesehen werden. [4]Für die üblicherweise von Hausärzten erbrachten Leistungen, insbesondere die Betreuungs-, Koordinations- und Dokumentationsleistungen, ist eine auf den Behandlungsfall bezogene Bewertung vorzusehen (hausärztliche Grundvergütung). [5]Die nach Absatz 2 Satz 1 bestimmten Leistungen sind entsprechend der in § 73 Abs. 1 festgelegten Gliederung der vertragsärztlichen Versorgung bis zum 31. März 2000 in Leistungen der hausärztlichen und Leistungen der fachärztlichen Versorgung zu gliedern mit der Maßgabe, dass unbeschadet gemeinsam abrechenbarer

Leistungen Leistungen der hausärztlichen Versorgung nur von den an der hausärztlichen Versorgung teilnehmenden Ärzten und Leistungen der fachärztlichen Versorgung nur von den an der fachärztlichen Versorgung teilnehmenden Ärzten abgerechnet werden dürfen; die Leistungen der fachärztlichen Versorgung sind in der Weise zu gliedern, dass den einzelnen Facharztgruppen die von ihnen ausschließlich abrechenbaren Leistungen zugeordnet werden. [6]Bei der Bestimmung der Arztgruppen nach Satz 5 ist der Versorgungsauftrag der jeweiligen Arztgruppe im Rahmen der vertragsärztlichen Versorgung zu Grunde zu legen. [7]Im Verteilungsmaßstab nach § 85 Abs. 4 sind Regelungen vorzusehen, die sicherstellen, dass die Abrechnung der in Satz 4 genannten Leistungen für einen Versicherten nur durch einen Arzt im jeweiligen Abrechnungszeitraum erfolgt; ferner sind Regelungen für den Fall eines Arztwechsels innerhalb des Abrechnungszeitraums vorzusehen. [8]Die Vertragspartner der Bundesmantelverträge stellen sicher, dass der nach § 85 Abs. 3a Satz 8 zusätzlich zu entrichtende Betrag mit Wirkung vom 1. Januar 1995 für eine entsprechende Erhöhung der Punktzahl für die hausärztliche Grundvergütung im Rahmen des einheitlichen Bewertungsmaßstabes verwendet wird. [9]Die Bewertung der von einer Arztpraxis in einem bestimmten Zeitraum erbrachten Leistungen kann so festgelegt werden, dass sie mit zunehmender Menge sinkt (Abstaffelung); der Bewertungsausschuss bestimmt die Leistungen, insbesondere medizinisch-technische Leistungen, für die eine Abstaffelung vorzunehmen ist. [10]Die Regelungen nach den Sätzen 1, 2, 5, 6 und 9 sind erstmalig bis zum 30. Juni 2004 zu treffen.

(2b) [1]Im einheitlichen Bewertungsmaßstab für die ärztlichen Leistungen sind die Bewertungen der Laborleistungen bis zum 31. Dezember 1993 entsprechend den Vorgaben nach Absatz 2 Satz 2 anzupassen und neu zu ordnen. [2]Bei der Neuordnung sind Möglichkeiten der strukturellen Veränderungen der Versorgung mit Laborleistungen einzubeziehen.

(2c) Der Bewertungsausschuss soll Regelungen zur Begrenzung veranlasster medizinisch-technischer Leistungen auf den medizinisch notwendigen Umfang treffen.

(2d) [1]Die im einheitlichen Bewertungsmaßstab für zahnärztliche Leistungen aufgeführten Leistungen können zu Leistungskomplexen zusammengefasst werden. [2]Die Leistungen sind entsprechend einer ursachengerechten, zahnsubstanzschonenden und präventionsorientierten Versorgung insbesondere nach dem Kriterium der erforderlichen Arbeitszeit gleichgewichtig in und zwischen den Leistungsbereichen für

Zahnerhaltung, Prävention, Zahnersatz und Kieferorthopädie zu bewerten. [3]Bei der Festlegung der Bewertungsrelationen ist wissenschaftlicher Sachverstand einzubeziehen. [4]Kommt eine Vereinbarung ganz oder teilweise bis zum 31. Dezember 2001 nicht zu Stande, hat das Bundesministerium für Gesundheit und Soziale Sicherung unverzüglich den erweiterten Bewertungsausschuss nach Absatz 4 mit Wirkung für die Vertragsparteien anzurufen. [5]Der erweiterte Bewertungsausschuss setzt mit der Mehrheit seiner Mitglieder innerhalb von sechs Monaten die Vereinbarung fest.

(3) [1]Der Bewertungsausschuss besteht aus sieben von der Kassenärztlichen Bundesvereinigung bestellten Vertretern sowie je einem von den Bundesverbänden der Krankenkassen, der Bundesknappschaft und den Verbänden der Ersatzkassen bestellten Vertreter. [2]Den Vorsitz führt abwechselnd ein Vertreter der Ärzte und ein Vertreter der Krankenkassen.

(4) [1]Kommt im Bewertungsausschuss durch übereinstimmenden Beschluss aller Mitglieder eine Vereinbarung über den Bewertungsmaßstab ganz oder teilweise nicht zustande, wird der Bewertungsausschuss auf Verlangen von mindestens zwei Mitgliedern um einen unparteiischen Vorsitzenden und vier weitere unparteiische Mitglieder erweitert. [2]Für die Benennung des unparteiischen Vorsitzenden gilt § 89 Abs. 3 entsprechend. [3]Von den weiteren unparteiischen Mitgliedern werden zwei Mitglieder von der Kassenärztlichen Bundesvereinigung sowie ein Mitglied gemeinsam von den Bundesverbänden der Krankenkassen und der Bundesknappschaft benannt. [4]Die Benennung eines weiteren unparteiischen Mitglieds erfolgt durch die Verbände der Ersatzkassen.

(5) [1]Der erweiterte Bewertungsausschuss setzt mit der Mehrheit seiner Mitglieder die Vereinbarung fest. [2]Die Festsetzung hat die Rechtswirkung einer vertraglichen Vereinbarung im Sinne des § 82 Abs. 1.

(6) [1]Die Beschlüsse der Bewertungsausschüsse und die den Beschlüssen zu Grunde liegenden Beratungsunterlagen sind dem Bundesministerium für Gesundheit und Soziale Sicherung vorzulegen; es kann die Beschlüsse innerhalb von zwei Monaten beanstanden. [2]Kommen Beschlüsse der Bewertungsausschüsse ganz oder teilweise nicht oder nicht innerhalb einer vom Bundesministerium für Gesundheit und Soziale Sicherung gesetzten Frist zu Stande oder werden die Beanstandungen des Bundesministeriums für Gesundheit und Soziale Sicherung nicht innerhalb einer von ihm gesetzten Frist behoben, kann das Bundesministerium für Gesundheit und Soziale Sicherung die Verein-

barungen festsetzen; es kann dazu Datenerhebungen in Auftrag geben oder Sachverständigengutachten einholen. [3]Die mit den Maßnahmen nach Satz 2 verbundenen Kosten sind von den Spitzenverbänden der Krankenkassen und der Kassenärztlichen Bundesvereinigung jeweils zur Hälfte zu tragen; das Nähere bestimmt das Bundesministerium für Gesundheit und Soziale Sicherung. [4]Abweichend von Satz 2 kann das Bundesministerium für Gesundheit und Soziale Sicherung für den Fall, dass Beschlüsse der Bewertungsausschüsse nicht oder nicht innerhalb einer vom Bundesministerium für Gesundheit und Soziale Sicherung gesetzten Frist zu Stande kommen, den erweiterten Bewertungsausschuss nach Absatz 4 mit Wirkung für die Vertragspartner anrufen. [5]Der erweiterte Bewertungsausschuss setzt mit der Mehrheit seiner Mitglieder innerhalb einer vom Bundesministerium für Gesundheit und Soziale Sicherung gesetzten Frist die Vereinbarung fest; die Sätze 1 bis 3 gelten entsprechend.

§ 92 Richtlinien der Bundesausschüsse

(1) [1]Der Gemeinsame Bundesausschuss beschließt die zur Sicherung der ärztlichen Versorgung erforderlichen Richtlinien über die Gewährung für eine ausreichende, zweckmäßige und wirtschaftliche Versorgung der Versicherten; dabei ist den besonderen Erfordernissen der Versorgung behinderter oder von Behinderung bedrohter Menschen und psychisch Kranker Rechnung zu tragen, vor allem bei den Leistungen zur Belastungserprobung und Arbeitstherapie; er kann dabei die Erbringung und Verordnung von Leistungen oder Maßnahmen einschränken oder ausschließen, wenn nach dem allgemein anerkannten Stand der medizinischen Erkenntnisse der diagnostische oder therapeutische Nutzen, die medizinische Notwendigkeit oder die Wirtschaftlichkeit nicht nachgewiesen sind. [2]Er soll insbesondere Richtlinien beschließen über die

1. ärztliche Behandlung,
2. zahnärztliche Behandlung einschließlich der Versorgung mit Zahnersatz sowie kieferorthopädische Behandlung,
3. Maßnahmen zur Früherkennung von Krankheiten,
4. ärztliche Betreuung bei Schwangerschaft und Mutterschaft,
5. Einführung neuer Untersuchungs- und Behandlungsmethoden,
6. Verordnung von Arznei-, Verband-, Heil- und Hilfsmitteln, Krankenhausbehandlung, häuslicher Krankenpflege und Soziotherapie,
7. Beurteilung der Arbeitsunfähigkeit,

8. Verordnung von im Einzelfall gebotenen Leistungen zur medizinischen Rehabilitation und die Beratung über Leistungen zur medizinischen Rehabilitation, Leistungen zur Teilhabe am Arbeitsleben und ergänzende Leistungen zur Rehabilitation,
9. Bedarfsplanung,
10. medizinische Maßnahmen zur Herbeiführung einer Schwangerschaft nach § 27a Abs. 1,
11. Maßnahmen nach den §§ 24a und 24b,
12. Verordnung von Krankentransporten.

(1a) [1]Die Richtlinien nach Absatz 1 Satz 2 Nr. 2 sind auf eine ursachengerechte, zahnsubstanzschonende und präventionsorientierte zahnärztliche Behandlung einschließlich der Versorgung mit Zahnersatz sowie kieferorthopädischer Behandlung auszurichten. [2]Der Gemeinsame Bundesausschuss hat die Richtlinien auf der Grundlage auch von externem, umfassendem zahnmedizinisch-wissenschaftlichem Sachverstand zu beschließen. [3]Das Bundesministerium für Gesundheit und Soziale Sicherung kann dem Gemeinsamen Bundesausschuss vorgeben, einen Beschluss zu einzelnen dem Bundesausschuss durch Gesetz zugewiesenen Aufgaben zu fassen oder zu überprüfen und hierzu eine angemessene Frist setzen. [4]Bei Nichteinhaltung der Frist fasst eine aus den Mitgliedern des Bundesausschusses zu bildende Schiedsstelle innerhalb von 30 Tagen den erforderlichen Beschluss. [5]Die Schiedsstelle besteht aus dem unparteiischen Vorsitzenden, den zwei weiteren unparteiischen Mitgliedern des Bundesausschusses und je einem der Vertreter der Zahnärzte und Krankenkassen. [6]Vor der Entscheidung des Bundesausschusses über die Richtlinien nach Absatz 1 Satz 2 Nr. 2 ist den für die Wahrnehmung der Interessen von Zahntechnikern maßgeblichen Spitzenorganisationen auf Bundesebene Gelegenheit zur Stellungnahme zu geben; die Stellungnahmen sind in die Entscheidung einzubeziehen.

(1b) Vor der Entscheidung des Gemeinsamen Bundesausschusses über die Richtlinien nach Absatz 1 Satz 2 Nr. 4 ist den in § 134 Abs. 2 genannten Organisationen der Leistungserbringer auf Bundesebene Gelegenheit zur Stellungnahme zu geben; die Stellungnahmen sind in die Entscheidung einzubeziehen.

(2) [1]Die Richtlinien nach Absatz 1 Satz 2 Nr. 6 haben Arznei- und Heilmittel unter Berücksichtigung der Festbeträge nach § 35 oder § 35a so zusammenzustellen, dass dem Arzt der Preisvergleich und die Auswahl therapiegerechter Verordnungsmengen ermöglicht wird. [2]Die Zusammenstellung der Arzneimittel ist nach Indikationsgebieten und Stoffgruppen zu gliedern. [3]Um dem Arzt eine therapie- und preis-

gerechte Auswahl der Arzneimittel zu ermöglichen, sind zu den einzelnen Indikationsgebieten Hinweise aufzunehmen, aus denen sich für Arzneimittel mit pharmakologisch vergleichbaren Wirkstoffen oder therapeutisch vergleichbarer Wirkung eine Bewertung des therapeutischen Nutzens auch im Verhältnis zum jeweiligen Apothekenabgabepreis und damit zur Wirtschaftlichkeit der Verordnung ergibt; § 73 Abs. 8 Satz 3 bis 6 gilt entsprechend. [4]Um dem Arzt eine therapie- und preisgerechte Auswahl der Arzneimittel zu ermöglichen, können ferner für die einzelnen Indikationsgebiete die Arzneimittel in folgenden Gruppen zusammengefasst werden:

1. Mittel, die allgemein zur Behandlung geeignet sind,
2. Mittel, die nur bei einem Teil der Patienten oder in besonderen Fällen zur Behandlung geeignet sind,
3. Mittel, bei deren Verordnung wegen bekannter Risiken oder zweifelhafter therapeutischer Zweckmäßigkeit besondere Aufmerksamkeit geboten ist.

[5]Sachverständigen der medizinischen und pharmazeutischen Wissenschaft und Praxis sowie der Arzneimittelhersteller und der Berufsvertretungen der Apotheker ist Gelegenheit zur Stellungnahme zu geben; bei der Beurteilung von Arzneimitteln der besonderen Therapierichtungen sind auch Stellungnahmen von Sachverständigen dieser Therapierichtungen einzuholen. [6]Die Stellungnahmen sind in die Entscheidung einzubeziehen.

(3) [1]Für Klagen gegen die Zusammenstellung der Arzneimittel nach Absatz 2 gelten die Vorschriften über die Anfechtungsklage entsprechend. [2]Die Klagen haben keine aufschiebende Wirkung. [3]Ein Vorverfahren findet nicht statt. [4]Eine gesonderte Klage gegen die Gliederung nach Indikationsgebieten oder Stoffgruppen nach Absatz 2 Satz 2, die Zusammenfassung der Arzneimittel in Gruppen nach Absatz 2 Satz 4 oder gegen sonstige Bestandteile der Zusammenstellung nach Absatz 2 ist unzulässig.

(3a) Vor der Entscheidung über die Richtlinien zur Verordnung von Arzneimitteln nach Absatz 1 Satz 2 Nr. 6 ist den für die Wahrnehmung der wirtschaftlichen Interessen gebildeten maßgeblichen Spitzenorganisationen der pharmazeutischen Unternehmer und der Apotheker sowie den maßgeblichen Dachverbänden der Ärztegesellschaften der besonderen Therapierichtungen auf Bundesebene Gelegenheit zur Stellungnahme zu geben; die Stellungnahmen sind in die Entscheidung einzubeziehen.

(4) [1]In den Richtlinien nach Absatz 1 Satz 2 Nr. 3 sind insbesondere zu regeln

1. die Anwendung wirtschaftlicher Verfahren und die Voraussetzungen, unter denen mehrere Maßnahmen zur Früherkennung zusammenzufassen sind,
2. das Nähere über die Bescheinigungen und Aufzeichnungen bei Durchführung der Maßnahmen zur Früherkennung von Krankheiten.

[2]Die Krankenkassen und die Kassenärztlichen Vereinigungen haben die bei Durchführung von Maßnahmen zur Früherkennung von Krankheiten anfallenden Ergebnisse zu sammeln und auszuwerten. [3]Dabei ist sicherzustellen, dass Rückschlüsse auf die Person des Untersuchten ausgeschlossen sind.

(5) [1]Vor der Entscheidung des Gemeinsamen Bundesausschusses über die Richtlinien nach Absatz 1 Satz 2 Nr. 8 ist den in § 111b Satz 1 genannten Organisationen der Leistungserbringer, den Rehabilitationsträgern (§ 6 Abs. 1 Nr. 2 bis 7 des Neunten Buches) sowie der Bundesarbeitsgemeinschaft für Rehabilitation Gelegenheit zur Stellungnahme zu geben; die Stellungnahmen sind in die Entscheidung einzubeziehen. [2]In den Richtlinien ist zu regeln, bei welchen Behinderungen, unter welchen Voraussetzungen und nach welchen Verfahren die Vertragsärzte die Krankenkassen über die Behinderungen von Versicherten zu unterrichten haben.

(6) [1]In den Richtlinien nach Absatz 1 Satz 2 Nr. 6 ist insbesondere zu regeln

1. der Katalog verordnungsfähiger Heilmittel,
2. die Zuordnung der Heilmittel zu Indikationen,
3. die Besonderheiten bei Wiederholungsverordnungen und
4. Inhalt und Umfang der Zusammenarbeit des verordnenden Vertragsarztes mit dem jeweiligen Heilmittelerbringer.

[2]Vor der Entscheidung des Bundesausschusses über die Richtlinien zur Verordnung von Heilmitteln nach Absatz 1 Satz 2 Nr. 6 ist den in § 125 Abs. 1 Satz 1 genannten Organisationen der Leistungserbringer Gelegenheit zur Stellungnahme zu geben; die Stellungnahmen sind in die Entscheidung einzubeziehen.

(6a) [1]In den Richtlinien nach Absatz 1 Satz 2 Nr. 1 ist insbesondere das Nähere über die psychotherapeutisch behandlungsbedürftigen Krankheiten, die zur Krankenbehandlung geeigneten Verfahren, das Antrags- und Gutachterverfahren, die probatorischen Sitzungen sowie über Art, Umfang und Durchführung der Behandlung zu regeln. [2]Die Richtlinien haben darüber hinaus Regelungen zu treffen über die inhaltlichen Anforderungen an den Konsiliarbericht und an die fachlichen Anforderungen des den Konsiliarbericht (§ 28 Abs. 3) abgebenden Vertragsarztes. [3]Sie sind erstmalig zum 31. Dezember 1998 zu beschließen und treten am 1. Januar 1999 in Kraft.

(7) [1]In den Richtlinien nach Absatz 1 Satz 2 Nr. 6 sind insbesondere zu regeln

1. die Verordnung der häuslichen Krankenpflege und deren ärztliche Zielsetzung und
2. Inhalt und Umfang der Zusammenarbeit des verordnenden Vertragsarztes mit dem jeweiligen Leistungserbringer und dem Krankenhaus.

[2]Vor der Entscheidung des Gemeinsamen Bundesausschusses über die Richtlinien zur Verordnung von häuslicher Krankenpflege nach Absatz 1 Satz 2 Nr. 6 ist den in § 132a Abs. 1 Satz 1 genannten Leistungserbringern Gelegenheit zur Stellungnahme zu geben; die Stellungnahmen sind in die Entscheidung einzubeziehen.

(7a) Vor der Entscheidung des Gemeinsamen Bundesausschusses über die Richtlinien zur Verordnung von Hilfsmitteln nach Absatz 1 Satz 2 Nr. 6 ist den in § 128 Abs. 1 Satz 4 genannten Organisationen der betroffenen Leistungserbringer und Hilfsmittelhersteller auf Bundesebene Gelegenheit zur Stellungnahme zu geben; die Stellungnahmen sind in die Entscheidung einzubeziehen.

(8) Die Richtlinien des Gemeinsamen Bundesausschusses sind Bestandteil der Bundesmantelverträge.

§ 93 Übersicht über ausgeschlossene Arzneimittel

(1) [1]Der Gemeinsame Bundesausschuss soll in regelmäßigen Zeitabständen die nach § 34 Abs. 1 (oder durch Rechtsverordnung auf Grund des § 34 Abs. 2 und 3) ganz oder für bestimmte Indikationsgebiete von der Versorgung nach § 31 ausgeschlossenen Arzneimittel in einer Übersicht zusammenstellen. [2]Die Übersicht ist im Bundesanzeiger bekannt zu machen.

(2) Kommt der Gemeinsame Bundesausschuss seiner Pflicht nach Absatz 1 nicht oder nicht in einer vom Bundesministerium für Gesundheit und Soziale Sicherung gesetzten Frist nach, kann das Bundesmi-

nisterium für Gesundheit die Übersicht zusammenstellen und im Bundesanzeiger bekannt machen.

§ 94 Wirksamwerden der Richtlinien

(1) [1]Die vom Gemeinsamen Bundesausschuss beschlossenen Richtlinien sind dem Bundesministerium für Gesundheit und Soziale Sicherung vorzulegen. [2]Er kann sie innerhalb von zwei Monaten beanstanden. [3]Kommen die für die Sicherstellung der ärztlichen Versorgung erforderlichen Beschlüsse des Gemeinsamen Bundesausschusses nicht oder nicht innerhalb einer vom Bundesministerium für Gesundheit und Soziale Sicherung gesetzten Frist zustande oder werden die Beanstandungen des Bundesministeriums für Gesundheit und Soziale Sicherung nicht innerhalb der von ihm gesetzten Frist behoben, erlässt das Bundesministerium für Gesundheit die Richtlinien.

(2) Die Richtlinien sind im Bundesanzeiger bekannt zu machen.

§ 106 Wirtschaftlichkeitsprüfung in der vertragsärztlichen Versorgung

(1) Die Krankenkassen und die Kassenärztlichen Vereinigungen überwachen die Wirtschaftlichkeit der vertragsärztlichen Versorgung durch Beratungen und Prüfungen[1].

---

[1] Beachte hierzu folgende **Übergangsregelung** gem. Art. 3 § 2 G v. 19.12.2001 (BGBl. I S. 3773):
Art. 3
§ 2 Übergangsregelung für die Prüfungen ärztlich verordneter Leistungen nach § 106 Abs. 2 Nr. 1 des Fünften Buches Sozialgesetzbuch in den Jahren 2002 und 2003. [1]Prüfungen nach Richtgrößen im Jahr 2002 erfolgen entsprechend § 106 Abs. 5a des Fünften Buches Sozialgesetzbuch in der Fassung dieses Gesetzes auf der Grundlage der Richtgrößenvereinbarungen nach § 84 Abs. 3 des Fünften Buches Sozialgesetzbuch in der bis zum In-Kraft-Treten dieses Gesetzes geltenden Fassung. [2]Liegen die erforderlichen Voraussetzungen für die Prüfungen nach Satz 1 nicht vor, sind im Jahr 2002 getrennt Prüfungen ärztlich verordneter Arznei- und Verbandmittel sowie ärztlich verordneter Heilmittel nach Durchschnittswerten gemäß § 106 Abs. 1 bis 5 des Fünften Buches Sozialgesetzbuch und der dazu getroffenen Vereinbarungen im gebotenen Umfang durchzuführen. [3]Abweichend von § 106 Abs. 2 Satz 6 des Fünften Buches Sozialgesetzbuch können bis zum 31. Dezember 2003 Prüfungen ärztlich verordneter Arznei- und verordneter Heilmittel sowie ärztlich verordneter Heilmittel nach Durchschnittswerten zusätzlich zu Prüfungen nach Richtgrößen durchgeführt werden. [4]Die Klage gegen die Entscheidung des Beschwerdeausschusses hat keine aufschiebende Wirkung. [5]Führen jeweils beide Prüfungsverfahren zu Erstattungsansprüchen der Krankenkassen, verringert sich der Erstattungsbetrag im Rahmen der Prüfung nach Richtgrößen um den im Rahmen der Prüfung nach Durchschnittswerten festgesetzten Betrag.

(1a) In erforderlichen Fällen berät der in Absatz 4 genannte Prüfungsausschuss die Vertragsärzte auf der Grundlage von Übersichten über die von ihnen im Zeitraum eines Jahres oder in einem kürzeren Zeitraum erbrachten, verordneten oder veranlassten Leistungen über Fragen der Wirtschaftlichkeit und Qualität der Versorgung.

(2) [1]Die Wirtschaftlichkeit der Versorgung wird geprüft durch

1. arztbezogene Prüfung ärztlich verordneter Leistungen bei Überschreitung der Richtgrößenvolumina nach § 84 (Auffälligkeitsprüfung),
2. arztbezogene Prüfung ärztlicher und ärztlich verordneter Leistungen auf der Grundlage von arztbezogenen und versichertenbezogenen Stichproben, die mindestens 2 vom Hundert der Ärzte je Quartal umfassten (Zufälligkeitsprüfung).

[2]Die Höhe der Stichprobe nach Satz 1 Nr. 2 ist nach Arztgruppen gesondert zu bestimmen. [3]Die Prüfungen nach Satz 1 Nr. 2 umfassen neben dem zur Abrechnung vorgelegten Leistungsvolumen auch Überweisungen, Krankenhauseinweisungen und Feststellungen der Arbeitsunfähigkeit sowie sonstige veranlasste Leistungen, insbesondere aufwendige medizinisch-technische Leistungen; honorarwirksame Begrenzungsregelungen haben keinen Einfluss auf die Prüfungen. [4]Die Landesverbände der Krankenkassen und die Verbände der Ersatzkassen können gemeinsam und einheitlich mit den Kassenärztlichen Vereinigungen über die in Satz 1 vorgesehenen Prüfungen hinaus Prüfungen ärztlicher und ärztlich verordneter Leistungen nach Durchschnittswerten oder andere arztbezogene Prüfungsarten vereinbaren; dabei dürfen versichertenbezogene Daten nur nach den Vorschriften des Zehnten Kapitels erhoben, verarbeitet oder genutzt werden. [5]Die Prüfungen bei Überschreitung der Richtgrößenvolumina sind für den Zeitraum eines Jahres durchzuführen. [6]Der einer Prüfung nach Satz 1 Nr. 2 zu Grunde zu legende Zeitraum beträgt mindestens ein Jahr.

(2a) Gegenstand der Beurteilung der Wirtschaftlichkeit in den Prüfungen nach Absatz 2 Satz 1 Nr. 2 sind, soweit dafür Veranlassung besteht,

1. die medizinische Notwendigkeit der Leistungen (Indikation),
2. die Eignung der Leistungen zur Erreichung des therapeutischen oder diagnostischen Ziels (Effektivität),
3. die Übereinstimmung der Leistungen mit den anerkannten Kriterien für ihre fachgerechte Erbringung (Qualität), insbesondere mit den in den Richtlinien des Gemeinsamen Bundesausschusses enthaltenen Vorgaben,

4. die Angemessenheit der durch die Leistungen verursachten Kosten im Hinblick auf das Behandlungsziel,

5. bei Leistungen des Zahnersatzes und der Kieferorthopädie auch die Vereinbarkeit der Leistungen mit dem Heil- und Kostenplan.

(2b) [1]Die Kassenärztlichen Bundesvereinigungen und die Spitzenverbände der Krankenkassen gemeinsam und einheitlich vereinbaren Richtlinien zum Inhalt und zur Durchführung der Prüfungen nach Absatz 2 Satz 1 Nr. 2, insbesondere zu den Beurteilungsgegenständen nach Absatz 2a, zur Bestimmung und zum Umfang der Stichproben sowie zur Auswahl von Leistungsmerkmalen, erstmalig bis zum 31. Dezember 2004. [2]Die Richtlinien sind dem Bundesministerium für Gesundheit und Soziale Sicherung vorzulegen. [3]Es kann sie innerhalb von zwei Monaten beanstanden. [4]Kommen die Richtlinien nicht zu Stande oder werden die Beanstandungen des Bundesministeriums für Gesundheit und Soziale Sicherung nicht innerhalb einer von ihm gesetzten Frist behoben, kann das Bundesministerium für Gesundheit und Soziale Sicherung die Richtlinien erlassen.

(2c) [1]Die Prüfungen nach Absatz 2 Satz 1 werden auf der Grundlage der Daten durchgeführt, die den Geschäftsstellen nach Absatz 4a gemäß § 296 Abs. 1, 2 und 4 sowie § 297 Abs. 1 bis 3 übermittelt werden. [2]Macht der Arzt Zweifel an der Richtigkeit der Daten geltend, entscheidet der Prüfungsausschuss, ob die Zweifel hinreichend begründet sind und die Richtigkeit der Daten auf der Grundlage einer Stichprobe aus den Originalbelegen oder aus Kopien dieser Belege zu überprüfen ist.

(3) [1]Die in Absatz 2 Satz 4 genannten Vertragspartner vereinbaren Inhalt und Durchführung der Beratung nach Abs. 1a und der Prüfung der Wirtschaftlichkeit nach Absatz 2 gemeinsam und einheitlich; die Richtlinien nach Absatz 2b sind Inhalt der Vereinbarungen. [2]In den Vereinbarungen ist insbesondere das Verfahren der Bestimmung der Stichproben für die Prüfungen nach Absatz 2 Satz 1 Nr. 2 festzulegen; dabei kann die Bildung von Stichprobengruppen abweichend von den Fachgebieten nach ausgewählten Leistungsmerkmalen vorgesehen werden. [3]In den Verträgen ist auch festzulegen, unter welchen Voraussetzungen Einzelfallprüfungen durchgeführt und pauschale Honorarkürzungen vorgenommen werden; festzulegen ist ferner, dass der Prüfungsausschuss auf Antrag der Kassenärztlichen Vereinigung, der Krankenkasse oder ihres Verbandes Einzelfallprüfungen durchführt. [4]Für den Fall wiederholt festgestellter Unwirtschaftlichkeit sind pauschale Honorarkürzungen vorzusehen.

(3a) Ergeben die Prüfungen nach Absatz 2 und nach § 275 Abs. 1 Nr. 3b, Abs. 1a und Abs. 1b, dass ein Arzt Arbeitsunfähigkeit festgestellt hat, obwohl die medizinischen Voraussetzungen dafür nicht vorlagen, kann der Arbeitgeber, der zu Unrecht Arbeitsentgelt gezahlt hat, und die Krankenkasse, die zu Unrecht Krankengeld gezahlt hat, von dem Arzt Schadensersatz verlangen, wenn die Arbeitsunfähigkeit grob fahrlässig oder vorsätzlich festgestellt worden ist, obwohl die Voraussetzungen dafür nicht vorgelegen hatten.

(4) [1]Die in Absatz 2 Satz 4 genannten Vertragspartner bilden bei der Kassenärztlichen Vereinigung oder bei einem der in Satz 5 genannten Landesverbände einen gemeinsamen Prüfungs- und einen gemeinsamen Beschwerdeausschuss. [2]Die Ausschüsse bestehen jeweils aus Vertretern der Kassenärztlichen Vereinigung und der Krankenkassen in gleicher Zahl sowie einem unparteiischen Vorsitzenden. [3]Die Amtsdauer beträgt zwei Jahre. [4]Bei Stimmengleichheit gibt die Stimme des Vorsitzenden den Ausschlag. [5]Über den Vorsitzenden, dessen Stellvertreter sowie den Sitz der Ausschüsse sollen sich die Kassenärztliche Vereinigung, die Landesverbände der Krankenkassen und die Verbände der Ersatzkassen einigen. [6]Kommt eine Einigung nicht zu Stande, beruft die Aufsichtsbehörde nach Absatz 7 im Benehmen mit der Kassenärztlichen Vereinigung und den Verbänden der Krankenkassen den jeweiligen Vorsitzenden und dessen Stellvertreter und entscheidet über den Sitz der Ausschüsse.

(4a) [1]Der Prüfungs- und der Beschwerdeausschuss werden bei der Wahrnehmung ihrer Aufgaben durch eine Geschäftsstelle unterstützt. [2]Die Geschäftsstelle wird bei der Kassenärztlichen Vereinigung oder bei einem der in Absatz 4 Satz 5 genannten Landesverbände oder bei einer bereits bestehenden Arbeitsgemeinschaft im Land errichtet. [3]Über die Ausstattung der Geschäftsstelle mit den für die Aufgabenwahrnehmung erforderlichen Sachmitteln, die Einstellung des Personals und die Inhalte und Abläufe der Tätigkeit der Geschäftsstelle entscheiden der Prüfungs- und der Beschwerdeausschuss gemeinsam. [4]Die innere Organisation ist so zu gestalten, dass sie den besonderen Anforderungen des Datenschutzes nach § 78a des Zehnten Buches gerecht wird. [5]Über die nach Satz 2 zu treffende Entscheidung sollen sich die Kassenärztliche Vereinigung und die Verbände der Krankenkassen einigen. [6]Kommt eine Einigung nicht zu Stande, entscheidet die Aufsichtsbehörde nach Absatz 7. [7]Die Geschäftsstelle bereitet die für die Prüfungen nach Absatz 2 erforderlichen Daten und sonstigen Unterlagen auf, trifft Feststellungen zu den für die Beurteilung der Wirtschaftlichkeit wesentlichen Sachverhalten und legt diese dem Prüfungsausschuss verbunden mit einem Vorschlag zur Festsetzung von Maßnahmen zur Entscheidung vor. [8]Die Kosten der Prüfungs- und Beschwerdeausschüsse sowie der Geschäftsstelle tragen die Kassenärztliche Vereinigung und die beteiligten Krankenkassen je zur Hälfte. [9]Das Bundesministerium für Gesundheit und Soziale Sicherung bestimmt durch Rechtsverordnung mit Zustimmung des Bundesrates das Nähere zur Geschäftsführung der Prüfungs- und Beschwerdeausschüsse sowie der Geschäftsstellen einschließlich der Entschädigung der Vorsitzenden der Ausschüsse und zu den Pflichten der von den in Absatz 2 Satz 4 genannten Vertragspartnern entsandten Vertreter. [10]Die Rechtsverordnung kann auch die Voraussetzungen und das Verfahren zur Verhängung von Maßnahmen gegen Mitglieder der Ausschüsse bestimmen, die ihre Pflichten nach diesem Gesetzbuch nicht oder nicht ordnungsgemäß erfüllen.

(4b) [1]Werden Wirtschaftlichkeitsprüfungen nicht in dem vorgesehenen Umfang oder nicht entsprechend den für ihre Durchführung geltenden Vorgaben durchgeführt, haften die zuständigen Vorstandsmitglieder der Krankenkassenverbände und Kassenärztlichen Vereinigungen für eine ordnungsgemäße Umsetzung dieser Regelung. [2]Können Wirtschaftlichkeitsprüfungen nicht in dem vorgesehenen Umfang oder nicht entsprechend den für ihre Durchführung geltenden Vorgaben durchgeführt werden, weil die erforderlichen Daten nach den §§ 296 und 297 nicht oder nicht im vorgesehenen Umfang oder nicht fristgerecht übermittelt worden sind, haften die zuständigen Vorstandsmitglieder der Krankenkassen oder der Kassenärztlichen Vereinigungen. [3]Die zuständige Aufsichtsbehörde hat nach Anhörung der Vorstandsmitglieder und der jeweils entsandten Vertreter im Ausschuss den Verwaltungsrat oder die Vertreterversammlung zu veranlassen, das Vorstandsmitglied auf Ersatz des aus der Pflichtverletzung entstandenen Schadens in Anspruch zu nehmen, falls der Verwaltungsrat oder die Vertreterversammlung das Regressverfahren nicht bereits von sich aus eingeleitet hat.

(4c) [1]Die Vertragspartner nach Absatz 2 Satz 4 können mit Zustimmung der für sie zuständigen Aufsichtsbehörde die gemeinsame Bildung von Prüfungs- und Beschwerdeausschüssen über den Bereich eines Landes oder einer anderen Kassenärztlichen Vereinigung hinaus vereinbaren. [2]Die nach Absatz 4 oder 4c Satz 1 gebildeten Prüfungs- und Beschwerdeausschüsse können mit Zustimmung der für sie zuständigen Aufsichtsbehörde Aufgaben nach Absatz 4a durch eine in dem Bereich eines anderen Landes oder einer anderen Kassenärztlichen Vereinigung nach Absatz 4a errichteten Geschäftsstelle wahrnehmen lassen, wenn dies wirtschaftlich und zweckmäßig ist; § 89 Abs. 3 bis 5, § 91 Abs. 2 Satz 1 und Abs. 4 und § 92 des Zehnten Buches gelten entsprechend. [3]Die Aufsicht über die für den Bereich mehrerer Länder tätigen Ausschüsse oder Stellen nach Absatz 4a führt die für die Sozialversicherung zuständige oberste Verwaltungsbehörde des Landes, in dem der Ausschuss oder die Stelle ihren Sitz hat. [4]Die Aufsicht ist im Benehmen mit den zuständigen obersten Verwaltungsbehörden der beteiligten Länder wahrzunehmen.

(4d) [1]Die nach Absatz 4 gebildeten Prüfungs- und Beschwerdeausschüsse können mit Zustimmung der für sie zuständigen Aufsichtsbehörde unabhängige Sachverständige oder andere private Dritte mit der Erfüllung der Aufgaben nach Absatz 4a beauftragen, wenn dies wirtschaftlich und zweckmäßig ist. [2]Absatz 4c Satz 2 zweiter Halbsatz gilt.

(5) [1]Der Prüfungsausschuss entscheidet, ob der Vertragsarzt, der ermächtigte Arzt oder die ermächtigte ärztlich geleitete Einrichtung gegen das Wirtschaftlichkeitsgebot verstoßen hat und welche Maßnahmen zu treffen sind. [2]Dabei sollen gezielte Beratungen weiterer Maßnahmen in der Regel vorangehen. [3]Gegen die Entscheidungen der Prüfungsausschüsse können die betroffenen Ärzte und ärztlich geleiteten Einrichtungen, die Krankenkasse, die betroffenen Landesverbände der Krankenkassen sowie die Kassenärztlichen Vereinigungen die Beschwerdeausschüsse anrufen. [4]Die Anrufung hat aufschiebende Wirkung. [5]Für das Verfahren sind § 84 Abs. 1 und § 85 Abs. 3 des Sozialgerichtsgesetzes anzuwenden. [6]Das Verfahren vor dem Beschwerdeausschuss gilt als Vorverfahren (§ 78 des Sozialgerichtsgesetzes). [7]Die Klage gegen eine vom Beschwerdeausschuss festgesetzte Honorarkürzung hat keine aufschiebende Wirkung.

(5a) [1]Beratungen nach Absatz 1a bei Überschreitung der Richtgrößenvolumen nach § 84 Abs. 6 und 8 werden durchgeführt, wenn das Verordnungsvolumen eines Arztes in einem Kalenderjahr das Richtgrößenvolumen um mehr als 15 vom Hundert übersteigt und auf Grund der vorliegenden Daten der Prüfungsausschuss nicht davon ausgeht, dass die Überschreitung in vollem Umfang durch Praxisbesonderheiten begründet ist (Vorab-Prüfung). [2]Die nach § 84 Abs. 6 zur Bestimmung der Richtgrößen verwendeten Maßstäbe können zur Feststellung von Praxisbesonderheiten nicht erneut herangezogen werden. [3]Bei einer Überschreitung des Richtgrößenvolumens um mehr als 25 vom Hundert hat der Vertragsarzt nach Feststellung durch den Prüfungsausschuss den sich daraus ergebenden Mehraufwand den Krankenkassen zu erstatten, soweit dieser nicht durch Praxisbesonderheiten begründet ist. [4]Der Prüfungsausschuss soll vor seinen Entscheidungen und Festsetzungen im Fall von Satz 4 auf eine entsprechende Vereinbarung mit dem Vertragsarzt hinwirken, die im Fall von Satz 4 eine Minderung des Erstattungsbetrages um bis zu einem Fünftel zum Inhalt haben kann. [5]Die in Absatz 2 Satz 4 genannten Vertragspartner bestimmen in Vereinbarungen nach Absatz 3 die Maßstäbe zur Prüfung der Berücksichtigung von Praxisbesonderheiten. [6]Eine Klage gegen die Entscheidung des Beschwerdeausschusses hat keine aufschiebende Wirkung.

(5b) [1]In den Prüfungen nach Absatz 2 Satz 1 Nr. 1 ist auch die Einhaltung der Richtlinien nach § 92 Abs. 1 Satz 2 Nr. 6 zu prüfen, soweit ihre Geltung auf § 35b Abs. 1 beruht. [2]Das Nähere ist in Vereinbarungen nach Absatz 3 zu regeln.

(5c) [1]Der Prüfungsausschuss setzt den den Krankenkassen zustehenden Betrag nach Absatz 5a fest. [2]Die nach Maßgabe der Gesamtverträge zu entrichtende Vergütung verringert sich um diesen Betrag. [3]Die Kassenärztliche Vereinigung hat in der jeweiligen Höhe Rückforderungsansprüche gegen den Vertragsarzt, die der an die Kassenärztliche Vereinigung zu entrichtenden Vergütung zugerechnet werden. [4]Soweit der Vertragsarzt nachweist, dass ihn die Rückforderung wirtschaftlich gefährden würde, kann die Kassenärztliche Vereinigung sie entsprechend § 76 Abs. 2 Nr. 1 und 3 des Vierten Buches stunden oder erlassen.

(5d) [1]Ein vom Vertragsarzt zu erstattender Mehraufwand wird abweichend von Absatz 5a Satz 3 nicht festgesetzt, soweit der Prüfungsausschuss mit dem Arzt eine individuelle Richtgröße vereinbart, die eine wirtschaftliche Verordnungsweise des Arztes unter Berücksichtigung von Praxisbesonderheiten gewährleistet. [2]In dieser Vereinbarung muss sich der Arzt verpflichten, ab dem Quartal, das auf die Vereinbarung folgt, jeweils den sich aus einer Überschreitung dieser Richtgröße ergebenden Mehraufwand den Krankenkassen zu erstatten. [3]Die Richtgröße ist für den Zeitraum von vier Quartalen zu vereinbaren und für den folgenden Zeitraum zu überprüfen, soweit hierzu nichts anderes vereinbart ist.

(6) Die Absätze 1 bis 5 gelten auch für die Prüfung der Wirtschaftlichkeit der im Krankenhaus erbrachten ambulanten ärztlichen und belegärztlichen Leistungen; § 106a gilt entsprechend.

(7) [1]Die Aufsicht über die Prüfungs- und Beschwerdeausschüsse einschließlich der Geschäftsstellen nach den Absätzen 4 und 4a führen die für die Sozialversicherung zuständigen obersten Verwaltungsbe-

hörden der Länder. [2]Die Prüfungs- und Beschwerdeausschüsse erstellen einmal jährlich eine Übersicht über die Zahl der durchgeführten Beratungen und Prüfungen sowie die von ihnen festgesetzten Maßnahmen. [3]Die Übersicht ist der Aufsichtsbehörde vorzulegen.

Auszug aus der Amtlichen Begründung zu § 106 Abs. 2:

Zu Abs. 2

Die Wirtschaftlichkeitsprüfungen werden zu zwei Kategorien zusammengefasst:

- Auffälligkeitsprüfungen werden durchgeführt, wenn der jeweils als Auffälligkeitskriterium zugrunde zu legende Wert überschritten wird: bei ärztlichen Leistungen der arztgruppenspezifische Durchschnittswert, bei ärztlich verordneten Leistungen der Durchschnittswert oder die Richtgröße nach § 84. Eine Kumulation von Durchschnitts- und Richtgrößenprüfungen bei verordneten Leistungen wird dadurch ausgeschlossen, dass bei Durchführung von Prüfungen nach Richtgrößen Durchschnittsprüfungen nicht vorgenommen werden.
- Zufälligkeitsprüfungen werden auf der Grundlage von Stichproben durchgeführt; diese können auch arztgruppenspezifisch gezogen werden. Eine Kumulation von Zufälligkeitsprüfungen wird durch die Einführung einer zweijährigen Karenzzeit ausgeschlossen.

Zu Abs. 3

Der eingefügte Satz 3 bestimmt, dass der Zufälligkeitsprüfung arzt- und versichertenbezogene Leistungsdaten für den Zeitraum mindestens eines Jahres zugrunde zu legen sind: dadurch soll ein ausreichender Beurteilungszeitraum gewährleistet werden.

Die in Satz 7 getroffene Regelung erleichtert Sanktionen für den Fall wiederholt festgestellter Unwirtschaftlichkeit.

Zu Abs. 5 Satz 1

Die Einleitung von Prüfungen soll durch das Recht der Verbände der Krankenkassen, Prüfanträge zu stellen, erleichtert werden.

Zu Satz 3

Eine verbesserte Information des Arztes über die von ihm veranlassten Leistungen und die damit verbundenen Kosten kann zu einer wirtschaftlichen Verordnungsweise beitragen. Dadurch kann häufig die Einleitung von Prüfungsverfahren vermieden werden.

Zu Abs. 5a

Durch die Regelung soll sichergestellt werden, dass die Wirtschaftlichkeitsprüfungen möglichst effektiv im Sinne einer Begrenzung der Arzneimittelausgaben der Krankenkassen wirken. Die nach § 84 Abs. 3 vereinbarten Richtgrößen können ihre Funktion als flankierende Steuerungsinstrumente zum Arzneimittelbudget oder als Alternative hierzu nur erfüllen, wenn Wirtschaftlichkeitsprüfungen ohne Antragstellung durchzuführen sind und Klagen gegen Entscheidungen des Beschwerdeausschusses keine aufschiebende Wirkung haben. Die als Schwellenwerte für die Durchführung der Prüfungen bzw. die Erstattung des Mehraufwandes vorgesehenen Vomhundertsätze sollen gewährleisten, dass die angestrebte Begrenzung der Arzneimittelausgaben der Krankenkassen erreicht wird.

§ 106a Abrechnungsprüfung in der vertragsärztlichen Versorgung

(1) Die Kassenärztlichen Vereinigungen und die Krankenkassen prüfen die Rechtmäßigkeit und Plausibilität der Abrechnungen in der vertragsärztlichen Versorgung.

(2) ¹Die Kassenärztliche Vereinigung stellt die sachliche und rechnerische Richtigkeit der Abrechnungen der Vertragsärzte fest; dazu gehört auch die arztbezogene Prüfung der Abrechnungen auf Plausibilität sowie die Prüfung der abgerechneten Sachkosten. ²Gegenstand der arztbezogenen Plausibilitätsprüfung ist insbesondere der Umfang der je Tag abgerechneten Leistungen im Hinblick auf den damit verbundenen Zeitaufwand des Vertragsarztes. ³Bei der Prüfung nach Satz 2 ist ein Zeitrahmen für das pro Tag höchstens abrechenbare Leistungsvolumen zu Grunde zu legen; zusätzlich können Zeitrahmen für die in längeren Zeitperioden höchstens abrechenbaren Leistungsvolumina zu Grunde gelegt werden. ⁴Soweit Angaben zum Zeitaufwand nach § 87 Abs. 2 Satz 1 zweiter Halbsatz bestimmt sind, sind diese bei den Prüfungen nach Satz 2 zu Grunde zu legen. ⁵Bei den Prüfungen ist von dem durch den Vertragsarzt angeforderten Punktzahlvolumen unabhängig von honorarwirksamen Begrenzungsregelungen auszugehen. ⁶Soweit es für den jeweiligen Prüfungsgegenstand erforderlich ist, sind die Abrechnungen vorangegangener Abrechnungszeiträume in die Prüfung einzubeziehen. ⁷Die Kassenärztliche Vereinigung unterrichtet die in Absatz 5 genannten Verbände der Krankenkassen unverzüglich über die Durchführung der Prüfungen und deren Ergebnisse.

(3) ¹Die Krankenkassen prüfen die Abrechnungen der Vertragsärzte insbesondere hinsichtlich

1. des Bestehens und des Umfangs ihrer Leistungspflicht,
2. der Plausibilität von Art und Umfang der für die Behandlung eines Versicherten abgerechneten Leistungen in Bezug auf die angegebene Diagnose, bei zahnärztlichen Leistungen in Bezug auf die angegebenen Befunde,
3. der Plausibilität der Zahl der vom Versicherten in Anspruch genommenen Vertragsärzte, unter Berücksichtigung ihrer Fachgruppenzugehörigkeit,
4. der vom Versicherten an den Arzt zu zahlenden Zuzahlung nach § 28 Abs. 4 und der Beachtung des damit verbundenen Verfahrens nach § 43b Abs. 2.

[2]Sie unterrichten die Kassenärztlichen Vereinigungen unverzüglich über die Durchführung der Prüfungen und deren Ergebnisse.

(4) [1]Die Krankenkassen oder ihre Verbände können, sofern dazu Veranlassung besteht, gezielte Prüfungen durch die Kassenärztliche Vereinigung nach Absatz 2 beantragen. [2]Die Kassenärztliche Vereinigung kann, sofern dazu Veranlassung besteht, Prüfungen durch die Krankenkassen nach Absatz 3 beantragen. [3]Bei festgestellter Unplausibilität nach Absatz 3 Satz 1 Nr. 2 oder 3 kann die Krankenkasse oder ihr Verband eine Wirtschaftlichkeitsprüfung nach § 106 beantragen; dies gilt für die Kassenärztliche Vereinigung bei festgestellter Unplausibilität nach Absatz 2 entsprechend.

(5) [1]Die Kassenärztlichen Vereinigungen und die Landesverbände der Krankenkassen und die Verbände der Ersatzkassen gemeinsam und einheitlich vereinbaren Inhalt und Durchführung der Prüfungen nach den Absätzen 2 bis 4. [2]In den Vereinbarungen sind auch Maßnahmen für den Fall von Verstößen gegen Abrechnungsbestimmungen, einer Überschreitung der Zeitrahmen nach Absatz 2 Satz 3 sowie des Nichtbestehens einer Leistungspflicht der Krankenkassen, soweit dies dem Leistungserbringer bekannt sein musste, vorzusehen. [3]Der Inhalt der Richtlinien nach Absatz 6 ist Bestandteil der Vereinbarungen.

(6) [1]Die Kassenärztlichen Bundesvereinigungen und die Spitzenverbände der Krankenkassen gemeinsam und einheitlich vereinbaren erstmalig bis zum 30. Juni 2004 Richtlinien zum Inhalt und zur Durchführung der Prüfungen nach den Absätzen 2 und 3; die Richtlinien enthalten insbesondere Vorgaben zu den Kriterien nach Absatz 2 Satz 2 und 3. [2]Die Richtlinien sind dem Bundesministerium für Gesundheit und Soziale Sicherung vorzulegen. [3]Es kann sie innerhalb von zwei Monaten beanstanden. [4]Kommen die Richtlinien nicht zu Stande oder werden die Beanstandungen des Bundesministeriums für

Gesundheit und Soziale Sicherung nicht innerhalb einer von ihm gesetzten Frist behoben, kann das Bundesministerium für Gesundheit und Soziale Sicherung die Richtlinien erlassen.

(7) § 106 Abs. 4b gilt entsprechend.

§ 129 Rahmenvertrag über die Arzneimittelversorgung

(1) [1]Die Apotheken sind bei der Abgabe verordneter Arzneimittel an Versicherte nach Maßgabe des Rahmenvertrages nach Absatz 2 verpflichtet zur

1. Abgabe eines preisgünstigen Arzneimittels in den Fällen, in denen der verordnende Arzt

   a) ein Arzneimittel nur unter seiner Wirkstoffbezeichnung verordnet oder

   b) die Ersetzung des Arzneimittels durch ein wirkstoffgleiches Arzneimittel nicht ausgeschlossen hat,

2. Abgabe von preisgünstigen importierten Arzneimitteln, deren für den Versicherten maßgeblicher Arzneimittelabgabepreis mindestens 15 vom Hundert oder mindestens 15 Euro niedriger ist als der Preis des Bezugsarzneimittels; in dem Rahmenvertrag nach Absatz 2 können Regelungen vereinbart werden, die zusätzliche Wirtschaftlichkeitsreserven erschließen,

3. Abgabe von wirtschaftlichen Einzelmengen und

4. Angabe des Apothekenabgabepreises auf der Arzneimittelpackung.

[2]In den Fällen der Ersetzung durch ein wirkstoffgleiches Arzneimittel haben die Apotheken ein preisgünstigeres Arzneimittel abzugeben, das mit dem verordneten in Wirkstärke und Packungsgröße identisch sowie für den gleichen Indikationsbereich zugelassen ist und ferner die gleiche oder eine austauschbare Darreichungsform besitzt.

(1a) Der Gemeinsame Bundesausschuss gibt in den Richtlinien nach § 92 Abs. 1 Satz 2 Nr. 6 unverzüglich Hinweise zur Austauschbarkeit von Darreichungsformen unter Berücksichtigung ihrer therapeutischen Vergleichbarkeit.

(2) Die Spitzenverbände der Krankenkassen und die für die Wahrnehmung der wirtschaftlichen Interessen gebildete maßgebliche Spitzenorganisation der Apotheker regeln in einem gemeinsamen Rahmenvertrag das Nähere.

(3) Der Rahmenvertrag nach Absatz 2 hat Rechtswirkung für Apotheken, wenn sie

1. einem Mitgliedsverband der Spitzenorganisation angehören und die Satzung des Verbandes vorsieht, dass von der Spitzenorganisation abgeschlossene Verträge dieser Art Rechtswirkung für die dem Verband angehörenden Apotheken haben, oder
2. dem Rahmenvertrag beitreten.

(4) [1]Im Rahmenvertrag nach Absatz 2 ist zu regeln, welche Maßnahmen die Vertragspartner auf Landesebene ergreifen können, wenn Apotheken gegen ihre Verpflichtungen nach Absatz 1, 2 oder 5 verstoßen. [2]Bei gröblichen und wiederholten Verstößen ist vorzusehen, dass Apotheken von der Versorgung der Versicherten bis zur Dauer von zwei Jahren ausgeschlossen werden können.

(5) [1]Die Landesverbände der Krankenkassen und die Verbände der Ersatzkassen können mit der für die Wahrnehmung der wirtschaftlichen Interessen maßgeblichen Organisation der Apotheker auf Landesebene ergänzende Verträge schließen. [2]Absatz 3 gilt entsprechend.

(5a) Bei Abgabe eines nicht verschreibungspflichtigen Arzneimittels gilt bei Abrechnung nach § 300 ein für die Versicherten maßgeblicher Arzneimittelabgabepreis in Höhe des Abgabepreises des pharmazeutischen Unternehmens zuzüglich der Zuschläge nach den §§ 2 und 3 der Arzneimittelpreisverordnung in der am 31. Dezember 2003 gültigen Fassung.

(5b) [1]Apotheken können an vertraglich vereinbarten Versorgungsformen beteiligt werden: die Angebote sind öffentlich auszuschreiben. [2]In Verträgen nach Satz 1 sollen auch Maßnahmen zur qualitätsgesicherten Beratung des Versicherten durch die Apotheke vereinbart werden. [3]In der integrierten Versorgung kann in Verträgen nach Satz 1 das Nähere über Qualität und Struktur der Arzneimittelversorgung für die an der integrierten Versorgung teilnehmenden Versicherten auch abweichend von Vorschriften dieses Buches vereinbart werden.

(6) [1]Die für die Wahrnehmung der wirtschaftlichen Interessen gebildete maßgebliche Spitzenorganisation der Apotheker ist verpflichtet, die zur Wahrnehmung der Aufgaben nach Absatz 1 Satz 4 und Absatz 1a, die zur Herstellung einer pharmakologisch-therapeutischen und preislichen Transparenz im Rahmen der Richtlinien nach § 92 Abs. 1 Satz 2 Nr. 6 und die zur Festsetzung von Festbeträgen nach § 35 Abs. 1 und 2 oder zur Erfüllung der Aufgaben nach § 35a Abs. 1

Satz 2 und Abs. 5 erforderlichen Daten dem Gemeinsamen Bundesausschuss sowie den Spitzenverbänden der Krankenkassen zu übermitteln und auf Verlangen notwendige Auskünfte zu erteilen. [2]Das Nähere regelt der Rahmenvertrag nach Absatz 2.

(7) Kommt der Rahmenvertrag nach Absatz 2 ganz oder teilweise nicht oder nicht innerhalb einer vom Bundesministerium für Gesundheit und Soziale Sicherung bestimmten Frist zustande, wird der Vertragsinhalt durch die Schiedsstelle nach Absatz 8 festgesetzt.

(8) [1]Die Spitzenverbände der Krankenkassen und die für die Wahrnehmung der wirtschaftlichen Interessen gebildete maßgebliche Spitzenorganisation der Apotheker bilden eine gemeinsame Schiedsstelle. [2]Sie besteht aus Vertretern der Krankenkassen und der Apotheker in gleicher Zahl sowie aus einem unparteiischen Vorsitzenden und zwei weiteren unparteiischen Mitgliedern. [3]Über den Vorsitzenden und die zwei weiteren unparteiischen Mitglieder sowie deren Stellvertreter sollen sich die Vertragspartner einigen. [4]Kommt eine Einigung nicht zustande, gilt § 89 Abs. 3 Satz 3 und 4 entsprechend.

(9) [1]Die Schiedsstelle gibt sich eine Geschäftsordnung. [2]Die Mitglieder der Schiedsstelle führen ihr Amt als Ehrenamt. [3]Sie sind an Weisungen nicht gebunden. [4]Jedes Mitglied hat eine Stimme. [5]Die Entscheidungen werden mit der Mehrheit der Mitglieder getroffen. [6]Ergibt sich keine Mehrheit, gibt die Stimme des Vorsitzenden den Ausschlag.

(10) [1]Die Aufsicht über die Geschäftsführung der Schiedsstelle führt das Bundesministerium für Gesundheit und Soziale Sicherung. [2]Es kann durch Rechtsverordnung mit Zustimmung des Bundesrates das Nähere über die Zahl und die Bestellung der Mitglieder, die Erstattung der baren Auslagen und die Entschädigung für Zeitaufwand der Mitglieder, das Verfahren sowie über die Verteilung der Kosten regeln.

§ 135 Bewertung von Untersuchungs- und Behandlungsmethoden

(1) [1]Neue Untersuchungs- und Behandlungsmethoden dürfen in der vertragsärztlichen und vertragszahnärztlichen Versorgung zu Lasten der Krankenkassen nur erbracht werden, wenn der Gemeinsame Bundesausschuss auf Antrag einer Kassenärztlichen Bundesvereinigung, einer Kassenärztlichen Vereinigung oder eines Spitzenverbandes der Krankenkassen in Richtlinien nach § 92 Abs. 1 Satz 2 Nr. 5 Empfehlungen abgegeben hat über

1. die Anerkennung des diagnostischen und therapeutischen Nutzens der neuen Methode sowie deren medizinische Notwendigkeit und Wirtschaftlichkeit – auch im Vergleich zu bereits zu Lasten der Krankenkassen erbrachte Methoden – nach dem jeweiligen Stand der wissenschaftlichen Erkenntnisse in der jeweiligen Therapierichtung,
2. die notwendige Qualifikation der Ärzte, die apparativen Anforderungen sowie Anforderungen an Maßnahmen der Qualitätssicherung, um eine sachgerechte Anwendung der neuen Methode zu sichern, und
3. die erforderlichen Aufzeichnungen über die ärztliche Behandlung.

[2]Der Gemeinsame Bundesausschuss überprüft die zu Lasten der Krankenkassen erbrachten vertragsärztlichen und vertragszahnärztlichen Leistungen daraufhin, ob sie den Kriterien nach Satz 1 Nr. 1 entsprechen. [3]Falls die Überprüfung ergibt, dass diese Kriterien nicht erfüllt werden, dürfen die Leistungen nicht mehr als vertragsärztliche oder vertragszahnärztliche Leistungen zu Lasten der Krankenkassen erbracht werden.

(2) [1]Für ärztliche und zahnärztliche Leistungen, welche wegen der Anforderungen an ihre Ausführung oder wegen der Neuheit des Verfahrens besonderer Kenntnisse und Erfahrungen (Fachkundenachweis) sowie einer besonderen Praxisausstattung oder weiterer Anforderungen an die Strukturqualität bedürfen, können die Partner der Bundesmantelverträge einheitlich entsprechende Voraussetzungen für die Ausführung und Abrechnung dieser Leistungen vereinbaren. [2]Soweit für die notwendigen Kenntnisse und Erfahrungen, welche als Qualifikation vorausgesetzt werden müssen, in landesrechtlichen Regelungen zur ärztlichen Berufsausübung, insbesondere solchen des Facharztrechts, bundesweit inhaltsgleich und hinsichtlich der Qualitätsvoraussetzungen nach Satz 1 gleichwertige Qualifikationen eingeführt sind, sind diese notwendige und ausreichende Voraussetzung. [3]Wird die Erbringung ärztlicher Leistungen erstmalig von einer Qualifikation abhängig gemacht, so können die Vertragspartner für Ärzte, welche entsprechende Qualifikationen nicht während einer Weiterbildung erworben haben, übergangsweise Qualifikationen einführen, welche dem Kenntnis- und Erfahrungsstand der facharztrechtlichen Regelungen entsprechen müssen. [4]Abweichend von Satz 2 können die Vertragspartner nach Satz 1 zur Sicherung der Qualität und der Wirtschaftlichkeit der Leistungserbringung Regelungen treffen, nach denen die Erbringung bestimmter medizinisch-technischer Leistungen den Fachärzten vorbehalten ist, für die diese Leistungen zum Kern ihres Fachgebietes gehören.

§ 135a Verpflichtung zur Qualitätssicherung

(1) [1]Die Leistungserbringer sind zur Sicherung und Weiterentwicklung der Qualität der von ihnen erbrachten Leistungen verpflichtet. [2]Die Leistungen müssen dem jeweiligen Stand der wissenschaftlichen Erkenntnisse entsprechen und in der fachlich gebotenen Qualität erbracht werden.

(2) Vertragsärzte, medizinische Versorgungszentren, zugelassene Krankenhäuser, Erbringer von Vorsorgeleistungen oder Rehabilitationsmaßnahmen und Einrichtungen, mit denen ein Versorgungsvertrag nach § 111a besteht, sind nach Maßgabe der §§ 136a, 136b, 137 und 137d verpflichtet,

1. sich an einrichtungsübergreifenden Maßnahmen der Qualitätssicherung zu beteiligen, die insbesondere zum Ziel haben, die Ergebnisqualität zu verbessern und
2. einrichtungsintern ein Qualitätsmanagement einzuführen und weiterzuentwickeln.

§ 136 Förderung der Qualität durch die Kassenärztlichen Vereinigungen

(1) [1]Die Kassenärztlichen Vereinigungen haben Maßnahmen zur Förderung der Qualität der vertragsärztlichen Versorgung durchzuführen. [2]Die Ziele und Ergebnisse dieser Qualitätssicherungsmaßnahmen sind von den Kassenärztlichen Vereinigungen zu dokumentieren und jährlich zu veröffentlichen.

(2) [1]Die Kassenärztlichen Vereinigungen prüfen die Qualität der in der vertragsärztlichen Versorgung erbrachten Leistungen einschließlich der belegärztlichen Leistungen im Einzelfall durch Stichproben. [2]Der Gemeinsame Bundesausschuss entwickelt in Richtlinien nach § 92 Kriterien zur Qualitätsbeurteilung in der vertragsärztlichen Versorgung sowie Auswahl, Umfang und Verfahren der Stichprobenprüfungen nach Satz 1. [3]Satz 2 gilt für den vertragszahnärztlichen Bereich entsprechend.

(3) Die Absätze 1 und 2 gelten auch für die im Krankenhaus erbrachten ambulanten ärztlichen Leistungen.

§ 136a Qualitätssicherung in der vertragsärztlichen Versorgung

[1]Der Gemeinsame Bundesausschuss bestimmt für die vertragsärztliche Versorgung durch Richtlinien nach § 92

1. die verpflichtenden Maßnahmen der Qualitätssicherung nach § 135a Abs. 2 sowie die grundsätzlichen Anforderungen an ein einrichtungsinternes Qualitätsmanagement und
2. Kriterien für die indikationsbezogene Notwendigkeit und Qualität der durchgeführten diagnostischen und therapeutischen Leistungen, insbesondere aufwendiger medizintechnischer Leistungen.

[2]Vor der Entscheidung des Gemeinsamen Bundesausschusses über die Richtlinien ist der Bundesärztekammer und der Deutschen Krankenhausgesellschaft Gelegenheit zur Stellungnahme zu geben.

§ 275 Begutachtung und Beratung

(1) Die Krankenkassen sind in den gesetzlich bestimmten Fällen oder wenn es nach Art, Schwere, Dauer oder Häufigkeit der Erkrankung oder nach dem Krankheitsverlauf erforderlich ist, verpflichtet,

1. bei Erbringung von Leistungen, insbesondere zur Prüfung von Voraussetzungen, Art und Umfang der Leistung, sowie bei Auffälligkeiten zur Prüfung der ordnungsgemäßen Abrechnung,
2. zur Einleitung von Leistungen zur Teilhabe, insbesondere zur Koordinierung der Leistungen und Zusammenarbeit der Rehabilitationsträger nach den §§ 10 bis 12 des Neunten Buches, im Benehmen mit dem behandelnden Arzt,
3. bei Arbeitsunfähigkeit

   a) zur Sicherung des Behandlungserfolgs, insbesondere zur Einleitung von Maßnahmen der Leistungsträger für die Wiederherstellung der Arbeitsfähigkeit, oder
   b) zur Beseitigung von Zweifeln an der Arbeitsunfähigkeit,

eine gutachtliche Stellungnahme des Medizinischen Dienstes der Krankenversicherung (Medizinischer Dienst) einzuholen.

(1a) [1]Zweifel an der Arbeitsunfähigkeit nach Absatz 1 Nr. 3 Buchstabe b sind insbesondere in Fällen anzunehmen, in denen

a) Versicherte auffällig häufig oder auffällig häufig nur für kurze Dauer arbeitsunfähig sind oder der Beginn der Arbeitsunfähigkeit häufig auf einen Arbeitstag am Beginn oder am Ende einer Woche fällt oder
b) die Arbeitsunfähigkeit von einem Arzt festgestellt worden ist, der durch die Häufigkeit der von ihm ausgestellten Bescheinigungen über Arbeitsunfähigkeit auffällig geworden ist.

²Die Prüfung hat unverzüglich nach Vorlage der ärztlichen Feststellung über die Arbeitsunfähigkeit zu erfolgen. ³Der Arbeitgeber kann verlangen, dass die Krankenkasse eine gutachtliche Stellungnahme des Medizinischen Dienstes zur Überprüfung der Arbeitsunfähigkeit einholt. ⁴Die Krankenkasse kann von einer Beauftragung des Medizinischen Dienstes absehen, wenn sich die medizinischen Voraussetzungen der Arbeitsunfähigkeit eindeutig aus den der Krankenkasse vorliegenden ärztlichen Unterlagen ergeben.

(1b) ¹Der Medizinische Dienst überprüft bei Vertragsärzten, die nach § 106 Abs. 2 Satz 1 Nr. 2 geprüft werden, stichprobenartig und zeitnah Feststellungen der Arbeitsunfähigkeit. ²Die in § 106 Abs. 2 Satz 4 genannten Vertragspartner vereinbaren das Nähere.

(2) Die Krankenkassen haben durch den Medizinischen Dienst prüfen zu lassen

1. die Notwendigkeit der Leistungen nach den §§ 23, 24, 40 und 41 unter Zugrundelegung eines ärztlichen Behandlungsplans vor Bewilligung und bei beantragter Verlängerung; die Spitzenverbände der Krankenkassen können gemeinsam und einheitlich Ausnahmen zulassen, wenn Prüfungen nach Indikation und Personenkreis nicht notwendig erscheinen; dies gilt insbesondere für Leistungen zur medizinischen Rehabilitation im Anschluss an eine Krankenhausbehandlung (Anschlussheilbehandlung),
2. – *aufgehoben* –
3. bei Kostenübernahme einer Behandlung im Ausland, ob die Behandlung einer Krankheit nur im Ausland möglich ist (§ 18),
4. ob und für welchen Zeitraum häusliche Krankenpflege länger als vier Wochen erforderlich ist (§ 37 Abs. 1),
5. ob Versorgung mit Zahnersatz aus medizinischen Gründen ausnahmsweise unaufschiebbar ist (§ 27 Abs. 2).

(3) Die Krankenkassen können in geeigneten Fällen durch den Medizinischen Dienst prüfen lassen

1. vor Bewilligung eines Hilfsmittels, ob das Hilfsmittel erforderlich ist (§ 33); der Medizinische Dienst hat hierbei den Versicherten zu beraten; er hat mit den Orthopädischen Versorgungsstellen zusammenzuarbeiten,
2. bei Dialysebehandlung, welche Form der ambulanten Dialysebehandlung unter Berücksichtigung des Einzelfalls notwendig und wirtschaftlich ist.

(3a) Ergeben sich bei der Auswertung der Unterlagen über die Zuordnung von Patienten zu den Behandlungsbereichen nach § 4 der Psychiatrie-Personalverordnung in vergleichbaren Gruppen Abweichungen, so können die Landesverbände der Krankenkassen und die Verbände der Ersatzkassen die Zuordnungen durch den Medizinischen Dienst überprüfen lassen; das zu übermittelnde Ergebnis der Überprüfung darf keine Sozialdaten enthalten.

(4) Die Krankenkassen und ihre Verbände sollen bei der Erfüllung anderer als der in Absatz 1 bis 3 genannten Aufgaben im notwendigen Umfang den Medizinischen Dienst zu Rate ziehen, insbesondere für allgemeine medizinische Fragen der gesundheitlichen Versorgung und Beratung der Versicherten, für Fragen der Qualitätssicherung, für Vertragsverhandlungen mit den Leistungserbringern und für Beratungen der gemeinsamen Ausschüsse von Ärzten und Krankenkassen, insbesondere der Prüfungsausschüsse.

(5) [1]Die Ärzte des Medizinischen Dienstes sind bei der Wahrnehmung ihrer medizinischen Aufgaben nur ihrem ärztlichen Gewissen unterworfen. [2]Sie sind nicht berechtigt, in die ärztliche Behandlung einzugreifen.

§ 294 Pflichten der Leistungserbringer

Die an der vertragsärztlichen Versorgung teilnehmenden Ärzte und die übrigen Leistungserbringer sind verpflichtet, die für die Erfüllung der Aufgaben der Krankenkassen sowie der Kassenärztlichen Vereinigungen notwendigen Angaben, die aus der Erbringung, der Verordnung sowie der Abgabe von Versicherungsleistungen entstehen, aufzuzeichnen und gemäß den nachstehenden Vorschriften den Krankenkassen, den Kassenärztlichen Vereinigungen oder den mit der Datenverarbeitung beauftragten Stellen mitzuteilen.

§ 295 Abrechnung ärztlicher Leistungen

(1) [1]Die an der vertragsärztlichen Versorgung teilnehmenden Ärzte und ärztlich geleiteten Einrichtungen sind verpflichtet,

1. in dem Abschnitt der Arbeitsunfähigkeitsbescheinigung, den die Krankenkasse erhält, die Diagnosen,
2. in den Abrechnungsunterlagen für die vertragsärztlichen Leistungen die von ihnen erbrachten Leistungen einschließlich des Tages der Behandlung, bei ärztlicher Behandlung mit Diagnosen, bei zahnärztlicher Behandlung mit Zahnbezug und Befunden,

3. in den Abrechnungsunterlagen sowie auf den Vordrucken für die vertragsärztliche Versorgung ihre Arztnummer, in Überweisungsfällen die Arztnummer des überweisenden Arztes sowie die Angaben nach § 291 Abs. 2 Nr. 1 bis 10 maschinenlesbar

aufzuzeichnen und zu übermitteln. [2]Die Diagnosen nach Satz 1 Nr. 1 und 2 sind nach der Internationalen Klassifikation der Krankheiten in der jeweiligen vom Deutschen Institut für medizinische Dokumentation und Information im Auftrag des Bundesministeriums für Gesundheit und Soziale Sicherung herausgegebenen deutschen Fassung zu verschlüsseln. [3]Das Bundesministerium für Gesundheit und Soziale Sicherung kann das Deutsche Institut für medizinische Dokumentation und Information beauftragen, den in Satz 2 genannten Schlüssel um Zusatzkennzeichen zur Gewährleistung der für die Erfüllung der Aufgaben der Krankenkassen notwendigen Aussagefähigkeit des Schlüssels zu ergänzen. [4]Von Vertragsärzten durchgeführte Operationen und sonstige Prozeduren sind nach dem vom Deutschen Institut für medizinische Dokumentation und Information im Auftrag des Bundesministeriums für Gesundheit und Soziale Sicherung herausgegebenen Schlüssel zu verschlüsseln. [5]Das Bundesministerium für Gesundheit und Soziale Sicherung gibt den Zeitpunkt des In-Kraft-Tretens der jeweiligen Fassung des Diagnosenschlüssels nach Satz 2 sowie des Prozedurenschlüssels nach Satz 4 im Bundesanzeiger bekannt.

(1a) Für die Erfüllung der Aufgaben nach § 106a sind die an der vertragsärztlichen Versorgung teilnehmenden Ärzte verpflichtet und befugt, auf Verlangen der Kassenärztlichen Vereinigungen die für die Prüfung erforderlichen Befunde vorzulegen.

(1b) [1]Ärzte, ärztlich geleitete Einrichtungen und medizinische Versorgungszentren, die ohne Beteiligung der Kassenärztlichen Vereinigungen mit den Krankenkassen oder ihren Verbänden Verträge zu integrierten Versorgungsformen (§ 140a) oder zur hausarztzentrierten Versorgung (§ 73b Abs. 2) abgeschlossen haben, sowie Krankenhäuser, die mit den Krankenkassen oder ihren Verbänden Verträge zur Erbringung hochspezialisierter Leistungen und zur Behandlung spezieller Erkrankungen (§ 116b Abs. 2) abgeschlossen haben, übermitteln die in Absatz 1 genannten Angaben, bei Krankenhäusern einschließlich ihres Institutionskennzeichens, an die jeweiligen Krankenkassen im Wege elektronischer Datenübertragung oder maschinell verwertbar auf Datenträgern. [2]Das Nähere regeln die Spitzenverbände der Krankenkassen gemeinsam und einheitlich.

(2) [1]Für die Abrechnung der Vergütung übermitteln die Kassenärztlichen Vereinigungen im Wege elektronischer Datenübertragung oder maschinell verwertbar auf Datenträgern den Krankenkassen für jedes Quartal für jeden Behandlungsfall folgende Daten:

1. Angaben nach § 291 Abs. 2 Nr. 1, 6 und 7,
2. Arzt- oder Zahnarztnummer, in Überweisungsfällen die Arzt- oder Zahnarztnummer des überweisenden Arztes,
3. Art der Inanspruchnahme,
4. Art der Behandlung,
5. Tag der Behandlung,
6. abgerechnete Gebührenpositionen mit Diagnosen, bei zahnärztlicher Behandlung mit Zahnbezug und Befunden,
7. Kosten der Behandlung,
8. Zuzahlungen nach § 28 Abs. 4.

[2]Für nichtärztliche Dialyseleistungen gilt Satz 1 mit der Maßgabe, dass die für die Zwecke des Risikostrukturausgleichs (§ 266 Abs. 4, § 267 Abs. 1 bis 6) und des Risikopools (§ 269 Abs. 3) erforderlichen Angaben versichertenbezogen erstmals für das erste Quartal 2002 bis zum 1. Oktober 2002 zu übermitteln sind. [3]Die Kassenärztlichen Vereinigungen übermitteln für die Durchführung der Programme nach § 137g die in der Rechtsverordnung nach § 266 Abs. 7 festgelegten Angaben versichertenbezogen an die Krankenkassen, soweit sie an der Durchführung dieser Programme beteiligt sind. [4]Die Kassenärztlichen Vereinigungen übermitteln den Krankenkassen die Angaben nach Satz 1 für Versicherte, die an den Programmen nach § 137f teilnehmen, versichertenbezogen. [5]§ 137f Abs. 3 Satz 2 bleibt unberührt.

(2a) Die an der vertragsärztlichen Versorgung teilnehmenden Ärzte und ärztlich geleiteten Einrichtungen, sowie Leistungserbringer, die ohne Beteiligung der Kassenärztlichen Vereinigungen mit den Krankenkassen oder ihren Verbänden Verträge zu integrierten Versorgungsformen (§ 140a) oder zur hausarztzentrierten Versorgung (§ 73b Abs. 2) abgeschlossen haben sowie Krankenhäuser, die mit den Krankenkassen oder ihren Verbänden Verträge zur Erbringung hochspezialisierter Leistungen und zur Behandlung spezieller Erkrankungen (§ 116b Abs. 2) abgeschlossen haben, sind verpflichtet, die Angaben gemäß § 292 aufzuzeichnen und den Krankenkassen zu übermitteln.

(3) [1]Die Spitzenverbände der Krankenkassen und die Kassenärztlichen Bundesvereinigungen vereinbaren als Bestandteil der Verträge nach § 82 Abs. 1 und § 87 Abs. 1 das Nähere über

1. Form und Inhalt der Abrechnungsunterlagen für die vertragsärztlichen Leistungen,
2. Form und Inhalt der im Rahmen der vertragsärztlichen Versorgung erforderlichen Vordrucke,
3. die Erfüllung der Pflichten der Vertragsärzte nach Absatz 1,
4. die Erfüllung der Pflichten der Kassenärztlichen Vereinigungen nach Absatz 2, insbesondere auch Form, Frist und Umfang der Weiterleitung der Abrechnungsunterlagen an die Krankenkassen oder deren Verbände,
5. Einzelheiten der Datenübermittlung und der Aufbereitung von Abrechnungsunterlagen nach den §§ 296 und 297.

²Die Vertragsparteien nach Satz 1 vereinbaren nach Nummer 3 auch die Vergabe und Dokumentation von Diagnosen durch die an der vertragsärztlichen Versorgung teilnehmenden Ärzte; dabei ist sicherzustellen, dass zwischen Haupt- und Nebendiagnosen unterschieden wird. ³Die Hauptdiagnose hat den Behandlungsanlass am jeweiligen Behandlungstag wiederzugeben.

(4) ¹Die an der vertragsärztlichen Versorgung teilnehmenden Ärzte, ärztlich geleiteten Einrichtungen und medizinischen Versorgungszentren haben die für die Abrechnung der Leistungen notwendigen Angaben der Kassenärztlichen Vereinigung im Wege elektronischer Datenübertragung oder maschinell verwertbar auf Datenträgern zu übermitteln. ²Das Nähere regelt die Kassenärztliche Bundesvereinigung.

§ 296 Auffälligkeitsprüfungen

(1) ¹Für die Prüfungen nach § 106 Abs. 2 Satz 1 Nr. 1 übermitteln die Kassenärztlichen Vereinigungen im Wege der elektronischen Datenübertragung oder maschinell verwertbar auf Datenträgern den Geschäftsstellen nach § 106 Abs. 4a aus den Abrechnungsunterlagen der Vertragsärzte für jedes Quartal folgende Daten:

1. Arztnummer,
2. Kassennummer,
3. die abgerechneten Behandlungsfälle, getrennt nach Mitgliedern und Rentnern sowie deren Angehörigen oder in der nach § 84 Abs. 6 Satz 2 bestimmten Gliederung.

²Soweit zur Prüfung der Einhaltung der Richtlinien nach Maßgabe von § 106 Abs. 5b erforderlich, sind die Daten nach Satz 1 Nr. 3 jeweils unter Angabe der nach § 295 Abs. 1 Satz 2 verschlüsselten Diagnose zu übermitteln.

(2) Für die Prüfungen nach § 106 Abs. 2 Satz 1 Nr. 1 übermitteln die Krankenkassen im Wege der elektronischen Datenübertragung oder maschinell verwertbar auf Datenträgern den Geschäftsstellen nach § 106 Abs. 4a über die von den Vertragsärzten verordneten Leistungen (Arznei-, Verband-, Heilmittel) für jedes Quartal folgende Daten:

1. Arztnummer des verordnenden Arztes,
2. Kassennummer,
3. Art, Menge und Kosten verordneter Arznei-, Verband- oder Heilmittel, getrennt nach Mitgliedern und Rentnern sowie deren Angehörigen oder in der nach § 84 Abs. 6 Satz 2 bestimmten Gliederung, bei Arzneimitteln einschließlich des Kennzeichens nach § 300 Abs. 3 Nr. 1.

(3) [1]Die Kassenärztliche Bundesvereinigung und die Spitzenverbände der Krankenkassen bestimmen im Vertrag nach § 295 Abs. 3 Nr. 5 Näheres über die nach Absatz 2 Nr. 3 anzugebenden Arten und Gruppen von Arznei-, Verband- und Heilmitteln. [2]Sie können auch vereinbaren, dass jedes einzelne Mittel oder dessen Kennzeichen angegeben wird. [3]Zu vereinbaren ist ferner Näheres zu den Fristen der Datenübermittlungen nach den Absätzen 1 und 2 sowie zu den Folgen der Nichteinhaltung dieser Fristen.

(4) Für die Prüfung nach § 106 Abs. 5a sind die an der vertragsärztlichen Versorgung teilnehmenden Ärzte verpflichtet und befugt, auf Verlangen der Geschäftsstelle nach § 106 Abs. 4a die für die Prüfung erforderlichen Befunde vorzulegen.

§ 297 Zufälligkeitsprüfungen

(1) Die Kassenärztlichen Vereinigungen übermitteln den Geschäftsstellen nach § 106 Abs. 4a für jedes Quartal eine Liste der Ärzte, die gemäß § 106 Abs. 3 in die Prüfung nach § 106 Abs. 2 Satz 1 Nr. 2 einbezogen werden.

(2) [1]Die Kassenärztlichen Vereinigungen übermitteln im Wege der elektronischen Datenübertragung oder maschinell verwertbar auf Datenträgern den Geschäftsstellen nach § 106 Abs. 4a aus den Abrechnungsunterlagen der in die Prüfung einbezogenen Vertragsärzte folgende Daten:

1. Arztnummer,
2. Kassennummer,
3. Krankenversichertennummer,

4. abgerechnete Gebührenpositionen je Behandlungsfall einschließlich des Tages der Behandlung, bei ärztlicher Behandlung mit der nach dem in § 295 Abs. 1 Satz 2 genannten Schlüssel verschlüsselten Diagnose, bei zahnärztlicher Behandlung mit Zahnbezug und Befunden, bei Überweisungen mit dem Auftrag des überweisenden Arztes.

[2]Die Daten sind jeweils für den Zeitraum eines Jahres zu übermitteln.

(3) [1]Die Krankenkassen übermitteln im Wege der elektronischen Datenübertragung oder maschinell verwertbar auf Datenträgern den Geschäftsstellen nach § 106 Abs. 4a die Daten über die von den in die Prüfung nach § 106 Abs. 2 Satz 1 Nr. 2 einbezogenen Vertragsärzten verordneten Leistungen sowie die Feststellungen der Arbeitsunfähigkeit jeweils unter Angabe der Arztnummer, der Kassennummer und der Krankenversichertennummer. [2]Die Daten über die verordneten Arzneimittel enthalten zusätzlich jeweils das Kennzeichen nach § 300 Abs. 3 Nr. 1. [3]Die Daten über die Verordnungen von Krankenhausbehandlung enthalten zusätzlich jeweils die gemäß § 301 übermittelten Angaben über den Tag und den Grund der Aufnahme, die Einweisungsdiagnose, die Aufnahmediagnose, die Art der durchgeführten Operationen und sonstigen Prozeduren sowie die Dauer der Krankenhausbehandlung. [4]Die Daten über die Feststellungen der Arbeitsunfähigkeit enthalten zusätzlich die gemäß § 295 Abs. 1 übermittelte Diagnose sowie die Dauer der Arbeitsunfähigkeit. [5]Die Daten sind jeweils für den Zeitraum eines Jahres zu übermitteln.

(4) Daten über kassen- und vertragsärztliche Leistungen und Daten über verordnete Leistungen dürfen, soweit sie versichertenbezogen sind, auf maschinell verwertbaren Datenträgern nur zusammengeführt werden, soweit dies zur Durchführung der Prüfungen nach § 106 Abs. 2 Satz 1 Nr. 2 erforderlich ist.

§ 298 Übermittlung versichertenbezogener Daten

Im Rahmen eines Prüfverfahrens ist die versichertenbezogene Übermittlung von Angaben über ärztliche oder ärztlich verordnete Leistungen zulässig, soweit die Wirtschaftlichkeit oder Qualität der ärztlichen Behandlungs- oder Verordnungsweise im Einzelfall zu beurteilen ist.

§ 304 Aufbewahrung von Daten bei Krankenkassen, Kassenärztlichen Vereinigungen und Geschäftsstellen der Prüfungsausschüsse

(1) [1]Für das Löschen der für Aufgaben der gesetzlichen Krankenversicherung bei Krankenkassen, Kassenärztlichen Vereinigungen und Geschäftsstellen der Prüfungsausschüsse gespeicherten Sozialdaten gilt § 84 Abs. 2 des Zehnten Buches entsprechend mit der Maßgabe, dass

1. die Daten nach § 292 spätestens nach zehn Jahren,
2. Daten nach § 295 Abs. 1a, 1b und 2 sowie Daten, die für die Prüfungsausschüsse und ihre Geschäftsstellen für die Prüfungen nach § 106 erforderlich sind, spätestens nach vier Jahren und Daten, die auf Grund der nach § 266 Abs. 7 Satz 1 erlassenen Rechtsverordnung für die Durchführung des Risikostrukturausgleichs (§§ 266, 267) oder des Risikopools (§ 269) erforderlich sind, spätestens nach den in der Rechtsverordnung genannten Fristen

zu löschen sind.

[2]Die Aufbewahrungsfristen beginnen mit dem Ende des Geschäftsjahres, in dem die Leistungen gewährt oder abgerechnet wurden. [3]Die Krankenkassen können für Zwecke der Krankenversicherung Leistungsdaten länger aufbewahren, wenn sichergestellt ist, dass ein Bezug zum Arzt und Versicherten nicht mehr herstellbar ist.

(2) Im Falle des Wechsels der Krankenkasse ist die bisher zuständige Krankenkasse verpflichtet, die für die Fortführung der Versicherung erforderlichen Angaben nach den §§ 288 und 292 auf Verlangen der neuen Krankenkasse mitzuteilen.

(3) Für die Aufbewahrung der Kranken- und sonstigen Berechtigungsscheine für die Inanspruchnahme von Leistungen einschließlich der Verordnungsblätter für Arznei-, Verband-, Heil- und Hilfsmittel gilt § 84 Abs. 2 und 6 des Zehnten Buches.

§ 305 Auskünfte an Versicherte

(1) [1]Die Krankenkassen unterrichten die Versicherten auf deren Antrag über die im jeweils letzten Geschäftsjahr in Anspruch genommenen Leistungen und deren Kosten. [2]Die Kassenärztlichen und die Kassenzahnärztlichen Vereinigungen übermitteln den Krankenkassen in den Fällen des Satzes 1 die Angaben über die von den Versicherten in Anspruch genommenen ärztlichen und zahnärztlichen Leistungen und deren Kosten für jeden Versicherten gesondert in einer Form, die eine

Einfach kopieren und faxen!

Printausgabe, Loseblattwerk im Ordner			ISBN 3-609-10610-7	ca. € 98,–
CD-ROM-Ausgabe			ISBN 3-609-10640-9	ca. € 108,–
Komplettausgabe, Kombi-Ausgabe Loseblattwerk				
im Ordner + CD-ROM,			ISBN 3-609-10630-1	ca. € 128,–
Teilausgabe	**Augenärzte**	CD-ROM	ISBN 3-609-10643-3	ca. € 39,–
Teilausgabe	**Chirurgen**	CD-ROM	ISBN 3-609-10645-X	ca. € 39,–
Teilausgabe	**Frauenärzte**	CD-ROM	ISBN 3-609-10647-6	ca. € 39,–
Teilausgabe	**Hausärzte**	CD-ROM	ISBN 3-609-10649-2	ca. € 39,–
Teilausgabe	**Hautärzte**	CD-ROM	ISBN 3-609-10651-4	ca. € 39,–
Teilausgabe	**HNO-Ärzte**	CD-ROM	ISBN 3-609-10653-0	ca. € 39,–
Teilausgabe	**Innere Medizin**	CD-ROM	ISBN 3-609-10655-7	ca. € 39,–
Teilausgabe	**Kinderärzte**	CD-ROM	ISBN 3-609-10657-3	ca. € 39,–
Teilausgabe	**Laborärzte**	CD-ROM	ISBN 3-609-10659-X	ca. € 39,–
Teilausgabe	**Nervenheilkunde**	CD-ROM	ISBN 3-609-10661-1	ca. € 39,–
Teilausgabe	**Orthopädie**	CD-ROM	ISBN 3-609-10663-8	ca. € 39,–
Teilausgabe	**Physikalische und**			
	rehabilitative Medizin	CD-ROM	ISBN 3-609-10665-4	ca. € 39,–
Teilausgabe	**Psychiater**	CD-ROM	ISBN 3-609-10667-0	ca. € 39,–
Teilausgabe	**Psychotherapeutische**			
	Medizin	CD-ROM	ISBN 3-609-10669-7	ca. € 39,–
Teilausgabe	**Psychotherapie**	CD-ROM	ISBN 3-609-10671-9	ca. € 39,–
Teilausgabe	**Radiologie**	CD-ROM	ISBN 3-609-10673-5	ca. € 39,–
Teilausgabe	**Urologie**	CD-ROM	ISBN 3-609-10675-1	ca. € 39,–

Verkaufspaket		
»Mehr brauchen Sie über IGeL nicht zu wissen«	ISBN 3-609-51587-2	€ 97,–
MEGO. Ausgabe 2005.	ISBN 3-609-16247-3	€ 39,–
IGeL-Liste	ISBN 3-609-51583-X	€ 39,–
IGeL-Verkaufstrainer	ISBN 3-609-51588-0	€ 29,–

- - - - - - - - ╴ *Faxbestellung (08191) 125-292* ╶ - - - - - - - - -

WAN 19654

Name   PLZ/Ort

                                                  ✗
Straße   Datum/Unterschrift

Hiermit bestelle/n ich/wir
mit garantiertem Rückgaberecht innerhalb von 14 Tagen nach Erhalt:

Ex.	ISBN 3-609-	Titel	Preis

Widerrufsgarantie: Sie haben das Recht, die Bestellung innerhalb von 14 Tagen zu widerrufen. Der Widerruf bedarf keiner Begründung, hat jedoch schriftlich, auf einem anderen dauerhaften Datenträger oder durch Rücksendung der Ware zu erfolgen. Zur Fristwahrung genügt die rechtzeitige Absendung des Widerrufs oder der Ware (Datum des Poststempels).

✗
Zweite Unterschrift für das gesetzliche Widerrufsrecht

Verlagsgruppe
Hüthig Jehle Rehm GmbH
Justus-von-Liebig-Str. 1
86899 Landsberg

Preisänderung und Irrtum vorbehalten. Redaktions- und Preisstand 01/05.

oder beim Fachbuchhändler Ihres Vertrauens!

Kenntnisnahme durch die Krankenkassen ausschließt. [3]Die Krankenkassen leiten die Angaben an den Versicherten weiter. [4]Eine Mitteilung an die Leistungserbringer über die Unterrichtung des Versicherten ist nicht zulässig. [5]Die Krankenkassen können in ihrer Satzung das Nähere über das Verfahren der Unterrichtung regeln.

(2) [1]Die an der vertragsärztlichen Versorgung teilnehmenden Ärzte, ärztlich geleiteten Einrichtungen und medizinischen Versorgungszentren haben die Versicherten auf Verlangen schriftlich in verständlicher Form, direkt im Anschluss an die Behandlung oder mindestens quartalsweise spätestens vier Wochen nach Ablauf des Quartals, in dem die Leistungen in Anspruch genommen worden sind, über die zu Lasten der Krankenkassen erbrachten Leistungen und deren vorläufige Kosten (Patientenquittung) zu unterrichten. [2]Satz 1 gilt auch für die vertragszahnärztliche Versorgung. [3]Der Versicherte erstattet für eine quartalsweise schriftliche Unterrichtung nach Satz 1 eine Aufwandspauschale in Höhe von 1 Euro zuzüglich Versandkosten. [4]Das Nähere regelt die Kassenärztliche Bundesvereinigung. [5]Die Krankenhäuser unterrichten die Versicherten auf Verlangen schriftlich in verständlicher Form innerhalb von vier Wochen nach Abschluss der Krankenhausbehandlung über die erbrachten Leistungen und die dafür von den Krankenkassen zu zahlenden Entgelte. [6]Das Nähere regeln die Spitzenverbände der Krankenkassen gemeinsam und einheitlich und die Deutsche Krankenhausgesellschaft durch Vertrag. [7]Kommt eine Regelung nach den Sätzen 4 und 6 bis zum 30. Juni 2004 nicht zu Stande, kann das Bundesministerium für Gesundheit und Soziale Sicherung das Nähere durch Rechtsverordnung mit Zustimmung des Bundesrates bestimmen.

(3) [1]Die Krankenkassen informieren ihre Versicherten auf Verlangen umfassend über in der gesetzlichen Krankenversicherung zugelassene Leistungserbringer einschließlich medizinische Versorgungszentren und Leistungserbringer in der integrierten Versorgung sowie über die verordnungsfähigen Leistungen, einschließlich der Informationen nach § 73 Abs. 8, § 127 Abs. 3. [2]§ 69 Satz 4 gilt entsprechend.

Die wichtigsten Stellen aus dem Zehnten Sozialgesetzbuch (SGB X)

§ 12 Beteiligte

(1) Beteiligte sind

1. Antragsteller und Antragsgegner,
2. diejenigen, an die die Behörde den Verwaltungsakt richten will oder gerichtet hat,
3. diejenigen, mit denen die Behörde einen öffentlich-rechtlichen Vertrag schließen will oder geschlossen hat,
4. diejenigen, die nach Absatz 2 von der Behörde zu dem Verfahren hinzugezogen worden sind.

(2) [1]Die Behörde kann von Amts wegen oder auf Antrag diejenigen, deren rechtliche Interessen durch den Ausgang des Verfahrens berührt werden können, als Beteiligte hinzuziehen. [2]Hat der Ausgang des Verfahrens rechtsgestaltende Wirkung für einen Dritten, ist dieser auf Antrag als Beteiligter zu dem Verfahren hinzuzuziehen; soweit er der Behörde bekannt ist, hat diese ihn von der Einleitung des Verfahrens zu benachrichtigen.

(3) Wer anzuhören ist, ohne dass die Voraussetzungen des Absatzes 1 vorliegen, wird dadurch nicht Beteiligter.

§ 13 Bevollmächtigte und Beistände

(1) [1]Ein Beteiligter kann sich durch einen Bevollmächtigten vertreten lassen. [2]Die Vollmacht ermächtigt zu allen das Verwaltungsverfahren betreffenden Verfahrenshandlungen, sofern sich aus ihrem Inhalt nicht etwas anderes ergibt. [3]Der Bevollmächtigte hat auf Verlangen seine Vollmacht schriftlich nachzuweisen. [4]Ein Widerruf der Vollmacht wird der Behörde gegenüber erst wirksam, wenn er ihr zugeht.

(2) Die Vollmacht wird weder durch den Tod des Vollmachtgebers noch durch eine Veränderung in seiner Handlungsfähigkeit oder seiner gesetzlichen Vertretung aufgehoben; der Bevollmächtigte hat jedoch, wenn er für den Rechtsnachfolger im Verwaltungsverfahren auftritt, dessen Vollmacht auf Verlangen schriftlich beizubringen.

(3) [1]Ist für das Verfahren ein Bevollmächtigter bestellt, muss sich die Behörde an ihn wenden. [2]Sie kann sich an den Beteiligten selbst wen-

den, soweit er zur Mitwirkung verpflichtet ist. [3]Wendet sich die Behörde an den Beteiligten, muss der Bevollmächtigte verständigt werden. [4]Vorschriften über die Zustellung an Bevollmächtigte bleiben unberührt.

(4) [1]Ein Beteiligter kann zu Verhandlungen und Besprechungen mit einem Beistand erscheinen. [2]Das von dem Beistand Vorgetragene gilt als von dem Beteiligten vorgebracht, soweit dieser nicht unverzüglich widerspricht.

(5) [1]Bevollmächtigte und Beistände sind zurückzuweisen, wenn sie geschäftsmäßig fremde Rechtsangelegenheiten besorgen, ohne dazu befugt zu sein. [2]Befugt im Sinne des Satzes 1 sind auch die in § 73 Abs. 6 Satz 3 des Sozialgerichtsgesetzes bezeichneten Personen, sofern sie kraft Satzung oder Vollmacht zur Vertretung im Verwaltungsverfahren ermächtigt sind.

(6) [1]Bevollmächtigte und Beistände können vom Vortrag zurückgewiesen werden, wenn sie hierzu ungeeignet sind; vom mündlichen Vortrag können sie nur zurückgewiesen werden, wenn sie zum sachgemäßen Vortrag nicht fähig sind. [2]Nicht zurückgewiesen werden können Personen, die zur geschäftsmäßigen Besorgung fremder Rechtsangelegenheiten befugt sind.

(7) [1]Die Zurückweisung nach den Absätzen 5 und 6 ist auch dem Beteiligten, dessen Bevollmächtigter oder Beistand zurückgewiesen wird, schriftlich mitzuteilen. [2]Verfahrenshandlungen des zurückgewiesenen Bevollmächtigten oder Beistandes, die dieser nach der Zurückweisung vornimmt, sind unwirksam.

§ 14 Bestellung eines Empfangsbevollmächtigten

[1]Ein Beteiligter ohne Wohnsitz oder gewöhnlichen Aufenthalt, Sitz oder Geschäftsleitung im Inland hat der Behörde auf Verlangen innerhalb einer angemessenen Frist einen Empfangsbevollmächtigten im Inland zu benennen. [2]Unterlässt er dies, gilt ein an ihn gerichtetes Schriftstück am siebenten Tage nach der Aufgabe zur Post und ein elektronisch übermitteltes Dokument am dritten Tage nach der Absendung als zugegangen. [3]Dies gilt nicht, wenn feststeht, dass das Dokument den Empfänger nicht oder zu einem späteren Zeitpunkt erreicht hat. [4]Auf die Rechtsfolgen der Unterlassung ist der Beteiligte hinzuweisen.

§ 15 Bestellung eines Vertreters von Amts wegen

(1) Ist ein Vertreter nicht vorhanden, hat das Vormundschaftsgericht auf Ersuchen der Behörde einen geeigneten Vertreter zu bestellen

1. für einen Beteiligten, dessen Person unbekannt ist,
2. für einen abwesenden Beteiligten, dessen Aufenthalt unbekannt ist oder der an der Besorgung seiner Angelegenheiten verhindert ist,
3. für einen Beteiligten ohne Aufenthalt im Inland, wenn er der Aufforderung der Behörde, einen Vertreter zu bestellen, innerhalb der ihm gesetzten Frist nicht nachgekommen ist,
4. für einen Beteiligten, der infolge einer psychischen Krankheit oder körperlichen, geistigen oder seelischen Behinderung nicht in der Lage ist, in dem Verwaltungsverfahren selbst tätig zu werden.

(2) Für die Bestellung des Vertreters ist in den Fällen des Absatzes 1 Nr. 4 das Vormundschaftsgericht zuständig, in dessen Bezirk der Beteiligte seinen gewöhnlichen Aufenthalt hat; im Übrigen ist das Vormundschaftsgericht zuständig, in dessen Bezirk die ersuchende Behörde ihren Sitz hat.

(3) [1]Der Vertreter hat gegen den Rechtsträger der Behörde, die um seine Bestellung ersucht hat, Anspruch auf eine angemessene Vergütung und auf die Erstattung seiner baren Auslagen. [2]Die Behörde kann von dem Vertretenen Ersatz ihrer Aufwendungen verlangen. [3]Sie bestimmt die Vergütung und stellt die Auslagen und Aufwendungen fest.

(4) Im Übrigen gelten für die Bestellung und für das Amt des Vertreters in den Fällen des Absatzes 1 Nr. 4 die Vorschriften über die Betreuung, in den übrigen Fällen die Vorschriften über die Pflegschaft entsprechend.

§ 16 Ausgeschlossene Personen

(1) [1]In einem Verwaltungsverfahren darf für eine Behörde nicht tätig werden,

1. wer selbst Beteiligter ist,
2. wer Angehöriger eines Beteiligten ist,
3. wer einen Beteiligten kraft Gesetzes oder Vollmacht allgemein oder in diesem Verwaltungsverfahren vertritt oder als Beistand zugezogen ist,
4. wer Angehöriger einer Person ist, die einen Beteiligten in diesem Verfahren vertritt,

5. wer bei einem Beteiligten gegen Entgelt beschäftigt ist oder bei ihm als Mitglied des Vorstandes, des Aufsichtsrates oder eines gleichartigen Organs tätig ist; dies gilt nicht für den, dessen Anstellungskörperschaft Beteiligte ist, und nicht für Beschäftigte bei Betriebskrankenkassen,

6. wer außerhalb seiner amtlichen Eigenschaft in der Angelegenheit ein Gutachten abgegeben hat oder sonst tätig geworden ist.

[2]Dem Beteiligten steht gleich, wer durch die Tätigkeit oder durch die Entscheidung einen unmittelbaren Vorteil oder Nachteil erlangen kann. [3]Dies gilt nicht, wenn der Vor- oder Nachteil nur darauf beruht, dass jemand einer Berufs- oder Bevölkerungsgruppe angehört, deren gemeinsame Interessen durch die Angelegenheit berührt werden.

(2) [1]Absatz 1 gilt nicht für Wahlen zu einer ehrenamtlichen Tätigkeit und für die Abberufung von ehrenamtlich Tätigen. [2]Absatz 1 Nr. 3 und 5 gilt auch nicht für das Verwaltungsverfahren auf Grund der Beziehungen zwischen Ärzten, Zahnärzten und Krankenkassen.

(3) Wer nach Absatz 1 ausgeschlossen ist, darf bei Gefahr im Verzug unaufschiebbare Maßnahmen treffen.

(4) [1]Hält sich ein Mitglied eines Ausschusses oder Beirats für ausgeschlossen oder bestehen Zweifel, ob die Voraussetzungen des Absatzes 1 gegeben sind, ist dies dem Ausschuss oder Beirat mitzuteilen. [2]Der Ausschuss oder Beirat entscheidet über den Ausschluss. [3]Der Betroffene darf an dieser Entscheidung nicht mitwirken. [4]Das ausgeschlossene Mitglied darf bei der weiteren Beratung und Beschlussfassung nicht zugegen sein.

(5) [1]Angehörige im Sinne des Absatzes 1 Nr. 2 und 4 sind

1. der Verlobte,
2. der Ehegatte,
3. Verwandte und Verschwägerte gerader Linie,
4. Geschwister,
5. Kinder der Geschwister,
6. Ehegatten der Geschwister und Geschwister der Ehegatten,
7. Geschwister der Eltern,
8. Personen, die durch ein auf längere Dauer angelegtes Pflegeverhältnis mit häuslicher Gemeinschaft wie Eltern und Kind miteinander verbunden sind (Pflegeeltern und Pflegekinder).

[2]Angehörige sind die in Satz 1 aufgeführten Personen auch dann, wenn

1. in den Fällen der Nummern 2, 3 und 6 die die Beziehung begründende Ehe nicht mehr besteht,
2. in den Fällen der Nummern 3 bis 7 die Verwandtschaft oder Schwägerschaft durch Annahme als Kind erloschen ist,
3. im Falle der Nummer 8 die häusliche Gemeinschaft nicht mehr besteht, sofern die Personen weiterhin wie Eltern und Kind miteinander verbunden sind.

§ 17 Besorgnis der Befangenheit

(1) [1]Liegt ein Grund vor, der geeignet ist, Misstrauen gegen eine unparteiische Amtsausübung zu rechtfertigen, oder wird von einem Beteiligten das Vorliegen eines solchen Grundes behauptet, hat, wer in einem Verwaltungsverfahren für eine Behörde tätig werden soll, den Leiter der Behörde oder den von diesem Beauftragten zu unterrichten und sich auf dessen Anordnung der Mitwirkung zu enthalten. [2]Betrifft die Besorgnis der Befangenheit den Leiter der Behörde, trifft diese Anordnung die Aufsichtsbehörde, sofern sich der Behördenleiter nicht selbst einer Mitwirkung enthält. [3]Bei den Geschäftsführern der Versicherungsträger tritt an die Stelle der Aufsichtsbehörde der Vorstand.

(2) Für Mitglieder eines Ausschusses oder Beirats gilt § 16 Abs. 4 entsprechend.

§ 24 Anhörung Beteiligter

(1) Bevor ein Verwaltungsakt erlassen wird, der in Rechte eines Beteiligten eingreift, ist diesem Gelegenheit zu geben, sich zu den für die Entscheidung erheblichen Tatsachen zu äußern.

(2) Von der Anhörung kann abgesehen werden, wenn

1. eine sofortige Entscheidung wegen Gefahr im Verzug oder im öffentlichen Interesse notwendig erscheint,
2. durch die Anhörung die Einhaltung einer für die Entscheidung maßgeblichen Frist in Frage gestellt würde,
3. von den tatsächlichen Angaben eines Beteiligten, die dieser in einem Antrag oder einer Erklärung gemacht hat, nicht zu seinen Ungunsten abgewichen werden soll,
4. Allgemeinverfügungen oder gleichartige Verwaltungsakte in größerer Zahl erlassen werden sollen,
5. einkommensabhängige Leistungen den geänderten Verhältnissen angepasst werden sollen,

6. Maßnahmen in der Verwaltungsvollstreckung getroffen werden sollen oder

7. gegen Ansprüche oder mit Ansprüchen von weniger als 70 Euro aufgerechnet oder verrechnet werden soll; Nummer 5 bleibt unberührt.

§ 25 Akteneinsicht durch Beteiligte

(1) [1]Die Behörde hat den Beteiligten Einsicht in die das Verfahren betreffenden Akten zu gestatten, soweit deren Kenntnis zur Geltendmachung oder Verteidigung ihrer rechtlichen Interessen erforderlich ist. [2]Satz 1 gilt bis zum Abschluss des Verwaltungsverfahrens nicht für Entwürfe zu Entscheidungen sowie die Arbeiten zu ihrer unmittelbaren Vorbereitung.

(2) [1]Soweit die Akten Angaben über gesundheitliche Verhältnisse eines Beteiligten enthalten, kann die Behörde stattdessen den Inhalt der Akten dem Beteiligten durch einen Arzt vermitteln lassen. [2]Sie soll den Inhalt der Akten durch einen Arzt vermitteln lassen, soweit zu befürchten ist, dass die Akteneinsicht dem Beteiligten einen unverhältnismäßigen Nachteil, insbesondere an der Gesundheit, zufügen würde. [3]Soweit die Akten Angaben enthalten, die die Entwicklung und Entfaltung der Persönlichkeit des Beteiligten beeinträchtigen können, gelten die Sätze 1 und 2 mit der Maßgabe entsprechend, dass der Inhalt der Akten auch durch einen Bediensteten der Behörde vermittelt werden kann, der durch Vorbildung sowie Lebens- und Berufserfahrung dazu geeignet und befähigt ist. [4]Das Recht nach Absatz 1 wird nicht beschränkt.

(3) Die Behörde ist zur Gestattung der Akteneinsicht nicht verpflichtet, soweit die Vorgänge wegen der berechtigten Interessen der Beteiligten oder dritter Personen geheim gehalten werden müssen.

(4) [1]Die Akteneinsicht erfolgt bei der Behörde, die die Akten führt. [2]Im Einzelfall kann die Einsicht auch bei einer anderen Behörde oder bei einer diplomatischen oder berufskonsularischen Vertretung der Bundesrepublik Deutschland im Ausland erfolgen; weitere Ausnahmen kann die Behörde, die die Akten führt, gestatten.

(5) [1]Soweit die Akteneinsicht zu gestatten ist, können die Beteiligten Auszüge oder Abschriften selbst fertigen oder sich Ablichtungen durch die Behörde erteilen lassen. [2]Die Behörde kann Ersatz ihrer Aufwendungen in angemessenem Umfang verlangen.

§ 31 Begriff des Verwaltungsaktes

[1]Verwaltungsakt ist jede Verfügung, Entscheidung oder andere hoheitliche Maßnahme, die eine Behörde zur Regelung eines Einzelfalles auf dem Gebiet des öffentlichen Rechts trifft und die auf unmittelbare Rechtswirkung nach außen gerichtet ist. [2]Allgemeinverfügung ist ein Verwaltungsakt, der sich an einen nach allgemeinen Merkmalen bestimmten oder bestimmbaren Personenkreis richtet oder die öffentlich-rechtliche Eigenschaft einer Sache oder ihre Benutzung durch die Allgemeinheit betrifft.

§ 32 Nebenbestimmungen zum Verwaltungsakt

(1) Ein Verwaltungsakt, auf den ein Anspruch besteht, darf mit einer Nebenbestimmung nur versehen werden, wenn sie durch Rechtsvorschrift zugelassen ist oder wenn sie sicherstellen soll, dass die gesetzlichen Voraussetzungen des Verwaltungsaktes erfüllt werden.

(2) Unbeschadet des Absatzes 1 darf ein Verwaltungsakt nach pflichtgemäßem Ermessen erlassen werden mit

1. einer Bestimmung, nach der eine Vergünstigung oder Belastung zu einem bestimmten Zeitpunkt beginnt, endet oder für einen bestimmten Zeitraum gilt (Befristung),
2. einer Bestimmung, nach der der Eintritt oder der Wegfall einer Vergünstigung oder einer Belastung von dem ungewissen Eintritt eines zukünftigen Ereignisses abhängt (Bedingung),
3. einem Vorbehalt des Widerrufs

oder verbunden werden mit

4. einer Bestimmung, durch die dem Begünstigten ein Tun, Dulden oder Unterlassen vorgeschrieben wird (Auflage),
5. einem Vorbehalt der nachträglichen Aufnahme, Änderung oder Ergänzung einer Auflage.

(3) Eine Nebenbestimmung darf dem Zweck des Verwaltungsaktes nicht zuwiderlaufen.

§ 33 Bestimmtheit und Form des Verwaltungsaktes

(1) Ein Verwaltungsakt muss inhaltlich hinreichend bestimmt sein.

(2) [1]Ein Verwaltungsakt kann schriftlich, elektronisch, mündlich oder in anderer Weise erlassen werden. [2]Ein mündlicher Verwaltungsakt ist schriftlich oder elektronisch zu bestätigen, wenn hieran ein berechtigtes Interesse besteht und der Betroffene dies unverzüglich verlangt.

[3]Ein elektronischer Verwaltungsakt ist unter denselben Voraussetzungen schriftlich zu bestätigen; § 36a Abs. 2 des Ersten Buches findet insoweit keine Anwendung.

(3) [1]Ein schriftlicher oder elektronischer Verwaltungsakt muss die erlassende Behörde erkennen lassen und die Unterschrift oder die Namenswiedergabe des Behördenleiters, seines Vertreters oder seines Beauftragten enthalten. [2]Wird für einen Verwaltungsakt, für den durch Rechtsvorschrift die Schriftform angeordnet ist, die elektronische Form verwendet, muss auch das der Signatur zugrunde liegende qualifizierte Zertifikat oder ein zugehöriges qualifiziertes Attributzertifikat die erlassende Behörde erkennen lassen.

(4) Für einen Verwaltungsakt kann für die nach § 36a Abs. 2 des Ersten Buches erforderliche Signatur durch Rechtsvorschrift die dauerhafte Überprüfbarkeit vorgeschrieben werden.

(5) [1]Bei einem Verwaltungsakt, der mit Hilfe automatischer Einrichtungen erlassen wird, können abweichend von Absatz 3 Satz 1 Unterschrift und Namenswiedergabe fehlen; bei einem elektronischen Verwaltungsakt muss auch das der Signatur zugrunde liegende Zertifikat nur die erlassende Behörde erkennen lassen. [2]Zur Inhaltsangabe können Schlüsselzeichen verwendet werden, wenn derjenige, für den der Verwaltungsakt bestimmt ist oder der von ihm betroffen wird, auf Grund der dazu gegebenen Erläuterungen den Inhalt des Verwaltungsaktes eindeutig erkennen kann.

§ 34 Zusicherung

(1) [1]Eine von der zuständigen Behörde erteilte Zusage, einen bestimmten Verwaltungsakt später zu erlassen oder zu unterlassen (Zusicherung), bedarf zu ihrer Wirksamkeit der schriftlichen Form. [2]Ist vor dem Erlass des zugesicherten Verwaltungsaktes die Anhörung Beteiligter oder die Mitwirkung einer anderen Behörde oder eines Ausschusses auf Grund einer Rechtsvorschrift erforderlich, darf die Zusicherung erst nach Anhörung der Beteiligten oder nach Mitwirkung dieser Behörde oder des Ausschusses gegeben werden.

(2) Auf die Unwirksamkeit der Zusicherung finden, unbeschadet des Absatzes 1 Satz 1, § 40, auf die Heilung von Mängeln bei der Anhörung Beteiligter und der Mitwirkung anderer Behörden oder Ausschüsse § 41 Abs. 1 Nr. 3 bis 6 sowie Abs. 2, auf die Rücknahme §§ 44 und 45, auf den Widerruf, unbeschadet des Absatzes 3, §§ 46 und 47 entsprechende Anwendung.

(3) Ändert sich nach Abgabe der Zusicherung die Sach- oder Rechtslage derart, dass die Behörde bei Kenntnis der nachträglich eingetretenen Änderung die Zusicherung nicht gegeben hätte oder aus rechtlichen Gründen nicht hätte geben dürfen, ist die Behörde an die Zusicherung nicht mehr gebunden.

§ 35 Begründung des Verwaltungsaktes

(1) [1]Ein schriftlicher oder elektronischer sowie ein schriftlich oder elektronisch bestätigter Verwaltungsakt ist mit einer Begründung zu versehen. [2]In der Begründung sind die wesentlichen tatsächlichen und rechtlichen Gründe mitzuteilen, die die Behörde zu ihrer Entscheidung bewogen haben. [3]Die Begründung von Ermessensentscheidungen muss auch die Gesichtspunkte erkennen lassen, von denen die Behörde bei der Ausübung ihres Ermessens ausgegangen ist.

(2) Einer Begründung bedarf es nicht,

1. soweit die Behörde einem Antrag entspricht oder einer Erklärung folgt und der Verwaltungsakt nicht in Rechte eines anderen eingreift,
2. soweit demjenigen, für den der Verwaltungsakt bestimmt ist oder der von ihm betroffen wird, die Auffassung der Behörde über die Sach- und Rechtslage bereits bekannt oder auch ohne Begründung für ihn ohne weiteres erkennbar ist,
3. wenn die Behörde gleichartige Verwaltungsakte in größerer Zahl oder Verwaltungsakte mit Hilfe automatischer Einrichtungen erlässt und die Begründung nach den Umständen des Einzelfalles nicht geboten ist,
4. wenn sich dies aus einer Rechtsvorschrift ergibt,
5. wenn eine Allgemeinverfügung öffentlich bekannt gegeben wird.

(3) In den Fällen des Absatzes 2 Nr. 1 bis 3 ist der Verwaltungsakt schriftlich oder elektronisch zu begründen, wenn der Beteiligte, dem der Verwaltungsakt bekannt gegeben ist, es innerhalb eines Jahres seit Bekanntgabe verlangt.

§ 36 Rechtsbehelfsbelehrung

Erlässt die Behörde einen schriftlichen Verwaltungsakt oder bestätigt sie schriftlich einen Verwaltungsakt, ist der durch ihn beschwerte Beteiligte über den Rechtsbehelf und die Behörde oder das Gericht, bei denen der Rechtsbehelf anzubringen ist, deren Sitz, die einzuhaltende Frist und die Form schriftlich zu belehren.

§ 37 Bekanntgabe des Verwaltungsaktes

(1) [1]Ein Verwaltungsakt ist demjenigen Beteiligten bekannt zu geben, für den er bestimmt ist oder der von ihm betroffen wird. [2]Ist ein Bevollmächtigter bestellt, kann die Bekanntgabe ihm gegenüber vorgenommen werden.

(2) [1]Ein schriftlicher Verwaltungsakt gilt bei der Übermittlung durch die Post im Inland am dritten Tage nach der Aufgabe zur Post, ein Verwaltungsakt, der elektronisch übermittelt wird, am dritten Tage nach der Absendung als bekannt gegeben. [2]Dies gilt nicht, wenn der Verwaltungsakt nicht oder zu einem späteren Zeitpunkt zugegangen ist; im Zweifel hat die Behörde den Zugang des Verwaltungsaktes und den Zeitpunkt des Zugangs nachzuweisen.

(3) [1]Ein Verwaltungsakt darf öffentlich bekannt gegeben werden, wenn dies durch Rechtsvorschrift zugelassen ist. [2]Eine Allgemeinverfügung darf auch dann öffentlich bekannt gegeben werden, wenn eine Bekanntgabe an die Beteiligten untunlich ist.

(4) [1]Die öffentliche Bekanntgabe eines schriftlichen oder elektronischen Verwaltungsaktes wird dadurch bewirkt, dass sein verfügender Teil in der jeweils vorgeschriebenen Weise entweder ortsüblich oder in der sonst für amtliche Veröffentlichungen vorgeschriebenen Art bekannt gemacht wird. [2]In der Bekanntmachung ist anzugeben, wo der Verwaltungsakt und seine Begründung eingesehen werden können. [3]Der Verwaltungsakt gilt zwei Wochen nach der Bekanntmachung als bekannt gegeben. [4]In einer Allgemeinverfügung kann ein hiervon abweichender Tag, jedoch frühestens der auf die Bekanntmachung folgende Tag bestimmt werden.

(5) Vorschriften über die Bekanntgabe eines Verwaltungsaktes mittels Zustellung bleiben unberührt.

§ 38 Offenbare Unrichtigkeiten im Verwaltungsakt

[1]Die Behörde kann Schreibfehler, Rechenfehler und ähnliche offenbare Unrichtigkeiten in einem Verwaltungsakt jederzeit berichtigen. [2]Bei berechtigtem Interesse des Beteiligten ist zu berichtigen. [3]Die Behörde ist berechtigt, die Vorlage des Dokumentes zu verlangen, das berichtigt werden soll.

§ 39 Wirksamkeit des Verwaltungsaktes

(1) [1]Ein Verwaltungsakt wird gegenüber demjenigen, für den er bestimmt ist oder der von ihm betroffen wird, in dem Zeitpunkt wirksam, in dem er ihm bekannt gegeben wird. [2]Der Verwaltungsakt wird mit dem Inhalt wirksam, mit dem er bekannt gegeben wird.

(2) Ein Verwaltungsakt bleibt wirksam, solange und soweit er nicht zurückgenommen, widerrufen, anderweitig aufgehoben oder durch Zeitablauf oder auf andere Weise erledigt ist.

(3) Ein nichtiger Verwaltungsakt ist unwirksam.

§ 40 Nichtigkeit des Verwaltungsaktes

(1) Ein Verwaltungsakt ist nichtig, soweit er an einem besonders schwerwiegenden Fehler leidet und dies bei verständiger Würdigung aller in Betracht kommenden Umstände offensichtlich ist.

(2) Ohne Rücksicht auf das Vorliegen der Voraussetzungen des Absatzes 1 ist ein Verwaltungsakt nichtig,

1. der schriftlich oder elektronisch erlassen worden ist, die erlassende Behörde aber nicht erkennen lässt,
2. der nach einer Rechtsvorschrift nur durch die Aushändigung einer Urkunde erlassen werden kann, aber dieser Form nicht genügt,
3. den aus tatsächlichen Gründen niemand ausführen kann,
4. der die Begehung einer rechtswidrigen Tat verlangt, die einen Straf- oder Bußgeldtatbestand verwirklicht,
5. der gegen die guten Sitten verstößt.

(3) Ein Verwaltungsakt ist nicht schon deshalb nichtig, weil

1. Vorschriften über die örtliche Zuständigkeit nicht eingehalten worden sind,
2. eine nach § 16 Abs. 1 Satz 1 Nr. 2 bis 6 ausgeschlossene Person mitgewirkt hat,
3. ein durch Rechtsvorschrift zur Mitwirkung berufener Ausschuss den für den Erlass des Verwaltungsaktes vorgeschriebenen Beschluss nicht gefasst hat oder nicht beschlussfähig war,
4. die nach einer Rechtsvorschrift erforderliche Mitwirkung einer anderen Behörde unterblieben ist.

(4) Betrifft die Nichtigkeit nur einen Teil des Verwaltungsaktes, ist er im Ganzen nichtig, wenn der nichtige Teil so wesentlich ist, dass die Behörde den Verwaltungsakt ohne den nichtigen Teil nicht erlassen hätte.

(5) Die Behörde kann die Nichtigkeit jederzeit von Amts wegen feststellen; auf Antrag ist sie festzustellen, wenn der Antragsteller hieran ein berechtigtes Interesse hat.

§ 41 Heilung von Verfahrens- und Formfehlern

(1) Eine Verletzung von Verfahrens- oder Formvorschriften, die nicht den Verwaltungsakt nach § 40 nichtig macht, ist unbeachtlich, wenn

1. der für den Erlass des Verwaltungsaktes erforderliche Antrag nachträglich gestellt wird,
2. die erforderliche Begründung nachträglich gegeben wird,
3. die erforderliche Anhörung eines Beteiligten nachgeholt wird,
4. der Beschluss eines Ausschusses, dessen Mitwirkung für den Erlass des Verwaltungsaktes erforderlich ist, nachträglich gefasst wird,
5. die erforderliche Mitwirkung einer anderen Behörde nachgeholt wird,
6. die erforderliche Hinzuziehung eines Beteiligten nachgeholt wird.

(2) Handlungen nach Absatz 1 Nr. 2 bis 6 können bis zur letzten Tatsacheninstanz eines sozial- oder verwaltungsgerichtlichen Verfahrens nachgeholt werden.

(3) [1]Fehlt einem Verwaltungsakt die erforderliche Begründung oder ist die erforderliche Anhörung eines Beteiligten vor Erlass des Verwaltungsaktes unterblieben und ist dadurch die rechtzeitige Anfechtung des Verwaltungsaktes versäumt worden, gilt die Versäumung der Rechtsbehelfsfrist als nicht verschuldet. [2]Das für die Wiedereinsetzungsfrist maßgebende Ereignis tritt im Zeitpunkt der Nachholung der unterlassenen Verfahrenshandlung ein.

§ 42 Folgen von Verfahrens- und Formfehlern

[1]Die Aufhebung eines Verwaltungsaktes, der nicht nach § 40 nichtig ist, kann nicht allein deshalb beansprucht werden, weil er unter Verletzung von Vorschriften über das Verfahren, die Form oder die örtliche Zuständigkeit zustande gekommen ist, wenn offensichtlich ist, dass die Verletzung die Entscheidung in der Sache nicht beeinflusst hat. [2]Satz 1 gilt nicht, wenn die erforderliche Anhörung unterblieben oder nicht wirksam nachgeholt ist.

§ 43 Umdeutung eines fehlerhaften Verwaltungsaktes

(1) Ein fehlerhafter Verwaltungsakt kann in einen anderen Verwaltungsakt umgedeutet werden, wenn er auf das gleiche Ziel gerichtet ist, von der erlassenden Behörde in der geschehenen Verfahrensweise und Form rechtmäßig hätte erlassen werden können und wenn die Voraussetzungen für dessen Erlass erfüllt sind.

(2) [1]Absatz 1 gilt nicht, wenn der Verwaltungsakt, in den der fehlerhafte Verwaltungsakt umzudeuten wäre, der erkennbaren Absicht der erlassenden Behörde widerspräche oder seine Rechtsfolgen für den Betroffenen ungünstiger wären als die des fehlerhaften Verwaltungsaktes. [2]Eine Umdeutung ist ferner unzulässig, wenn der fehlerhafte Verwaltungsakt nicht zurückgenommen werden dürfte.

(3) Eine Entscheidung, die nur als gesetzlich gebundene Entscheidung ergehen kann, kann nicht in eine Ermessensentscheidung umgedeutet werden.

(4) § 24 ist entsprechend anzuwenden.

§ 44 Rücknahme eines rechtswidrigen nicht begünstigenden Verwaltungsaktes

(1) [1]Soweit sich im Einzelfall ergibt, dass bei Erlass eines Verwaltungsaktes das Recht unrichtig angewandt oder von einem Sachverhalt ausgegangen worden ist, der sich als unrichtig erweist, und soweit deshalb Sozialleistungen zu Unrecht nicht erbracht oder Beiträge zu Unrecht erhoben worden sind, ist der Verwaltungsakt, auch nachdem er unanfechtbar geworden ist, mit Wirkung für die Vergangenheit zurückzunehmen. [2]Dies gilt nicht, wenn der Verwaltungsakt auf Angaben beruht, die der Betroffene vorsätzlich in wesentlicher Beziehung unrichtig oder unvollständig gemacht hat.

(2) [1]Im Übrigen ist ein rechtswidriger nicht begünstigender Verwaltungsakt, auch nachdem er unanfechtbar geworden ist, ganz oder teilweise mit Wirkung für die Zukunft zurückzunehmen. [2]Er kann auch für die Vergangenheit zurückgenommen werden.

(3) Über die Rücknahme entscheidet nach Unanfechtbarkeit des Verwaltungsaktes die zuständige Behörde; dies gilt auch dann, wenn der zurückzunehmende Verwaltungsakt von einer anderen Behörde erlassen worden ist.

(4) [1]Ist ein Verwaltungsakt mit Wirkung für die Vergangenheit zurückgenommen worden, werden Sozialleistungen nach den Vorschrif-

ten der besonderen Teile dieses Gesetzbuches längstens für einen Zeitraum bis zu vier Jahren vor der Rücknahme erbracht. [2]Dabei wird der Zeitpunkt der Rücknahme von Beginn des Jahres an gerechnet, in dem der Verwaltungsakt zurückgenommen wird. [3]Erfolgt die Rücknahme auf Antrag, tritt bei der Berechnung des Zeitraumes, für den rückwirkend Leistungen zu erbringen sind, anstelle der Rücknahme der Antrag.

§ 45 Rücknahme eines rechtswidrigen begünstigenden Verwaltungsaktes

(1) Soweit ein Verwaltungsakt, der ein Recht oder einen rechtlich erheblichen Vorteil begründet oder bestätigt hat (begünstigender Verwaltungsakt), rechtswidrig ist, darf er, auch nachdem er unanfechtbar geworden ist, nur unter den Einschränkungen der Absätze 2 bis 4 ganz oder teilweise mit Wirkung für die Zukunft oder für die Vergangenheit zurückgenommen werden.

(2) [1]Ein rechtswidriger begünstigender Verwaltungsakt darf nicht zurückgenommen werden, soweit der Begünstigte auf den Bestand des Verwaltungsaktes vertraut hat und sein Vertrauen unter Abwägung mit dem öffentlichen Interesse an einer Rücknahme schutzwürdig ist. [2]Das Vertrauen ist in der Regel schutzwürdig, wenn der Begünstigte erbrachte Leistungen verbraucht oder eine Vermögensdisposition getroffen hat, die er nicht mehr oder nur unter unzumutbaren Nachteilen rückgängig machen kann. [3]Auf Vertrauen kann sich der Begünstigte nicht berufen, soweit

1. er den Verwaltungsakt durch arglistige Täuschung, Drohung oder Bestechung erwirkt hat,
2. der Verwaltungsakt auf Angaben beruht, die der Begünstigte vorsätzlich oder grob fahrlässig in wesentlicher Beziehung unrichtig oder unvollständig gemacht hat, oder
3. er die Rechtswidrigkeit des Verwaltungsaktes kannte oder infolge grober Fahrlässigkeit nicht kannte; grobe Fahrlässigkeit liegt vor, wenn der Begünstigte die erforderliche Sorgfalt in besonders schwerem Maße verletzt hat.

(3) [1]Ein rechtswidriger begünstigender Verwaltungsakt mit Dauerwirkung kann nach Absatz 2 nur bis zum Ablauf von zwei Jahren nach seiner Bekanntgabe zurückgenommen werden. [2]Satz 1 gilt nicht, wenn Wiederaufnahmegründe entsprechend § 580 der Zivilprozessordnung vorliegen. [3]Bis zum Ablauf von zehn Jahren nach seiner Be-

kanntgabe kann ein rechtswidriger begünstigender Verwaltungsakt mit Dauerwirkung nach Absatz 2 zurückgenommen werden, wenn

1. die Voraussetzungen des Absatzes 2 Satz 3 Nr. 2 oder 3 gegeben sind oder
2. der Verwaltungsakt mit einem zulässigen Vorbehalt des Widerrufs erlassen wurde.

[4]In den Fällen des Satzes 3 kann ein Verwaltungsakt über eine laufende Geldleistung auch nach Ablauf der Frist von zehn Jahren zurückgenommen werden, wenn diese Geldleistung mindestens bis zum Beginn des Verwaltungsverfahrens über die Rücknahme gezahlt wurde. [5]War die Frist von zehn Jahren am 15. April 1998 bereits abgelaufen, gilt Satz 4 mit der Maßgabe, dass der Verwaltungsakt nur mit Wirkung für die Zukunft aufgehoben wird.

(4) [1]Nur in den Fällen von Absatz 2 Satz 3 und Absatz 3 Satz 2 wird der Verwaltungsakt mit Wirkung für die Vergangenheit zurückgenommen. [2]Die Behörde muss dies innerhalb eines Jahres seit Kenntnis der Tatsachen tun, welche die Rücknahme eines rechtswidrigen begünstigenden Verwaltungsaktes für die Vergangenheit rechtfertigen.

(5) § 44 Abs. 3 gilt entsprechend.

§ 46 Widerruf eines rechtmäßigen nicht begünstigenden Verwaltungsaktes

(1) Ein rechtmäßiger nicht begünstigender Verwaltungsakt kann, auch nachdem er unanfechtbar geworden ist, ganz oder teilweise mit Wirkung für die Zukunft widerrufen werden, außer wenn ein Verwaltungsakt gleichen Inhalts erneut erlassen werden müsste oder aus anderen Gründen ein Widerruf unzulässig ist.

(2) § 44 Abs. 3 gilt entsprechend.

§ 47 Widerruf eines rechtmäßigen begünstigenden Verwaltungsaktes

(1) Ein rechtmäßiger begünstigender Verwaltungsakt darf, auch nachdem er unanfechtbar geworden ist, ganz oder teilweise mit Wirkung für die Zukunft nur widerrufen werden, soweit

1. der Widerruf durch Rechtsvorschrift zugelassen oder im Verwaltungsakt vorbehalten ist,

2. mit dem Verwaltungsakt eine Auflage verbunden ist und der Begünstigte diese nicht oder nicht innerhalb einer ihm gesetzten Frist erfüllt hat.

(2) [1]Ein rechtmäßiger begünstigender Verwaltungsakt, der eine Geld- oder Sachleistung zur Erfüllung eines bestimmten Zwecks zuerkennt oder hierfür Voraussetzung ist, kann, auch nachdem er unanfechtbar geworden ist, ganz oder teilweise auch mit Wirkung für die Vergangenheit widerrufen werden, wenn

1. die Leistung nicht, nicht alsbald nach der Erbringung oder nicht mehr für den in dem Verwaltungsakt bestimmten Zweck verwendet wird,

2. mit dem Verwaltungsakt eine Auflage verbunden ist und der Begünstigte diese nicht oder nicht innerhalb einer ihm gesetzten Frist erfüllt hat.

[2]Der Verwaltungsakt darf mit Wirkung für die Vergangenheit nicht widerrufen werden, soweit der Begünstigte auf den Bestand des Verwaltungsaktes vertraut hat und sein Vertrauen unter Abwägung mit dem öffentlichen Interesse an einem Widerruf schutzwürdig ist. [3]Das Vertrauen ist in der Regel schutzwürdig wenn der Begünstigte erbrachte Leistungen verbraucht oder eine Vermögensdisposition getroffen hat, die er nicht mehr oder nur unter unzumutbaren Nachteilen rückgängig machen kann. [4]Auf Vertrauen kann sich der Begünstigte nicht berufen, soweit er die Umstände kannte oder infolge grober Fahrlässigkeit nicht kannte, die zum Widerruf des Verwaltungsaktes geführt haben. [5]§ 45 Abs. 4 Satz 2 gilt entsprechend.

(3) § 44 Abs. 3 gilt entsprechend.

§ 78a Technische und organisatorische Maßnahmen

[1]Die in § 35 des Ersten Buches genannten Stellen, die selbst oder im Auftrag Sozialdaten erheben, verarbeiten oder nutzen, haben die technischen und organisatorischen Maßnahmen einschließlich der Dienstanweisungen zu treffen, die erforderlich sind, um die Ausführung der Vorschriften dieses Gesetzbuches, insbesondere die in der Anlage zu dieser Vorschrift genannten Anforderungen, zu gewährleisten. [2]Maßnahmen sind nicht erforderlich, wenn ihr Aufwand in keinem angemessenen Verhältnis zu dem angestrebten Schutzzweck steht.

§ 89 Ausführung des Auftrags

(1) Verwaltungsakte, die der Beauftragte zur Ausführung des Auftrags erlässt, ergehen im Namen des Auftraggebers.

(2) Durch den Auftrag wird der Auftraggeber nicht von seiner Verantwortung gegenüber dem Betroffenen entbunden.

(3) Der Beauftragte hat dem Auftraggeber die erforderlichen Mitteilungen zu machen, auf Verlangen über die Ausführung des Auftrags Auskunft zu erteilen und nach der Ausführung des Auftrags Rechenschaft abzulegen.

(4) Der Auftraggeber ist berechtigt, die Ausführung des Auftrags jederzeit zu prüfen.

(5) Der Auftraggeber ist berechtigt, den Beauftragten an seine Auffassung zu binden.

§ 91 Erstattung von Aufwendungen

(1) [1]Erbringt ein Beauftragter Sozialleistungen für einen Auftraggeber, ist dieser zur Erstattung verpflichtet. [2]Sach- und Dienstleistungen sind in Geld zu erstatten. [3]Eine Erstattungspflicht besteht nicht, soweit Sozialleistungen zu Unrecht erbracht worden sind und den Beauftragten hierfür ein Verschulden trifft.

(2) [1]Die bei der Ausführung des Auftrags entstehenden Kosten sind zu erstatten. [2]Absatz 1 Satz 3 gilt entsprechend.

(3) Für die zur Ausführung des Auftrags erforderlichen Aufwendungen hat der Auftraggeber dem Beauftragten auf Verlangen einen angemessenen Vorschuss zu zahlen.

(4) Abweichende Vereinbarungen, insbesondere über pauschalierte Erstattungen, sind zulässig.

§ 92 Kündigung des Auftrags

[1]Der Auftraggeber oder der Beauftragte kann den Auftrag kündigen. [2]Die Kündigung darf nur zu einem Zeitpunkt erfolgen, der es ermöglicht, dass der Auftraggeber für die Erledigung der Aufgabe auf andere Weise rechtzeitig Vorsorge treffen und der Beauftragte sich auf den Wegfall des Auftrags in angemessener Zeit einstellen kann. [3]Liegt ein wichtiger Grund vor, kann mit sofortiger Wirkung gekündigt werden. [4]§ 88 Abs. 4 gilt entsprechend.

Die wichtigsten Fundstellen aus dem Sozialgerichtsgesetz (SGG)

Stand: Neugefasst durch Bek. v. 23.09.1975 I 253
zuletzt geändert durch Art. 8 G v. 24.08.2004 I

§ 83

Das Vorverfahren beginnt mit der Erhebung des Widerspruchs.

§ 84

(1) Der Widerspruch ist binnen eines Monats, nachdem der Verwaltungsakt dem Beschwerten bekannt gegeben worden ist, schriftlich oder zur Niederschrift bei der Stelle einzureichen, die den Verwaltungsakt erlassen hat. Die Frist beträgt bei Bekanntgabe im Ausland drei Monate.

(2) Die Frist zur Erhebung des Widerspruchs gilt auch dann als gewahrt, wenn die Widerspruchsschrift bei einer anderen inländischen Behörde oder bei einem Versicherungsträger oder bei einer deutschen Konsularbehörde oder, soweit es sich um die Versicherung von Seeleuten handelt, auch bei einem deutschen Seemannsamt eingegangen ist. Die Widerspruchsschrift ist unverzüglich der zuständigen Behörde oder dem zuständigen Versicherungsträger zuzuleiten, der sie der für die Entscheidung zuständigen Stelle vorzulegen hat. Im Übrigen gelten die §§ 66 und 67 entsprechend.

§ 85

(1) Wird der Widerspruch für begründet erachtet, so ist ihm abzuhelfen.

(2) Wird dem Widerspruch nicht abgeholfen, so erlässt den Widerspruchsbescheid

1. die nächsthöhere Behörde oder, wenn diese eine oberste Bundes- oder eine oberste Landesbehörde ist, die Behörde, die den Verwaltungsakt erlassen hat,
2. in Angelegenheiten der Sozialversicherung die von der Vertreterversammlung bestimmte Stelle,
3. in Angelegenheiten der Bundesagentur für Arbeit die von dem Verwaltungsrat bestimmte Stelle.

(3) Der Widerspruchsbescheid ist schriftlich zu erlassen, zu begründen und den Beteiligten bekannt zu geben. Nimmt die Behörde eine Zustellung vor, gelten die §§ 2 bis 15 des Verwaltungszustellungsgesetzes. Die Beteiligten sind hierbei über die Zulässigkeit der Klage, die einzuhaltende Frist und den Sitz des zuständigen Gerichts zu belehren.

(4) – *weggefallen* –

§ 86

Wird während des Vorverfahrens der Verwaltungsakt abgeändert, so wird auch der neue Verwaltungsakt Gegenstand des Vorverfahrens; er ist der Stelle, die über den Widerspruch entscheidet, unverzüglich mitzuteilen.

§ 86a

(1) Widerspruch und Anfechtungsklage haben aufschiebende Wirkung. Das gilt auch bei rechtsgestaltenden und feststellenden Verwaltungsakten sowie bei Verwaltungsakten mit Drittwirkung.

(2) Die aufschiebende Wirkung entfällt

1. bei der Entscheidung über Versicherungs-, Beitrags- und Umlagepflichten sowie der Anforderung von Beiträgen, Umlagen und sonstigen öffentlichen Abgaben einschließlich der darauf entfallenden Nebenkosten,
2. in Angelegenheiten des sozialen Entschädigungsrechts und der Bundesagentur für Arbeit bei Verwaltungsakten, die eine laufende Leistung entziehen oder herabsetzen,
3. für die Anfechtungsklage in Angelegenheiten der Sozialversicherung bei Verwaltungsakten, die eine laufende Leistung herabsetzen oder entziehen,
4. in anderen durch Bundesgesetz vorgeschriebenen Fällen,
5. in Fällen, in denen die sofortige Vollziehung im öffentlichen Interesse oder im überwiegenden Interesse eines Beteiligten ist und die Stelle, die den Verwaltungsakt erlassen oder über den Widerspruch zu entscheiden hat, die sofortige Vollziehung mit schriftlicher Begründung des besonderen Interesses an der sofortigen Vollziehung anordnet.

(3) In den Fällen des Absatzes 2 kann die Stelle, die den Verwaltungsakt erlassen oder die über den Widerspruch zu entscheiden hat, die sofortige Vollziehung ganz oder teilweise aussetzen. In den Fällen des

Absatzes 2 Nr. 1 soll die Aussetzung der Vollziehung erfolgen, wenn ernstliche Zweifel an der Rechtmäßigkeit des angegriffenen Verwaltungsaktes bestehen oder wenn die Vollziehung für den Abgaben- oder Kostenpflichtigen eine unbillige, nicht durch überwiegende öffentliche Interessen gebotene Härte zur Folge hätte. In den Fällen des Absatzes 2 Nr. 2 ist in Angelegenheiten des sozialen Entschädigungsrechts die nächsthöhere Behörde zuständig, es sei denn, diese ist eine oberste Bundes- oder eine oberste Landesbehörde. Die Entscheidung kann mit Auflagen versehen oder befristet werden. Die Stelle kann die Entscheidung jederzeit ändern oder aufheben.

(4) Die aufschiebende Wirkung entfällt, wenn eine Erlaubnis nach Artikel 1 § 1 des Arbeitnehmerüberlassungsgesetzes in der Fassung der Bekanntmachung vom 3. Februar 1995 (BGBl. I S. 158), das zuletzt durch Artikel 2 des Gesetzes vom 23. Juli 2001 (BGBl. I S. 1852) geändert worden ist, aufgehoben oder nicht verlängert wird. Absatz 3 gilt entsprechend.

§ 86b

(1) Das Gericht der Hauptsache kann auf Antrag

1. in den Fällen, in denen Widerspruch oder Anfechtungsklage aufschiebende Wirkung haben, die sofortige Vollziehung ganz oder teilweise anordnen,
2. in den Fällen, in denen Widerspruch oder Anfechtungsklage keine aufschiebende Wirkung haben, die aufschiebende Wirkung ganz oder teilweise anordnen,
3. in den Fällen des § 86a Abs. 3 die sofortige Vollziehung ganz oder teilweise wiederherstellen.

Ist der Verwaltungsakt im Zeitpunkt der Entscheidung schon vollzogen oder befolgt worden, kann das Gericht die Aufhebung der Vollziehung anordnen. Die Wiederherstellung der aufschiebenden Wirkung oder die Anordnung der sofortigen Vollziehung kann mit Auflagen versehen oder befristet werden. Das Gericht der Hauptsache kann auf Antrag die Maßnahmen jederzeit ändern oder aufheben.

(2) Soweit ein Fall des Absatzes 1 nicht vorliegt, kann das Gericht der Hauptsache auf Antrag eine einstweilige Anordnung in Bezug auf den Streitgegenstand treffen, wenn die Gefahr besteht, dass durch eine Veränderung des bestehenden Zustands die Verwirklichung eines Rechts des Antragstellers vereitelt oder wesentlich erschwert werden könnte. Einstweilige Anordnungen sind auch zur Regelung eines vor-

läufigen Zustands in Bezug auf ein streitiges Rechtsverhältnis zulässig, wenn eine solche Regelung zur Abwendung wesentlicher Nachteile nötig erscheint. Das Gericht der Hauptsache ist das Gericht des ersten Rechtszugs und, wenn die Hauptsache im Berufungsverfahren anhängig ist, das Berufungsgericht. Die §§ 920, 921, 923, 926, 928 bis 932, 938, 939 und 945 der Zivilprozessordnung gelten entsprechend.

(3) Die Anträge nach den Absätzen 1 und 2 sind schon vor Klageerhebung zulässig.

(4) Das Gericht entscheidet durch Beschluss.

§ 87

(1) Die Klage ist binnen eines Monats nach Bekanntgabe des Verwaltungsakts zu erheben. Die Frist beträgt bei Bekanntgabe im Ausland drei Monate.

(2) Hat ein Vorverfahren stattgefunden, so beginnt die Frist mit der Bekanntgabe des Widerspruchsbescheids.

§ 90

Die Klage ist bei dem zuständigen Gericht der Sozialgerichtsbarkeit schriftlich oder zur Niederschrift des Urkundsbeamten der Geschäftsstelle zu erheben.

§ 94

(1) Durch die Erhebung der Klage wird die Streitsache rechtshängig.

(2) u. (3) – *aufgehoben* –

§ 95

Hat ein Vorverfahren stattgefunden, so ist Gegenstand der Klage der ursprüngliche Verwaltungsakt in der Gestalt, die er durch den Widerspruchsbescheid gefunden hat.

§ 143

Gegen die Urteile der Sozialgerichte findet die Berufung an das Landessozialgericht statt, soweit sich aus den Vorschriften dieses Unterabschnitts nichts anderes ergibt.

§ 144

(1) Die Berufung bedarf der Zulassung in dem Urteil des Sozialgerichts oder auf Beschwerde durch Beschluss des Landessozialgerichts, wenn der Wert des Beschwerdegegenstandes

1. bei einer Klage, die eine Geld- oder Sachleistung oder einen hierauf gerichteten Verwaltungsakt betrifft, 500 Euro oder
2. bei einer Erstattungsstreitigkeit zwischen juristischen Personen des öffentlichen Rechts oder Behörden 5000 Euro

nicht übersteigt. Das gilt nicht, wenn die Berufung wiederkehrende oder laufende Leistungen für mehr als ein Jahr betrifft.

(2) Die Berufung ist zuzulassen, wenn

1. die Rechtssache grundsätzliche Bedeutung hat,
2. das Urteil von einer Entscheidung des Landessozialgerichts, des Bundessozialgerichts, des Gemeinsamen Senats der obersten Gerichtshöfe des Bundes oder des Bundesverfassungsgerichts abweicht und auf dieser Abweichung beruht oder
3. ein der Beurteilung des Berufungsgerichts unterliegender Verfahrensmangel geltend gemacht wird und vorliegt, auf dem die Entscheidung beruhen kann.

(3) Das Landessozialgericht ist an die Zulassung gebunden.

(4) Die Berufung ist ausgeschlossen, wenn es sich um die Kosten des Verfahrens handelt.

§ 151

(1) Die Berufung ist bei dem Landessozialgericht innerhalb eines Monats nach Zustellung des Urteils schriftlich oder zur Niederschrift des Urkundsbeamten der Geschäftsstelle einzulegen.

(2) Die Berufungsfrist ist auch gewahrt, wenn die Berufung innerhalb der Frist bei dem Sozialgericht schriftlich oder zur Niederschrift des Urkundsbeamten der Geschäftsstelle eingelegt wird. In diesem Fall legt das Sozialgericht die Berufungsschrift oder die Niederschrift mit seinen Akten unverzüglich dem Landessozialgericht vor.

(3) Die Berufungsschrift soll das angefochtene Urteil bezeichnen, einen bestimmten Antrag enthalten und die zur Begründung dienenden Tatsachen und Beweismittel angeben.

§ 160

(1) Gegen das Urteil eines Landessozialgerichts steht den Beteiligten die Revision an das Bundessozialgericht nur zu, wenn sie in dem Urteil des Landessozialgerichts oder in dem Beschluss des Bundessozialgerichts nach § 160a Abs. 4 Satz 2 zugelassen worden ist.

(2) Sie ist nur zuzulassen, wenn

1. die Rechtssache grundsätzliche Bedeutung hat oder
2. das Urteil von einer Entscheidung des Bundessozialgerichts, des Gemeinsamen Senats der obersten Gerichtshöfe des Bundes oder des Bundesverfassungsgerichts abweicht und auf dieser Abweichung beruht oder
3. ein Verfahrensmangel geltend gemacht wird, auf dem die angefochtene Entscheidung beruhen kann; der geltend gemachte Verfahrensmangel kann nicht auf eine Verletzung der §§ 109 und 128 Abs. 1 Satz 1 und auf eine Verletzung des § 103 nur gestützt werden, wenn er sich auf einen Beweisantrag bezieht, dem das Landessozialgericht ohne hinreichende Begründung nicht gefolgt ist.

(3) Das Bundessozialgericht ist an die Zulassung gebunden.

§ 160a

(1) Die Nichtzulassung der Revision kann selbständig durch Beschwerde angefochten werden. Die Beschwerde ist bei dem Bundessozialgericht innerhalb eines Monats nach Zustellung des Urteils einzulegen. Der Beschwerdeschrift soll eine Ausfertigung oder beglaubigte Abschrift des Urteils, gegen das die Revision eingelegt werden soll, beigefügt werden.

(2) Die Beschwerde ist innerhalb von zwei Monaten nach Zustellung des Urteils zu begründen. Die Begründungsfrist kann auf einen vor ihrem Ablauf gestellten Antrag von dem Vorsitzenden einmal bis zu einem Monat verlängert werden. In der Begründung muss die grundsätzliche Bedeutung der Rechtssache dargelegt oder die Entscheidung, von der das Urteil des Landessozialgerichts abweicht, oder der Verfahrensmangel bezeichnet werden.

(3) Die Einlegung der Beschwerde hemmt die Rechtskraft des Urteils.

(4) Das Landessozialgericht kann der Beschwerde nicht abhelfen. Das Bundessozialgericht entscheidet unter Zuziehung der ehrenamtlichen Richter durch Beschluss; § 169 gilt entsprechend. Dem Beschluss soll eine kurze Begründung beigefügt werden; von einer Begründung kann

abgesehen werden, wenn sie nicht geeignet ist, zur Klärung der Voraussetzungen der Revisionszulassung beizutragen. Mit der Ablehnung der Beschwerde durch das Bundessozialgericht wird das Urteil rechtskräftig. Wird der Beschwerde stattgegeben, so beginnt mit der Zustellung dieser Entscheidung der Lauf der Revisionsfrist.

(5) Liegen die Voraussetzungen des § 160 Abs. 2 Nr. 3 vor, kann das Bundessozialgericht in dem Beschluss das angefochtene Urteil aufheben und die Sache zur erneuten Verhandlung und Entscheidung zurückverweisen.

§ 161

(1) Gegen das Urteil eines Sozialgerichts steht den Beteiligten die Revision unter Übergehung der Berufungsinstanz zu, wenn der Gegner schriftlich zustimmt und wenn sie von dem Sozialgericht im Urteil oder auf Antrag durch Beschluss zugelassen wird. Der Antrag ist innerhalb eines Monats nach Zustellung des Urteils schriftlich zu stellen. Die Zustimmung des Gegners ist dem Antrag oder, wenn die Revision im Urteil zugelassen ist, der Revisionsschrift beizufügen.

(2) Die Revision ist nur zuzulassen, wenn die Voraussetzungen des § 160 Abs. 2 Nr. 1 oder 2 vorliegen. Das Bundessozialgericht ist an die Zulassung gebunden. Die Ablehnung der Zulassung ist unanfechtbar.

(3) Lehnt das Sozialgericht den Antrag auf Zulassung der Revision durch Beschluss ab, so beginnt mit der Zustellung dieser Entscheidung der Lauf der Berufungsfrist oder der Frist für die Beschwerde gegen die Nichtzulassung der Berufung von neuem, sofern der Antrag in der gesetzlichen Form und Frist gestellt und die Zustimmungserklärung des Gegners beigefügt war. Lässt das Sozialgericht die Revision durch Beschluss zu, so beginnt mit der Zustellung dieser Entscheidung der Lauf der Revisionsfrist.

(4) Die Revision kann nicht auf Mängel des Verfahrens gestützt werden.

(5) Die Einlegung der Revision und die Zustimmung des Gegners gelten als Verzicht auf die Berufung, wenn das Sozialgericht die Revision zugelassen hat.

§ 162

Die Revision kann nur darauf gestützt werden, dass das angefochtene Urteil auf der Verletzung einer Vorschrift des Bundesrechts oder einer sonstigen im Bezirk des Berufungsgerichts geltenden Vorschrift beruht, deren Geltungsbereich sich über den Bezirk des Berufungsgerichts hinaus erstreckt.

§ 163

Das Bundessozialgericht ist an die in dem angefochtenen Urteil getroffenen tatsächlichen Feststellungen gebunden, außer wenn in Bezug auf diese Feststellungen zulässige und begründete Revisionsgründe vorgebracht sind.

§ 164

(1) Die Revision ist bei dem Bundessozialgericht innerhalb eines Monats nach Zustellung des Urteils oder des Beschlusses über die Zulassung der Revision (§ 160a Abs. 4 Satz 2 oder § 161 Abs. 3 Satz 2) schriftlich einzulegen. Die Revision muss das angefochtene Urteil angeben; eine Ausfertigung oder beglaubigte Abschrift des angefochtenen Urteils soll beigefügt werden, sofern dies nicht schon nach § 160a Abs. 1 Satz 3 geschehen ist.

(2) Die Revision ist innerhalb von zwei Monaten nach Zustellung des Urteils oder des Beschlusses über die Zulassung der Revision zu begründen. Die Begründungsfrist kann auf einen vor ihrem Ablauf gestellten Antrag von dem Vorsitzenden verlängert werden. Die Begründung muss einen bestimmten Antrag enthalten, die verletzte Rechtsnorm und, soweit Verfahrensmängel gerügt werden, die Tatsachen bezeichnen, die den Mangel ergeben.

§ 166

(1) Vor dem Bundessozialgericht müssen sich die Beteiligten, soweit es sich nicht um Behörden, Körperschaften des öffentlichen Rechts, Anstalten des öffentlichen Rechts oder private Pflegeversicherungsunternehmen handelt, durch Prozessbevollmächtigte vertreten lassen.

(2) Als Prozessbevollmächtigte sind die Mitglieder und Angestellten von Gewerkschaften, von selbständigen Vereinigungen von Arbeitnehmern mit sozial- oder berufspolitischer Zwecksetzung, von Vereinigungen von Arbeitgebern, von berufsständischen Vereinigungen der

Landwirtschaft und von den in § 14 Abs. 3 Satz 2 genannten Vereinigungen zugelassen, sofern sie kraft Satzung oder Vollmacht zur Prozessvertretung befugt sind. Gleiches gilt für Bevollmächtigte, die als Angestellte juristischer Personen, deren Anteile sämtlich im wirtschaftlichen Eigentum einer der in Satz 1 genannten Organisationen stehen, handeln, wenn die juristische Person ausschließlich die Rechtsberatung und Prozessvertretung der Mitglieder der Organisation entsprechend deren Satzung durchführt und wenn die Vereinigung für die Tätigkeit der Bevollmächtigten haftet. Jeder bei einem deutschen Gericht zugelassene Rechtsanwalt ist ebenfalls als Prozessbevollmächtigter vor dem Bundessozialgericht zugelassen.

§ 183

Das Verfahren vor den Gerichten der Sozialgerichtsbarkeit ist für Versicherte, Leistungsempfänger einschließlich Hinterbliebenenleistungsempfänger, Behinderte oder deren Sonderrechtsnachfolger nach § 56 des Ersten Buches Sozialgesetzbuch kostenfrei, soweit sie in dieser jeweiligen Eigenschaft als Kläger oder Beklagte beteiligt sind. Nimmt ein sonstiger Rechtsnachfolger das Verfahren auf, bleibt das Verfahren in dem Rechtszug kostenfrei. Den in Satz 1 und 2 genannten Personen steht gleich, wer im Falle des Obsiegens zu diesen Personen gehören würde. § 93 Satz 3, § 109 Abs. 1 Satz 2, § 120 Abs. 2 Satz 1 und § 192 bleiben unberührt.

§ 184

(1) Kläger und Beklagte, die nicht zu den in § 183 genannten Personen gehören, haben für jede Streitsache eine Gebühr zu entrichten. Die Gebühr entsteht, sobald die Streitsache rechtshängig geworden ist; sie ist für jeden Rechtszug zu zahlen. Soweit wegen derselben Streitsache ein Mahnverfahren (§ 182a) vorausgegangen ist, wird die Gebühr für das Verfahren über den Antrag auf Erlass eines Mahnbescheids nach dem Gerichtskostengesetz angerechnet.

(2) Die Höhe der Gebühr wird für das Verfahren vor den Sozialgerichten auf 150 Euro, vor den Landessozialgerichten auf 225 Euro, vor dem Bundessozialgericht auf 300 Euro festgesetzt.

(3) § 2 des Gerichtskostengesetzes gilt entsprechend.

Verordnung zur Geschäftsführung der Prüfungs- und Beschwerdeausschüsse sowie der Geschäftsstellen nach § 106 Abs. 4a des Fünften Buches Sozialgesetzbuch (Wirtschaftlichkeitsprüfungs-Verordnung – WiPrüfVO) vom 5. Januar 2004

Auf Grund des § 106 Abs. 4a Satz 9 des Fünften Buches Sozialgesetzbuch – Gesetzliche Krankenversicherung – (Artikel 1 des Gesetzes vom 20. Dezember 1988, BGBl. I S. 2477, 2482), der durch Artikel 1 Nr. 82 Buchstabe h des Gesetzes vom 14. November 2003 (BGBl. I S. 2190) eingefügt worden ist, verordnet das Bundesministerium für Gesundheit und Soziale Sicherung:

§ 1 Prüfungs- und Beschwerdeausschuss

(1) Der Prüfungs- und der Beschwerdeausschuss sind jeweils als organisatorisch selbständige Einheiten einzurichten. Die Ausschüsse bestehen aus einem unparteiischen Vorsitzenden und höchstens jeweils sechs, mindestens jeweils drei Vertretern der Kassenärztlichen Vereinigung und der Krankenkassen. Mitarbeiter der Landesverbände der Krankenkassen und der Verbände der Ersatzkassen können als Vertreter der Krankenkassen in die Ausschüsse entsandt werden. Für den Vorsitzenden sowie die Vertreter der Kassenärztlichen Vereinigung und der Krankenkassen sind entsprechend dem Bedarf Stellvertreter in ausreichender Anzahl zu bestellen. Die Mitglieder der Ausschüsse sind gegenüber den sie entsendenden Organisationen fachlich nicht weisungsgebunden; dies gilt nicht bei Entscheidungen nach § 4 Abs. 4.

(2) Die Ausschüsse können für die Prüfungen in Kammern gegliedert werden, soweit dazu Veranlassung besteht. Die Kammern bestehen jeweils aus dem unparteiischen Vorsitzenden oder seinem Stellvertreter und Vertretern der Kassenärztlichen Vereinigung und der Krankenkassen oder deren Stellvertretern in gleicher Zahl, mindestens jedoch jeweils zwei.

(3) Zur Geschäftsverteilung, Besetzung der Kammern, Stellvertretung und zu den weiteren Einzelheiten der Geschäftsordnung des Prüfungs-

und des Beschwerdeausschusses bestimmt der jeweilige Ausschuss das Nähere; die getroffenen Regelungen sind der Aufsichtsbehörde vorzulegen.

(4) Die Ausschüsse sind beschlussfähig, wenn der unparteiische Vorsitzende und mindestens jeweils zwei Vertreter der Kassenärztlichen Vereinigung und der Krankenkassen anwesend sind. Für die Beschlussfähigkeit der Kammern kann in den Regelungen nach Absatz 3 Abweichendes bestimmt werden. Kann eine Sitzung wegen fehlender Beschlussfähigkeit nicht ordnungsgemäß durchgeführt werden, kann nach erneuter Ladung mit der Mehrheit der anwesenden Mitglieder entschieden werden.

(5) Der Prüfungsausschuss beschließt in erforderlichen Fällen eine Beratung der Ärzte über Fragen der Wirtschaftlichkeit und Qualität der Versorgung. Die Beratung kann in geeigneten Fällen nach Vorgaben des Prüfungsausschusses von der Geschäftsstelle durchgeführt werden. Qualifizierte Berater können an der Durchführung der Beratung beteiligt werden.

§ 2 Aufgaben und Entschädigung des Vorsitzenden

(1) Der Vorsitzende ist für die Durchführung der Aufgaben des Ausschusses verantwortlich. Er führt die laufenden Geschäfte des Ausschusses und bedient sich hierzu der Geschäftsstelle. Insbesondere hat er

1. die Sitzungstermine im Benehmen mit den Ausschussmitgliedern festzusetzen,
2. soweit erforderlich, unabhängige Sachverständige mit der Erstellung von Gutachten zu beauftragen,
3. in Zusammenarbeit mit der Geschäftsstelle die Entscheidung vorzubereiten, einschließlich der Anforderung von Angaben und Beweismitteln von den Beteiligten sowie der Zustellung von Anträgen und Schriftsätzen an die Beteiligten,
4. die Sitzungen zu leiten und
5. den Ausschuss gerichtlich und außergerichtlich zu vertreten.

(2) Der Vorsitzende und seine Stellvertreter erhalten Reisekosten in Anlehnung an die Vorschriften über die Reisekostenvergütung der Beamten des Landes nach der jeweils höchsten Reisekostenstufe.

(3) Der Vorsitzende und seine Stellvertreter erhalten eine Entschädigung, die sich aus einem Grundbetrag sowie einem sitzungsbezogenen Pauschbetrag zusammensetzt. Mit dieser Entschädigung ist auch die

Vor- und Nacharbeit von Sitzungen abgegolten. Die Höhe der Beträge nach Satz 1 vereinbaren die Kassenärztliche Vereinigung und die Landesverbände der Krankenkassen und die Verbände der Ersatzkassen gemeinsam und einheitlich. Die Höhe der Entschädigung soll der Bedeutung der Aufgabe und dem zu erwartenden Aufwand angemessen sein.

(4) Soweit der Vorsitzende den Ausschuss vor Gericht vertritt, kann er hierfür mit den in Absatz 3 Satz 3 genannten Vertragspartnern eine gesonderte Vergütung vereinbaren.

§ 3 Pflichten der Mitglieder, Abberufung, Datenschutz

(1) Die Mitglieder der Ausschüsse sind verpflichtet, an den Sitzungen teilzunehmen; bei Verhinderung haben sie die Geschäftsstelle und ihren Stellvertreter zu benachrichtigen. Satz 1 gilt entsprechend für die Stellvertreter.

(2) Der Vorsitzende und seine Stellvertreter können aus wichtigem Grund jeweils von der Aufsichtsbehörde oder von den in § 2 Abs. 3 Satz 3 genannten Vertragspartnern durch übereinstimmenden Beschluss abberufen werden. Im Falle des § 106 Abs. 4 Satz 6 des Fünften Buches Sozialgesetzbuch darf ausschließlich die Aufsichtsbehörde den Vorsitzenden und seine Stellvertreter abberufen; die in § 2 Abs. 3 Satz 3 genannten Vertragspartner sind vor der Abberufung zu hören.

(3) Die Mitglieder der Ausschüsse und ihre Stellvertreter dürfen personenbezogene Daten, die ihnen bei der Ausübung ihrer Tätigkeit im Ausschuss zur Kenntnis gelangen, nicht unbefugt offenbaren.

§ 4 Aufgaben und Personal der Geschäftsstelle

(1) Die Geschäftsstelle hat insbesondere

1. im Auftrag des Vorsitzenden mit einer Frist von mindestens zwei Wochen zu Ausschusssitzungen zu laden, die Entscheidungen vorzubereiten und die Vorlagen nach § 106 Abs. 4a Satz 7 des Fünften Buches Sozialgesetzbuch zu übersenden,
2. das Protokoll der Sitzungen zu führen,
3. die Entwürfe der Niederschriften und Entwürfe der Bescheide zu erstellen,
4. Stellungnahmen zu Verfahren, Niederschriften und Bescheiden sowie die Sitzungsprotokolle zu versenden,
5. die Prüfakten zu führen,

6. ein laufendes Verzeichnis über die eröffneten Prüfungsverfahren, den Verfahrensstand, Widersprüche, Klageverfahren und deren Ergebnisse zu führen,

7. die Einnahmen- und Ausgabenübersicht und den Rechenschaftsbericht nach Absatz 4 vorzubereiten,

8. für jedes Kalenderjahr für Zwecke des § 106 Abs. 7 Satz 2 und 3 des Fünften Buches Sozialgesetzbuch einen Bericht über die Anzahl der eröffneten und abgeschlossenen Beratungen, Prüfungen sowie der festgesetzten Maßnahmen zu erstellen. Dieser Bericht ist bis zum 15. Februar des Folgejahres den Ausschüssen vorzulegen.

Die Vorlagen nach Satz 1 Nr. 1 können entweder in Papierform oder im Wege der elektronischen Datenübertragung oder maschinell verwertbar auf Datenträgern übermittelt werden. Die in § 2 Abs. 3 Satz 3 genannten Vertragspartner erhalten eine Ausfertigung des Berichtes nach Nummer 8.

(2) Der Prüfungsausschuss und der Beschwerdeausschuss beschließen in gemeinsamer Sitzung über die Ausstattung der Geschäftsstelle mit Personal und Sachmitteln und die Inhalte und Abläufe der Tätigkeit der Geschäftsstelle, insbesondere unter Berücksichtigung des § 78a des Zehnten Buches Sozialgesetzbuch. Die Ausschüsse sind dafür verantwortlich, dass die Geschäftsstelle sachlich, personell und organisatorisch so ausgestattet ist, dass sie ihre Aufgaben zeitnah und effektiv erfüllen kann. Die Leitung der gemeinsamen Sitzung der Ausschüsse übernimmt der Vorsitzende des Prüfungsausschusses. Bei Stimmengleichheit entscheidet die Stimme des Vorsitzenden des Prüfungsausschusses.

(3) Der Prüfungsausschuss und der Beschwerdeausschuss bestellen gemeinsam einen Leiter der Geschäftsstelle. Die Mitarbeiter der Geschäftsstelle sind ausschließlich den Ausschüssen sowie dem Leiter der Geschäftsstelle gegenüber fachlich weisungsgebunden. In sonstigen Angelegenheiten ist Einvernehmen mit der Organisation, bei der die Geschäftsstelle errichtet ist, herzustellen.

(4) Die Ausschüsse legen gemeinsam den in § 2 Abs. 3 Satz 3 genannten Vertragspartnern einmal jährlich – spätestens zum 30. September eines Jahres – eine Einnahmen- und Ausgabenübersicht für das kommende Geschäftsjahr und spätestens zwei Monate nach Ablauf eines Geschäftsjahres einen Rechenschaftsbericht über die verauslagten Kosten des abgelaufenen Geschäftsjahres vor. Das Geschäftsjahr ist das Kalenderjahr. Für die Planung und Ausführung von Einnahmen

und Ausgaben gelten die Grundsätze der Wirtschaftlichkeit und Sparsamkeit.

§ 5 Kostentragung

(1) Die mit der Tätigkeit der Vorsitzenden der Prüfungs- und der Beschwerdeausschüsse und ihrer Stellvertreter verbundenen Kosten nach § 2 sowie die Kosten der Geschäftsstelle tragen die Kassenärztlichen Vereinigungen und die beteiligten Krankenkassen je zur Hälfte. Dies gilt auch für die Kosten aus Rechtsbehelfs- oder Rechtsmittelverfahren, der Beauftragung Dritter sowie Prüfungen nach § 274 des Fünften Buches Sozialgesetzbuch.

(2) Die Kassenärztliche Vereinigung und die Krankenkassen oder die Verbände der Krankenkassen tragen die Kosten für die von ihnen entsandten Vertreter selbst.

§ 6 Inkrafttreten

Diese Verordnung tritt am Tage nach der Verkündung in Kraft.

Der Bundesrat hat zugestimmt.

Bonn, den 5. Januar 2004

Die Bundesministerin für Gesundheit und Soziale Sicherung

Ulla Schmidt

Begründung (Wirtschaftlichkeitsprüfungs-Verordnung – WiPrüfVO)

A. Allgemeiner Teil

Mit dem Gesetz zur Modernisierung der gesetzlichen Krankenversicherung (GKV-Modernisierungsgesetz – GMG) vom 14. November 2003 werden die Wirtschaftlichkeitsprüfungen mit dem Ziel einer effektiven und effizienten Durchführung der Prüfungen neu gestaltet. Insbesondere die bisherige organisatorisch-institutionelle Ausgestaltung und Arbeitsweise der paritätisch mit Vertreterinnen und Vertretern der Ärzteschaft und Krankenkassen besetzten Prüfungsgremien ist eine zentrale Ursache für die geringe Effektivität und die gravierenden Umsetzungsdefizite bei diesen Prüfungen.

Die Effizienz- und Effektivitätsverbesserung der Wirtschaftlichkeitsprüfungen wird mit dem GMG insbesondere durch die Bestellung neutraler Vorsitzender der Prüfungsgremien und der Einrichtung von die Prüfgremien unterstützender Geschäftsstellen erreicht. Zur weiteren Konkretisierung der gesetzlichen Regelungen sieht das GMG eine Rechtsverordnung des Bundesministeriums für Gesundheit und Soziale Sicherung mit Zustimmung des Bundesrates vor.

Die vorliegende Rechtsverordnung beinhaltet insbesondere Regelungen

- zur Geschäftsführung der Prüfungs- und Beschwerdeausschüsse, insbesondere zur Bildung und Besetzung der Prüfgremien,
- zu den Aufgaben und der Entschädigung der Vorsitzenden der Ausschüsse,
- zu den Pflichten der Mitglieder der Ausschüsse,
- zu den Aufgaben und zum Personal der Geschäftsstelle sowie
- zur Kostentragung.

B. Besonderer Teil

Zu § 1

Nach Absatz 1 Satz 1 sind der Prüfungs- und der Beschwerdeausschuss als organisatorisch selbständige Einheiten von der Kassenärztlichen Vereinigung und den Verbänden der Krankenkassen auf Landesebene einzurichten (§ 106 Abs. 4 Satz 1 SGB V). Sie sind als Behörden im verfahrensrechtlichen Sinne entsprechend den Vorschriften des SGB X oder des Sozialgerichtsgesetzes (SGG) beteiligtenfähig. Sie sind jedoch nicht rechtsfähig, um als Rechtspersonen Arbeitgeber zu sein und entsprechende Verträge zu schließen. Kommt eine Einigung der Gesamtvertragsparteien über den Sitz der Prüfungsgremien nicht zu Stande, entscheidet die Aufsichtsbehörde über den Sitz der Prüfungsgremien (§ 106 Abs. 4 Satz 6 SGB V).

Absatz 1 Satz 2 gibt der Kassenärztlichen Vereinigung und den Verbänden der Krankenkassen auf Landesebene die Möglichkeit, die zahlenmäßige Besetzung der Ausschüsse in einer Bandbreite von 3 bis 6 Mitgliedern für jede Seite der Vertragspartner festzulegen.

Absatz 1 Satz 5 stellt klar, dass Ausschussmitglieder in finanziellen Fragen nicht weisungsunabhängig sind.

§ 106 Abs. 4 SGB V sieht vor, dass jeweils ein gemeinsamer Prüfungs- und ein gemeinsamer Beschwerdeausschuss in der Region einer Kassenärztlichen Vereinigung zu bilden ist. Um zu gewährleisten, dass Prüfungen effektiv, zeitnah und im erforderlichen Umfang durchgeführt werden, können nach Absatz 2 die Ausschüsse, insbesondere aufgrund von Zahl, Art und Umfang der Prüfungsverfahren, in entscheidungsfähige Kammern untergliedert werden. Eine Untergliederung nach fachlichen Aspekten (Prüfungsarten) sowie nach regionalen Aspekten (Bezirksebene) bietet sich hierbei an. Eine Kammer ist mit einem unparteiischen Vorsitzenden und Vertretern der Kassenärztlichen Vereinigung und der Krankenkassen oder deren Stellvertretern in gleicher Zahl zu besetzen. Die Mitgliederzahl einer Kammer wird aus Zweckmäßigkeitsgründen auf mindestens 5 Personen (jeweils zwei Vertreter jeder Seite und dem unparteiischen Vorsitzenden) festgelegt.

Nach Absatz 3 hat der jeweilige Ausschuss in entsprechenden Bestimmungen, die der zuständigen Aufsichtsbehörde vorzulegen sind, die Organisation und Besetzung der Ausschüsse und Kammern und weitere Fragen zu regeln. Insbesondere hat der Geschäftsverteilungsplan konkrete Regelungen vorzusehen, welcher Vorsitzende aus dem Kreis des unparteiischen Vorsitzenden oder seiner Stellvertreter im Verhinderungsfalle gegebenenfalls erneut vertreten werden kann, und zwar aus dem Kreis des unparteiischen Vorsitzenden oder seiner Stellvertreter. Soweit Geschäftsordnungsangelegenheiten zu regeln sind, wird damit nicht die gesetzliche Kompetenz der Gesamtvertragsparteien zur Vereinbarung der Prüfungen im Hinblick auf Inhalt und Durchführung eingeschränkt (§ 106 Abs. 3 Satz 1 SGB V).

Mit der Regelung in Absatz 4 Satz 3 soll die Entscheidungsfähigkeit der Ausschüsse gewährleistet werden.

Zu § 2

Der Vorsitzende des Ausschusses muss als unparteiisches Ausschussmitglied unabhängig sein, um sein bei Stimmengleichheit entscheidendes Stimmrecht unvoreingenommen auszuüben. Der Vorsitzende ist verantwortlich für die effektive und zeitnahe Durchführung der Aufgabenerledigung der Ausschüsse.

Die Kassenärztliche Vereinigung und die Verbände der Krankenkassen vereinbaren für den Vorsitzenden und dessen Stellvertreter nach den in Absatz 3 genannten Kriterien eine angemessene Entschädigung.

Zu § 3

Die Bestimmungen zu den Pflichten der Mitglieder (Absatz 1) sollen eine ordnungsgemäße und kontinuierliche Aufgabenerfüllung der Ausschüsse gewährleisten.

Absatz 2 überträgt den Vertragsparteien und der Aufsichtsbehörde die Befugnis, bei Vorliegen eines wichtigen Grundes die Vorsitzenden und ihre Stellvertreter abzuberufen. Ein wichtiger Grund liegt vor, wenn und soweit ab 2005 innerhalb eines Landes mehrere Kassenärztlichen Vereinigungen kraft Gesetzes zu einer Kassenärztlichen Vereinigung verschmelzen und demgemäß ein neuer Prüfungs- und ein neuer Beschwerdeausschuss zu bilden ist.

Auch ohne explizite Regelung ist es weiter möglich, dass die Kassenärztliche Vereinigung oder die entsendenden Stellen auf Krankenkassenseite die entsandten Ausschussmitglieder bei nicht ordnungsmäßiger Aufgabenerledigung abberufen.

Absatz 3 stellt klar, dass die Mitglieder der Ausschüsse zur Verschwiegenheit verpflichtet sind.

Zu § 4

In Absatz 1 werden die Aufgaben der Geschäftsstelle konkretisiert, soweit dies nicht bereits in der gesetzlichen Regelung geschehen ist (siehe insbesondere § 106 Abs. 4a Satz 7 SGB V). Die gesetzlich der Geschäftsstelle zugewiesene Aufgabe der Datenannahme der Prüfungsdaten (§§ 296, 297 SGB V) zum Zwecke der Datenaufbereitung, Sachverhaltsfeststellung und Entscheidungsvorbereitung für den Prüfungsausschuss wird durch eine Vereinbarung der Parteien der Bundesmantelverträge über Einzelheiten der Datenübermittlung, z. B. hinsichtlich des Datenformats konkretisiert (§ 295 Abs. 3 Satz 1 Nr. 5 SGB V).

Über die hierfür erforderlichen organisatorischen, personellen und technischen Voraussetzungen in der Geschäftsstelle entscheiden die Ausschüsse in gemeinsamer Sitzung unter Leitung des Vorsitzenden des Prüfungsausschusses (Absatz 2).

Die Gesamtvertragspartner können für eine Übergangszeit vereinbaren, dass die bei den Kassenärztlichen Vereinigungen aufgrund des § 106 Abs. 4 Satz 1 SGB V in der bis zum Inkrafttreten des GKV-Modernisierungsgesetzes geltenden Fassung errichteten Einrichtungen so lange fortbestehen, bis der Prüfungs- und der Beschwerdeausschuss gemeinsam nach § 106 Abs. 4a Satz 3 SGB V entschieden haben.

Zu § 5

Die zwischen der Kassenärztlichen Vereinigung und den Krankenkassen hälftige Kostentragung betrifft insbesondere die Entschädigung der Vorsitzenden, ihrer Stellvertreter sowie die Kosten der Geschäftsstelle. Die Krankenkassen treffen über die Aufteilung des von ihnen zu tragenden Ausgabenanteils eine gesonderte Regelung. Die mit der Entsendung ihrer Vertreter in die Ausschüsse verbundenen Kosten tragen die entsendenden Organisationen selbst.

C. Finanzielle Auswirkungen

Die vorliegende Rechtsverordnung sieht keine über das GKV-Modernisierungsgesetz hinausgehenden finanzwirksamen Regelungen vor, sondern konkretisiert das zum 1. Januar 2004 geltende Recht. Damit werden Effektivität und Effizienz der Wirtschaftlichkeitsprüfungen gefördert und die Voraussetzung dafür geschaffen, dass die Wirtschaftlichkeit der Versorgung verbessert wird. Dadurch können Einsparpotenziale in einer nicht quantifizierbaren Höhe erschlossen werden.

Auswirkungen auf das Preisniveau, insbesondere das Verbraucherpreisniveau, sind nicht zu erwarten.

Der Bundestag hat mit Zustimmung des Bundesrates das folgende Gesetz beschlossen:

Gesetz zur Ablösung des Arznei- und Heilmittelbudgets (Arzneimittelbudget-Ablösungsgesetz – ABAG)[1]

Artikel 1
Änderung des Fünften Buches Sozialgesetzbuch
– Gesetzliche Krankenversicherung –
(860-5)

Das Fünfte Buch Sozialgesetzbuch – Gesetzliche Krankenversicherung – (Artikel des Gesetzes vom 20. Dezember 1988, BGBl. I S. 2477, 2482), zuletzt geändert durch Artikel 216 der Verordnung vom 29. Oktober 2001 (BGBl. I S. 2785), wird wie folgt geändert:

1. § 64 Abs. 3 wird wie folgt geändert:

a) Satz 1 erster Halbsatz wird wie folgt gefasst:

„Werden in einem Modellvorhaben nach § 63 Abs. 1 Leistungen außerhalb der für diese Leistungen geltenden Gesamtvergütungen oder Ausgabenvolumen nach den §§ 84 und 85 oder außerhalb der Krankenhausbudgets vergütet, sind die Gesamtvergütungen, Ausgabenvolumen oder Budgets, in denen die Ausgaben für diese Leistungen enthalten sind, entsprechend der Zahl und der Risikostruktur der am Modellvorhaben teilnehmenden Versicherten im Verhältnis zur Gesamtzahl der Versicherten zu verringern;".

b) In Satz 2 werden nach dem Wort „Gesamtvergütungen" ein Komma und das Wort „Ausgabenvolumen" eingefügt.

2. Dem § 73 wird folgender Absatz angefügt:

„(8) Zur Sicherung der wirtschaftlichen Verordnungsweise haben die Kassenärztlichen Vereinigungen und die Kassenärztlichen Bundesvereinigungen sowie die Krankenkassen und ihre Verbände die Vertragsärzte auch vergleichend über preisgünstige verordnungsfähige Leistungen, einschließlich der jeweiligen Preise und Entgelte zu informieren sowie nach dem allgemein anerkannten Stand der medizinischen Erkenntnisse Hinweise zu Indikation und therapeutischen Nutzen zu

---

[1] Anmerkung: Ist im SGB und seinen Teilen eingearbeitet und dient nur der Hintergrundinformation.

geben. Die Informationen und Hinweise für die Verordnung von Arznei-, Verband- und Heilmitteln erfolgen insbesondere auf der Grundlage der Preisvergleichsliste nach § 92 Abs. 2, der Rahmenvorgaben nach § 84 Abs. 7 Satz 1 und der getroffenen Arzneimittelvereinbarungen nach § 84 Abs. 1."

3. § 84 wird wie folgt gefasst:

„§ 84 Arznei- und Heilmittelvereinbarung; Richtgrößen

(1) Die Landesverbände der Krankenkassen und die Verbände der Ersatzkassen gemeinsam und einheitlich und die Kassenärztliche Vereinigung treffen zur Sicherstellung der vertragsärztlichen Versorgung mit Arznei- und Verbandmitteln bis zum 30. November für das jeweils folgende Kalenderjahr eine Arzneimittelvereinbarung. Die Vereinbarung umfasst

1. ein Ausgabenvolumen für die insgesamt von den Vertragsärzten nach § 31 veranlassten Leistungen,
2. Versorgungs- und Wirtschaftlichkeitsziele und konkrete, auf die Umsetzung dieser Ziele ausgerichtete Maßnahmen (Zielvereinbarungen), insbesondere zur Information und Beratung und
3. Kriterien für Sofortmaßnahmen zur Einhaltung des vereinbarten Ausgabenvolumens innerhalb des laufenden Kalenderjahres.

(2) Bei der Anpassung des Ausgabenvolumens nach Absatz 1 Nr. 1 sind insbesondere zu berücksichtigen

1. Veränderungen der Zahl und Altersstruktur der Versicherten,
2. Veränderungen der Preise der Arznei- und Verbandmittel,
3. Veränderungen der gesetzlichen Leistungspflicht der Krankenkassen,
4. Änderungen der Richtlinien des Bundesausschusses nach § 92 Abs. 1 Nr. 6,
5. der wirtschaftliche und qualitätsgesicherte Einsatz innovativer Arzneimittel,
6. Veränderungen der sonstigen indikationsbezogenen Notwendigkeit und Qualität bei der Arzneimittelverordnung auf Grund von getroffenen Zielvereinbarungen nach Absatz 1 Nr. 2,
7. Veränderungen des Verordnungsumfangs von Arznei- und Verbandmitteln auf Grund von Verlagerungen zwischen den Leistungsbereichen und
8. Ausschöpfung von Wirtschaftlichkeitsreserven entsprechend den Zielvereinbarungen nach Absatz 1 Nr. 2.

(3) Überschreitet das tatsächliche, nach Absatz 5 Satz 1 bis 3 festgestellte Ausgabenvolumen für Arznei- und Verbandmittel das nach Absatz 1 Nr. 1 vereinbarte Ausgabenvolumen, ist diese Überschreitung Gegenstand der Gesamtverträge. Die Vertragsparteien haben dabei die Ursachen der Überschreitung, insbesondere auch die Erfüllung der Zielvereinbarungen nach Absatz 1 Nr. 2 zu berücksichtigen. Bei Unterschreitung des nach Absatz 1 Nr. 1 vereinbarten Ausgabenvolumens kann diese Unterschreitung Gegenstand der Gesamtverträge werden.

(4) Werden die Zielvereinbarungen nach Absatz 1 Nr. 2 erfüllt, können die beteiligten Krankenkassen auf Grund einer Regelung der Parteien der Gesamtverträge auch unabhängig von der Einhaltung des vereinbarten Ausgabenvolumens nach Absatz 1 Nr. 1 einen Bonus an die Kassenärztliche Vereinigung entrichten.

(5) Zur Feststellung des tatsächlichen Ausgabenvolumens nach Absatz 3 erfassen die Krankenkassen die während der Geltungsdauer der Arzneimittelvereinbarung veranlassten Ausgaben arztbezogen, nicht versichertenbezogen. Sie übermitteln diese Angaben nach Durchführung der Abrechnungsprüfung ihren jeweiligen Spitzenverbänden, die diese Daten kassenartenübergreifend zusammenführen und jeweils der Kassenärztlichen Vereinigung übermitteln, der die Ärzte, welche die Ausgaben veranlasst haben, angehören; zugleich übermitteln die Spitzenverbände diese Daten den Landesverbänden der Krankenkassen und den Verbänden der Ersatzkassen, die Vertragspartner der jeweiligen Kassenärztlichen Vereinigung nach Absatz 1 sind. Ausgaben nach Satz 1 sind auch Ausgaben für Arznei- und Verbandmittel, die durch Kostenerstattung vergütet worden sind. Zudem erstellen die Spitzenverbände der Krankenkassen gemeinsam und einheitlich für jede Kassenärztliche Vereinigung monatliche Berichte über die Entwicklung der Ausgaben von Arznei- und Verbandmitteln und übermitteln diese Berichte als Schnellinformationen den Vertragspartnern nach Absatz 1 insbesondere für Abschluss und Durchführung der Arzneimittelvereinbarung sowie für die Informationen nach § 73 Abs. 8. Für diese Berichte gelten Satz 1 und 2 entsprechend; Satz 2 gilt mit der Maßgabe, dass die Angaben vor Durchführung der Abrechnungsprüfung zu übermitteln sind. Die Kassenärztliche Bundesvereinigung erhält für die Vereinbarung der Rahmenvorgaben nach Absatz 7 und für die Informationen nach § 73 Abs. 8 eine Auswertung dieser Berichte. Die Spitzenverbände der Krankenkassen können eine Arbeitsgemeinschaft nach § 219 mit der Durchführung der vorgenannten Aufgaben beauftragen. § 304 Abs. 1 Satz 1 Nr. 2 gilt entsprechend.

(6) Die Vertragspartner nach Absatz 1 vereinbaren zur Sicherstellung der vertragsärztlichen Versorgung für das auf das Kalenderjahr bezogene Volumen der je Arzt verordneten Arznei- und Verbandmittel (Richtgrößenvolumen) arztgruppenspezifische fallbezogene Richtgrößen als Durchschnittswerte unter Berücksichtigung der nach Absatz 1 getroffenen Arzneimittelvereinbarung, erstmals bis zum 31. März 2002. Zusätzlich sollen die Vertragspartner nach Absatz 1 die Richtgrößen nach altersgemäß gegliederten Patientengruppen und darüber hinaus auch nach Krankheitsarten bestimmen. Die Richtgrößen leiten den Vertragsarzt bei seinen Entscheidungen über die Verordnung von Arznei- und Verbandmitteln nach dem Wirtschaftlichkeitsgebot. Die Überschreitung des Richtgrößenvolumens löst eine Wirtschaftlichkeitsprüfung nach § 106 Abs. 5a unter den dort genannten Voraussetzungen aus.

(7) Die Kassenärztliche Bundesvereinigung und die Spitzenverbände der Krankenkassen gemeinsam und einheitlich vereinbaren für das jeweils folgende Kalenderjahr Rahmenvorgaben für die Inhalte der Arzneimittelvereinbarungen nach Absatz 1 sowie für die Inhalte der Informationen und Hinweise nach § 73 Abs. 8. Die Rahmenvorgaben haben die Arzneimittelverordnungen zwischen den Kassenärztlichen Vereinigungen zu vergleichen und zu bewerten; dabei ist auf Unterschiede in der Versorgungsqualität und Wirtschaftlichkeit hinzuweisen. Von den Rahmenvorgaben dürfen die Vertragspartner der Arzneimittelvereinbarung nur abweichen, soweit dies durch die regionalen Versorgungsbedingungen begründet ist. Die Vertragsparteien nach Satz 1 beschließen mit verbindlicher Wirkung für die Vereinbarungen der Richtgrößen nach Absatz 6 Satz 1 die Gliederung der Arztgruppen und das Nähere zum Fallbezug. Ebenfalls mit verbindlicher Wirkung für die Vereinbarungen der Richtgrößen nach Absatz 6 Satz 2 sollen sie die altersgemäße Gliederung der Patientengruppen und unter Berücksichtigung der Beschlüsse des Koordinierungsausschusses nach § 137e Abs. 3 Nr. 1 die Krankheitsarten bestimmen. Darüber hinaus können sie für die Vereinbarungen nach Absatz 6 Satz 1 Empfehlungen beschließen. Der Beschluss nach Satz 4 ist bis zum 31. Januar 2002 zu fassen.

(8) Die Absätze 1 bis 7 sind für Heilmittel unter Berücksichtigung der besonderen Versorgungs- und Abrechnungsbedingungen im Heilmittelbereich entsprechend anzuwenden. Veranlasste Ausgaben im Sinne des Absatzes 5 Satz 1 betreffen die während der Geltungsdauer der Heilmittelvereinbarung mit den Krankenkassen abgerechneten Leistungen.

(9) Das Bundesministerium für Gesundheit kann bei Ereignissen mit erheblicher Folgewirkung für die medizinische Versorgung zur Gewährleistung der notwendigen Versorgung mit Arznei- und Verbandmitteln die Ausgabenvolumen nach Absatz 1 Nr. 1 durch Rechtsverordnung mit Zustimmung des Bundesrates erhöhen."

4. § 106 wird wie folgt geändert:

a) In Absatz 2 wird jeweils das Wort „Richtgrößen" durch das Wort „Richtgrößenvolumen" ersetzt.

b) Absatz 5a wird wie folgt gefasst:

„(5a) Prüfungen bei Überschreitung der Richtgrößenvolumen nach § 84 Abs. 6 und 8 werden durchgeführt, wenn das Verordnungsvolumen eines Arztes in einem Kalenderjahr das Richtgrößenvolumen um mehr als 15 vom Hundert (Prüfungsvolumen) übersteigt und auf Grund der vorliegenden Daten der Prüfungsausschuss nicht davon ausgeht, dass die Überschreitung in vollem Umfang durch Praxisbesonderheiten begründet ist (Vorab-Prüfung). Die nach § 84 Abs. 6 zur Bestimmung der Richtgrößen verwendeten Maßstäbe können zur Feststellung von Praxisbesonderheiten nicht erneut herangezogen werden. Liegt das Verordnungsvolumen nur geringfügig über dem Prüfungsvolumen und stellt der Prüfungsausschuss die Unwirtschaftlichkeit der Verordnungsweise fest, bestimmt er, welche Beratungen sowie Kontrollmaßnahmen in den zwei darauf folgenden Kalenderjahren zu ergreifen sind. Bei einer Überschreitung des Richtgrößenvolumens um mehr als 25 vom Hundert hat der Vertragsarzt nach Feststellung durch den Prüfungsausschuss darüber hinaus den sich aus der Überschreitung des Prüfungsvolumens ergebenden Mehraufwand den Krankenkassen zu erstatten, soweit dieser nicht durch Praxisbesonderheiten begründet ist. Der Prüfungsausschuss kann auf Antrag den Erstattungsanspruch entsprechend § 76 Abs. 2 Nr. 1 und 3 des Vierten Buches stunden oder erlassen, soweit der Vertragsarzt nachweist, dass die Erstattung ihn wirtschaftlich gefährden würde. Der Prüfungsausschuss soll vor seinen Entscheidungen und Festsetzungen nach Satz 3 und 4 auf eine entsprechende Vereinbarung mit dem Vertragsarzt hinwirken, die im Fall von Satz 4 eine Minderung des Erstattungsbetrages um bis zu einem Fünftel zum Inhalt haben kann. Die in Absatz 2 Satz 4 genannten Vertragspartner bestimmen in Vereinbarungen nach Absatz 3 den Wert für die geringfügige Überschreitung des Prüfungsvolumens und das Verfahren der Erstattung des nach Satz 4 festgesetzten Betrages. Die Vertragspartner nach Absatz 2 Satz 4 könnenAbweichungen von den in Satz 1 und Satz 4 geregelten

Vomhundertsätzen vereinbaren. Eine Klage gegen die Entscheidung des Beschwerdeausschusses hat keine aufschiebende Wirkung."

5. § 140f wird wie folgt geändert:

a) In Absatz 2 Satz 1 werden die Wörter „das Arznei- und Heilmittelbudget" durch die Wörter „die Ausgabenvolumen" ersetzt.

b) In Absatz 2 Satz 2 wird das Wort „Budgets" durch das Wort „Ausgabenvolumen" ersetzt.

c) Absatz 3 wird gestrichen.

6. § 296 wird wie folgt geändert:

a) In Absatz 1 Satz 1 werden nach dem Wort „Durchschnittswerten" die Wörter „und bei Überschreitung des Richtgrößenvolumens" und nach dem Wort „Krankenkassen" die Wörter „oder den von diesen beauftragten Stellen nach § 303 Abs. 2 Satz 1 unabhängig von der Erfüllung der Übermittlungspflicht nach Absatz 3" eingefügt.

b) In Absatz 3 Satz 1 wird das Wort „Richtgrößen" durch die Wörter „bei Überschreitung des Richtgrößenvolumens" ersetzt und nach den Wörtern „Kassenärztlichen Vereinigungen" die Wörter „unabhängig von der Erfüllung der Übermittlungspflicht nach Absatz 1" eingefügt.

c) Dem Absatz 4 wird folgender Satz angefügt:

„Die Kassenärztliche Bundesvereinigung und die Spitzenverbände der Krankenkassen bestimmen im Vertrag nach § 295 Abs. 3 Nr. 5 Näheres zu den Fristen der Datenübermittlungen nach Absatz 1 und 3 sowie zu den Folgen der Nichteinhaltung dieser Fristen."

6a. In § 303 wird Absatz 2 Satz 1 wie folgt gefasst:

„Die Krankenkassen können zur Vorbereitung und Kontrolle der Umsetzung der Vereinbarungen nach § 84, zur Vorbereitung der Prüfungen nach den §§ 106, 112 Abs. 2 Satz 1 Nr. 2 und § 113, zur Vorbereitung der Unterrichtung der Versicherten nach § 305 sowie zur Vorbereitung und Umsetzung der Beratung der Vertragsärzte nach § 305a Arbeitsgemeinschaften nach § 219 mit der Speicherung, Verarbeitung und Nutzung der dafür erforderlichen Daten beauftragen."

7. § 305a wird wie folgt gefasst:

„§ 305a Beratung der Vertragsärzte

Die Kassenärztlichen Vereinigungen und die Krankenkassen beraten in erforderlichen Fällen die Vertragsärzte auf der Grundlage von

Übersichten über die von ihnen im Zeitraum eines Jahres oder in einem kürzeren Zeitraum erbrachten, verordneten oder veranlassten Leistungen über Fragen der Wirtschaftlichkeit. Ergänzend können die Vertragsärzte den Kassenärztlichen Vereinigungen die Daten über die von ihnen verordneten Leistungen nicht versichertenbezogen übermitteln, die Kassenärztlichen Vereinigungen können diese Daten für ihre Beratung des Vertragsarztes auswerten und auf der Grundlage dieser Daten erstellte vergleichende Übersichten den Vertragsärzten nicht arztbezogen zur Verfügung stellen. Die Vertragsärzte und die Kassenärztlichen Vereinigungen dürfen die Daten nach Satz 2 nur für im Sozialgesetzbuch bestimmte Zwecke verarbeiten und nutzen."

Artikel 2
Aufhebung der Verringerungen der Gesamtvergütungen

Die Verringerungen der Gesamtvergütungen zum Ausgleich der Budgetüberschreitungen nach § 84 Abs. 1 des Fünften Buches Sozialgesetzbuch in der bis zum Inkrafttreten dieses Gesetzes geltenden Fassung entfallen für den Zeitraum vor Inkrafttreten dieses Gesetzes.

Artikel 3

§ 1 Übergangsregelung für die Arznei- und Heilmittelvereinbarungen für das Jahr 2002

(1) Die Landesverbände der Krankenkassen und die Verbände der Ersatzkassen gemeinsam und einheitlich und die Kassenärztliche Vereinigung treffen die Arzneimittelvereinbarung nach § 84 Abs. 1 des Fünften Buches Sozialgesetzbuch für das Jahr 2002 bis zum 31. März 2002. Das Ausgabenvolumen für die Arznei- und Verbandmittel für das Jahr 2002 ist auf Grundlage der für das Jahr 2001 geltenden Budgetvereinbarung auf die Versorgungsbedingungen in der Kassenärztlichen Vereinigung nach den Anpassungsmaßstäben des § 84 Abs. 2 des Fünften Buches Sozialgesetzbuch auszurichten. Die Rahmenvorgaben für die Inhalte der Arzneimittelvereinbarungen nach § 84 Abs. 7 des Fünften Buches Sozialgesetzbuch für das Jahr 2002, einschließlich für das Ausgabenvolumen nach Satz 2, vereinbaren die Kassenärztliche Bundesvereinigung und die Spitzenverbände der Krankenkassen bis zum 31. Januar 2002.

(2) Absatz 1 gilt entsprechend für die Heilmittelvereinbarung.

§ 2 Übergangsregelung für die Prüfungen ärztlich verordneter Leistungen nach § 106 Abs. 2 Nr. 1 des Fünften Buches Sozialgesetzbuch in den Jahren 2002 und 2003

Prüfungen nach Richtgrößen im Jahr 2002 erfolgen entsprechend § 106 Abs. 5a des Fünften Buches Sozialgesetzbuch in der Fassung dieses Gesetzes auf der Grundlage der Richtgrößenvereinbarungen nach § 84 Abs. 3 des Fünften Buches Sozialgesetzbuch in der bis zum Inkrafttreten dieses Gesetzes geltenden Fassung. Liegen die erforderlichen Voraussetzungen für die Prüfungen nach Satz 1 nicht vor, sind im Jahr 2002 getrennt Prüfungen ärztlich verordneter Arznei- und Verbandmittel sowie ärztlich verordneter Heilmittel nach Durchschnittswerten gemäß § 106 Abs. 1 bis 5 des Fünften Buches Sozialgesetzbuch und der dazu getroffenen Vereinbarungen im gebotenen Umfang durchzuführen.

Abweichend von § 106 Abs. 2 Satz 6 des Fünften Buches Sozialgesetzbuch können bis zum 31. Dezember 2003 Prüfungen ärztlich verordneter Arznei- und Verbandmittel sowie ärztlich verordneter Heilmittel nach Durchschnittswerten zusätzlich zu Prüfungen nach Richtgrößen durchgeführt werden. Die Klage gegen die Entscheidung des Beschwerdeausschusses hat keine aufschiebende Wirkung. Führen jeweils beide Prüfungsverfahren zu Erstattungsansprüchen der Krankenkassen, verringert sich der Erstattungsbetrag im Rahmen der Prüfung nach Richtgrößen um den im Rahmen der Prüfung nach Durchschnittswerten festgesetzten Betrag.

Artikel 3a
Festsetzung des Vertragsinhalts durch das Schiedsamt

Kommen die Vereinbarungen nach § 84 Abs. 1 und 6 des Fünften Buches Sozialgesetzbuch sowie nach Artikel 3 § 1 Abs. 1 Satz 1 und Abs. 2 innerhalb der dort genannten Fristen ganz oder teilweise nicht zustande, setzt das von den Vertragsparteien gebildete Schiedsamt (§ 89 Abs. 1 und 2 des Fünften Buches Sozialgesetzbuch) den Vertragsinhalt innerhalb eines Zeitraums von zwei Monaten nach Fristablauf fest. Kommen die Vereinbarungen nach § 84 Abs. 7 und nach Artikel 3 § 1 Abs. 1 Satz 3 und Abs. 2 innerhalb der dort genannten Fristen ganz oder teilweise nicht zustande, setzt das von den Vertragsparteien gebildete Schiedsamt (§ 89 Abs. 1 und 4 des Fünften Buches Sozialgesetzbuch) den Vertragsinhalt innerhalb eines Zeitraums von einem Monat nach Fristablauf fest.

Artikel 4
Inkrafttreten

Dieses Gesetz tritt mit Wirkung zum 31. Dezember 2001 in Kraft.

Stichwortverzeichnis